Stuart Olyott

„Unbestechlich!“

Daniel - Treue um jeden Preis

3L Verlag

Impressum

Die englische Originalausgabe erschien unter dem Titel

„Dare To Stand Alone"

„Unbestechlich!"
Daniel - Treue um jeden Preis

ISBN 3-935188-15-3

Umschlag: Hans Peter Theilig
Korrektur: Manfred Schwierk
Übersetzung: Volker Jordan
Satz: Kirsten Jerichow
Druck: Schönbach-Druck

Für Doll

„Es sind wohl viele tüchtige Frauen, du aber übertriffst sie alle“

Sprüche 31,29

Inhalt

Zum Geleit

Dieses Buch ist für die geschrieben worden, die gerne das Buch Daniel lesen und genießen möchten. Wenn Sie all die ermüdenden Theorien lesen möchten, die Gelehrte sich ausgedacht haben, dann müssen Sie anderswo nachschauen. Wenn Sie einen überzeugenden Beweis dafür suchen, dass das Buch Daniel im sechsten Jahrhundert v. Chr. und nicht im zweiten geschrieben wurde, wie es heute viele Ausleger behaupten, dann sollte Ihr Ausgangspunkt der Kommentar von E. J. Young *A Commentary on Daniel*[1] sein. Das Ihnen vorliegende Buch beschäftigt sich jedoch nicht mit derartigen Fragen. Es verfolgt ein wesentlich einfacheres Ziel: Es soll Sie nämlich zur persönlichen Lektüre des Buches Daniel anregen und Sie seine Botschaft für unsere Zeit hören lassen.

Daniel ist im Grunde ein sehr leicht verständliches Buch. Seine ersten sechs Kapitel haben erzählenden Charakter. Ihnen folgen sechs höchst symbolische und scheinbar geheimnisvolle Kapitel, über die ziemliche Unstimmigkeit geherrscht hat. Doch die Kapitel sind eigentlich nicht so schwierig zu verstehen. Das gesamte Buch steckt voller praktischer Hilfe - besonders für Gläubige, die im Klassenzimmer oder an der Arbeitsstelle oder in ihrer Familie oder Clique allein dastehen.

Möge der Gott Daniels selbst uns näher zu sich ziehen, wenn wir sein heiliges Wort erforschen!

Lassen Sie mich an dieser Stelle aber auch meinen Dank zum Ausdruck bringen:

... an den Pfarrer James Philip von der Holyrood Abbey Church of Scotland, Edinburgh. Der lebendige und praktische Kommentar von Mr. Philip über Daniel (*By the Rivers of Babylon*, Didasko Press) war das allererste Buch, das mich dazu bewegte, das Buch Daniel mit Begeisterung zu lesen. Ich

---

[1] Banner of Truth Trust, Edinburgh 1978.

habe mich sehr stark an das angelehnt, was in diesem Buch steht, als ich diesen „Kommentar" schrieb - und ich bin Mr. Philip für seine freundliche Erlaubnis dazu sehr dankbar.

... an Banner of Truth Trust für die Erlaubnis, mich ebenso stark auf das schon oben erwähnte Buch des verstorbenen Professors E. J. Young stützen zu dürfen. Wie hätte ich ohne diese beiden Stützen überhaupt einen Schritt nach vorne gehen können? Bei Professor Young sehen wir eine heilige Gelehrsamkeit in ihrer besten Prägung. Er hatte ein tiefgründiges Wissen, stellte jedoch sein Material denkbar einfach dar. Alle ernsten Studenten der Bibel sollten sein Werk in ihrem Bücherregal haben, und neben ihm sollte *Studies in the Book of Daniel* von dem ebenfalls verstorbenen und geschätzten Professor Robert Dick Wilson stehen.

... an Frau Lynn Webb aus Gunningbland, New South Wales, Australien. Lynn nutzte viele Wochen ihrer Freizeit, um eine Reihe meiner aufgenommenen Vorträge über das Buch Daniel zu hören und sie dann anschließend alle Wort für Wort für mich zu tippen. Die Ankunft dieses Materials stellte für mich die letzte Motivation dar, die ich noch benötigte, um eine schriftliche Ausarbeitung zum selben Thema zu beginnen.

... an die Ältesten, Diakone und Mitglieder der Belvidere Road Church, Liverpool, meine unmittelbaren Reisegefährten auf dem schmalen Pfad zum Leben. Ein Jahr lang entbanden sie mich von der Hälfte meiner pastoralen Pflichten, so dass ich mehr Zeit zum Schreiben haben konnte; und sie beteten, dass diese Arbeit der Förderung der großen Sache Christi dienlich sein möge. Möge es ihm, der im Himmel und auf Erden regiert, gefallen, ihnen ihre Bitte zu gewähren!

Stuart Olyott,
Belvidere Road Church,
Liverpool 1982

1.

Der Schauplatz wird vorbereitet

Der historische Hintergrund

Vor langer Zeit erwählte Gott einen Mann - Abraham - und verhieß, dass durch ihn und durch seine Nachkommen alle Geschlechter der Erde gesegnet würden.

Aus diesem einzelnen Mann wurde eine Familie, und diese Familie wurde wiederum zu einem Volk - in Ägypten, wo es vierhundert Jahre lang lebte.

Aber es kam der Zeitpunkt, an dem das Volk aus Ägypten geführt wurde. Sie werden von den Plagen und dem Passah und von dem Durchzug durch das Rote Meer gehört haben. Vierzig Jahre lang wanderte das Volk, von Mose angeführt, in der Wüste umher. Dort erhielt es Gottes Gesetz und die Anweisungen bezüglich der Stiftshütte, der Opfer und des Priestertums. Nach Abschluss der Wüstenwanderungen kam das Volk unter der Führung Josuas in das verheißene Land. Bevor er starb, war das Land zum größten Teil erobert und unter den zwölf Stämmen verteilt worden.

Hiernach folgte die Zeit der Richter. Sie waren Männer, die Gott erweckte, um das Volk von aufeinander folgenden Eroberern zu erretten. Dann kam die Zeit der Könige. Der erste

König war Saul, dem David, Salomo und Rehabeam folgten. Diese alle regierten über ein vereinigtes Königreich von zwölf Stämmen.

Kurz nach dem Anbruch der Regierungszeit Rehabeams entzweite sich die Nation. Im Norden war das Königreich Israel (oder Ephraim) und im Süden das Königreich Juda. Das Nordreich bestand aus zehn Stämmen mit seiner Hauptstadt Samaria. Das Südreich bestand aus zwei Stämmen, seine Hauptstadt war Jerusalem. Anfangs waren die beiden Königreiche verfeindet, worauf aber eine Periode der Freundschaft folgte. Doch schließlich wurden sie nochmals erbitterte Feinde.

Es gab viele unterschiedliche Dynastien, die das Nordreich regierten, doch keinen gottesfürchtigen Monarchen auf dem Thron. Zuletzt beschloss Gott, das Volk zu richten, nachdem er dessen Abtrünnigkeit durch seine Propheten unzählige Male hat anklagen lassen. Die Armeen des mächtigen Assyrien drangen vom Norden ein, und 722 v. Chr. fiel Samaria. Die zehn Stämme Israels wurden in die Gefangenschaft geführt und verschwanden vom Antlitz der Erde.

Das Südreich bestand noch weitere gut einhundert Jahre fort. All seine Könige entstammten einer einzigen Dynastie und waren Nachkommen Davids. Das Leben des Volkes war von zunehmendem Abfall gekennzeichnet, und doch waren einige der Könige wirklich gottesfürchtige Männer. Es gab mehrere Perioden einer alle Bereiche des Lebens erfassenden geistlichen Erweckung. Aber im Jahre 609 v. Chr. bestieg Jojakim den Thron. Seine Regierung trug nichts dazu bei, den vorherrschenden Götzendienst und die Sittenlosigkeit zu unterbinden, sondern verstärkte diese nur noch. Die Propheten warnten davor, dass Gericht kommen müsse, wenn nicht Buße getan werde - doch ihre Warnungen blieben unbeachtet.

Am Horizont tauchte 605 v. Chr. Nebukadnezar auf. Über die nächsten 23 Jahre deportierte er in vier aufeinander folgenden Etappen fast das gesamte Volk Judas in seine Heimat

Babylon. An den Strömen Babels saßen sie und weinten, wenn sie an Zion dachten, und fragten sich, wie sie des Herrn Lied auf fremder Erde singen konnten (Ps 137,1.4).

Das Volk war den Warnungen Gottes gegenüber taub geworden und nun der Barmherzigkeit seiner Feinde überlassen. In dem abtrünnigen Volk gab es jedoch eine sehr kleine Anzahl von Menschen, die Gott treu blieben, so wie es die Propheten vorausgesagt hatten. Dieser winzige Überrest liebte ihn und lebte zu seinem Wohlgefallen - selbst im fernen Babylon. Solch ein Überrest bestand während der ganzen siebzig Jahre der Babylonischen Gefangenschaft. Es ist wahr, dass das Volk als Ganzes seinen früheren Götzendienst beweinte und es in der Gefangenschaft geläutert wurde. Doch die liebende Treue zu Jahwe war niemals die Erfahrung von mehr als nur wenigen Juden. Nach der Gefangenschaft wurde der Überrest immer kleiner. Schließlich bestand der Überrest (soweit wir wissen) nur noch aus Zacharias und Elisabeth, Maria und Joseph, Simeon und Anna und einer Hand voll Schafhirten. Niemand anders in Judäa war bereit, Abrahams verheißenen Nachkommen in der Welt willkommen zu heißen. Niemand anders erkannte das Licht, das zur Erleuchtung der Heiden gekommen war, die Herrlichkeit Israels, des Volkes Gottes.

In der Zeit der Babylonischen Gefangenschaft wurde dieser Überrest von Daniel, Hananja, Mischaël und Asarja repräsentiert (Dan 1,6). Nur vier Kerzen, und noch ein paar mehr, leuchteten in der gottlosen Finsternis jener Zeit. Nur eine Hand voll Menschen blieb Gott treu. Zu einer Zeit, wo niemand anders sich darum kümmerte, hatten Gott und sein Wort für diese kleine Gruppe weiterhin Bedeutung.

Gott interessiert sich nicht so sehr für Zahlen, aber er besteht darauf, dass er nie ohne Zeugen bleiben wird. Die wahre Religion wird in der Welt ununterbrochen fortgesetzt, aber ihre Anhänger sind selten mehr als nur einige Hand voll. In Babylon war Gott damit zufrieden, dass sein wahres Israel auf wenige Einzelpersonen beschränkt sein sollte. Die ersten sechs Kapitel des Buches Daniel berichten uns, wie dieser kleine Überrest Gott in einer feindlichen Umgebung treu blieb.

Die Hauptlektion

Der vorausgehende Satz deutet die Hauptlektion dieses Buches an. Das Buch Daniel sagt uns, wie wir Gott in einer feindlichen Umgebung treu bleiben können. Es zeigt uns, wie wir für ihn leben können, wenn alles gegen uns ist. Wir lernen aus diesen Seiten des Buches, wie wir das Lied des Herrn in einem fremden Land singen können. Daniel und seine drei Gefährten brachten es fertig - wir können es auch.

Es ist für einen Menschen möglich, für Gott zu leben, wenn niemand auf seiner Seite steht. Noah, Abraham, Mose und David waren alle gottesfürchtige Männer, und doch berichtet Gottes Wort, dass jeder von ihnen zu einer bestimmten Zeit einen ernsten Fehler beging. Jeder von ihnen hat mindestens einen charakterlichen Makel - manche von ihnen mehr als nur einen. Die Bibel wäscht ihre Hauptpersonen nicht einfach rein oder täuscht vor, dass sie anders gewesen wären, als sie es wirklich waren. Doch dasselbe Buch berichtet über keinen einzigen Makel im Leben Daniels - und das trotz seines feindlichen Umfelds. Frömmigkeit und charakterliche Integrität erfordern eben keine Idealbedingungen, in denen sie sich entwickeln können. Sie sind keine Pflanzen, die im Schutz des Treibhauses gedeihen, sondern sie wachsen am besten, wenn sie Schnee, Wind und Hagel, Trockenheit und brennender Sonne ausgesetzt sind.

Führen wir es uns einfach einmal vor Augen: Ein 14-jähriger Junge (denn das war er) wurde seiner Heimat, seiner Familie und seinen Freunden entrissen und gezwungen, in ein fremdes Land zu ziehen. Dort wurde er einer mächtigen und subtilen Form der Indoktrination unterzogen, von der wir in Kürze lesen werden. In späteren Jahren war er von neidischen Feinden umgeben, die ihm nach seinem Leben trachteten. Immer bestand die konkrete Versuchung, materiellem Wohlstand und persönlichem Aufstieg auf Kosten von allem anderen nachzujagen. Ob in seiner Jugend, in seinen „besten" Jahren oder im Alter, immer war er vom Bösen umgeben. Es gibt keine Versuchung, an die wir nur denken können, der er nicht ausgesetzt gewesen wäre. Und doch berichtet die Heilige Schrift nicht über einen einzigen Makel in seinem Charakter! Er beschloss in seinem Herzen, Gott zu gefallen, und rückte nie von diesem Entschluss ab. Es ist möglich, in einer Gott-feindlichen Welt für Gott zu leben. Die Gottseligkeit gedeiht sicher auch dann, wenn keine idealen Bedingungen gegeben sind.

Sehr wenige von uns sind (wenn überhaupt) den Schwierigkeiten begegnet, die Daniel widerfahren sind. Wenn wir an Schwierigkeiten denken, so haben wir gewöhnlich unsere eigenen vor Augen. Wir reden uns ein, dass jeder andere es leicht habe und dass wir größere geistliche Fortschritte machen würden, wenn wir uns in einer anderen Situation befänden. Der Fabrikarbeiter denkt, dass es leichter sei, als Christ zu leben, wenn er in irgendeinem Büro sitzen würde, während der Büroangestellte überzeugt ist, dass es leichter sei, eine christliche Hausfrau zu sein. Die Hausfrau ist sich nicht der Schwierigkeiten bewusst, die das Leben für Christus an der Schule mit sich bringt, und der Schüler freut sich auf den Tag, an dem er der vergleichsweise leichteren Herausforderung der Fabrikhalle begegnen wird. Und so ziehen wir den Kreis immer weiter. Wir alle stellen uns vor, dass niemand so große Schwierigkeiten hätte wie wir selbst. Wir entschuldigen unseren niedrigen Lebensstandard als Christen, indem wir auf die Umstände hindeuten, in denen wir uns befinden. Das Buch Daniel stellt uns völlig bloß. Es beweist, dass wahre Frömmigkeit nie davon abhängig ist, ob sich die Umstände als leicht gestalten oder nicht.

Daniels Geheimnis

Was war Daniels Geheimnis? Es ist einfach. Was tat er, bevor er Nebukadnezars Traum deutete? Er betete (2,17-19). Was tat er, als man sich gegen ihn verschwor und ihn dann in eine Löwengrube warf? Er betete (6,11). Worum geht es in Kapitel 9? Es geht um Daniel, der ins Gebet vertieft war. Er war ein Mann des Gebetes. Ein gesundes Gebetsleben ist schon das halbe Geheimnis, wie man Gott in einer feindlichen Welt treu bleiben kann.

Die andere Hälfte des Geheimnisses ist ebenso einfach. In 9,2 lesen wir davon, dass Daniel „Bücher“ untersuchte und sie verstand. Was für Bücher waren das? Es waren die prophetischen Bücher des Alten Testaments, die bis zu jenem Zeitpunkt geschrieben worden waren. In 9,11 und 9,13 lesen wir von ihm, dass er auf „das Gesetz des Mose“ Bezug nahm. Daniel las und kannte seine Bibel. Sein Geheimnis ist leicht zu definieren, wenn es auch nicht immer leicht auszuführen sein mag. Er trat standhaft für Gott in einer feindlichen Welt ein, weil er seine Bibel las und betete!

Diese undogmatischen Übungen müssen heutzutage betont werden. Häufig denkt man, dass das Geheimnis des Christenlebens darin bestehe, dass wir eine neue und außergewöhnliche Erfahrung mit Gott machten. Verschiedene Begriffe werden von unterschiedlichen Leuten gebraucht, aber der dahinter stehende Gedanke ist gewöhnlich in vieler Hinsicht derselbe. Es wird gelehrt, dass eine neue Erfahrung mit Gott mich auf eine höhere Ebene als auf diejenige bringen werde, auf der ich jetzt lebe. Wenn ich nur diese neue Erfahrung haben könnte, würde ich nie wieder derselbe sein. All meine Kräfte müssten darauf verwendet werden, nach dem Eintritt in dieses höhere Leben zu trachten, und ich darf nicht ruhen, bis die neue Erfahrung, die ich suche, wirklich auch mein Teil ist.

Daniel machte wunderbare Erfahrungen mit dem Herrn, aber er suchte sie nicht. Er suchte Gott um seiner selbst willen und nicht für das, was er ihm Gutes tun mochte. Er genoss es, bei ihm zu sein, seinen Willen aus seinem Wort zu erkennen und vertraulichen Umgang mit ihm im Gebet zu haben. Ich unterstreiche noch einmal: Sein Geheimnis war ganz einfach, darum kann man es auch nicht verfehlen - er las seine Bibel und betete zu Gott.

Dies war auch das Geheimnis der frühen christlichen Märtyrer, der verfolgten Reformatoren und ihrer Kinder und der eifrigen und evangelistisch tätigen Methodisten. Dies war das Geheimnis der großen Pioniermissionare des letzten Jahrhunderts. Sie waren sich wohl dessen bewusst, dass „das Volk, das seinen Gott kennt, ... sich stark erweisen und entsprechend handeln" werde (11,32; revElbf)[2]. Wie Daniel lebten sie in zwei Welten. Wie Daniel sahen sie oft, dass *jene* Welt sich in die Angelegenheiten dieser Welt einmischte. Sie wurden Gottes Freunde und „vielgeliebte Männer" (10,19; revElbf) im Himmel. Das war ihr Geheimnis!

Lassen Sie uns, nachdem wir dies erkannt haben, nun das Buch Daniel studieren und unsererseits lernen, wie man als Einzelne für Gott einstehen kann.

---

2 *Elberfelder Bibel*, revidierter Text (Abk.: revElbf), Brockhaus Verlag, Wuppertal 1985/1991.

2.

Ab nach Babylon!

Schriftlesung: Daniel 1

Das erste Kapitel des Buches Daniel ist, wie das letzte, sehr kurz. Es ist ein einfacher und offener Bericht, der darauf abzielt, uns gleich am Anfang eine Lektion zu lehren, die wir nicht versäumen dürfen. Das Kapitel gliedert sich in vier Teile.

Nebukadnezars Feldzug gegen Jerusalem

Die ersten zwei Verse berichten uns etwas über Nebukadnezars Feldzug gegen Jerusalem. Es ist wichtig, dass wir uns dessen bewusst sind, dass wir hier keine Fabel lesen. Wir beschäftigen uns mit Geschichte - mit Ereignissen, die wirklich stattgefunden haben.

Wir schreiben das Jahr 605 v. Chr. Aus Babylon kommt Nebukadnezar, der kurz zuvor - im selben Jahr - König von Babylon geworden ist. Er belagert Jerusalem. Er besiegt es, rückt in die Stadt ein und nimmt einfach alles, was und wen er will, mit nach Babylon. Den König nimmt er jedoch nicht mit. Jojakim bleibt als sein Marionettenkönig in den nächsten acht Jahren auf dem Thron. Danach wird er sich erheben und vernichtend geschlagen werden.

Gleichwohl nimmt Nebukadnezar eine Menge Gefangene und einen Großteil der Tempelschätze nach Babylon mit. Die Stadt selbst bleibt unversehrt, aber der Tempel wird ausgeplündert. Dies war kein unglücklicher Zufall. Es war das Wirken des Herrn, wie dies alle historischen Ereignisse sind. Zu lange hatten die Juden auf den Tempel vertraut, und nicht auf den Herrn, von dem sie behaupteten, dass sie ihn dort anbeten würden. Trotz der Warnungen der Propheten hatten sie geglaubt, dass die bloße Existenz des Tempels ihnen Immunität vor jeder drohenden Invasion garantieren würde. „Solange wir den Tempel haben, sind wir sicher", hatten sie gesagt. „Meint ihr, dass Jahwe je zulassen könnte, dass sein Tempel zerstört würde? Natürlich nicht! Wenn der Tempel bedroht ist, wird er sicherlich einschreiten, um uns zu retten."

Weil es dies glaubte, verharrte das Volk in seiner Sünde. Der Götzendienst, die Unmoral und Ungerechtigkeit gingen unverändert weiter. Das Lügen und Stehlen nahm ungehemmt zu. Sie waren sich sicher, dass, wie sie auch leben mochten, der Tempel sie retten würde. Aber er hatte sie nicht gerettet. Ein heidnischer König brachte seine Schätze in das Haus seines Gottes und fügte sie seinem Schatz hinzu. Und später wurde dieser Tempel in Schutt und Asche gelegt. Durch diese Ereignisse bewies Gott, dass er Sünde nicht dulden würde, wo auch immer sie zu finden war. Er hätte sich von seinem Zorn abgewandt, wäre das Volk zu ihm umgekehrt. Aber das Vertrauen auf seinen Tempel war kein Ersatz für Buße.

Gott regiert, ob sein Tempel nun existiert oder nicht. Er bleibt Gott, ganz gleich, was auf der Erde geschehen mag. Tatsächlich geschieht das, was auf Erden geschieht, weil er Gott ist: „Und der Herr gab in seine Hand Jojakim, den König von Juda" (V. 2). Er hat die Geschichte völlig unter Kontrolle und ist durchaus in der Lage, seine Drohungen auszuführen. Die eroberte Stadt, der ausgeplünderte Tempel, die mitgenommenen Schätze und die weinenden Gefangenen - sie waren letztlich alle auf sein Handeln zurückzuführen, und sie dienten zur Förderung seiner Absichten. Die Erfahrung seines Volkes war die der Niederlage, des Untergangs und der Zerstörung. Er blieb der unbesiegte Gott, der in allem und durch alles wirkte.

Daniel und seine drei Gefährten werden vorgestellt

Auf diesem Hintergrund werden uns nun in den Versen 3-7 die Hauptpersonen des Buches vorgestellt. Und zwar folgendermaßen:

Nebukadnezar war ein glänzender Stratege. Er war ein Genie und viel zu raffiniert, um dem Fehler des Pharaos zu verfallen, der die Hebräer in Ägypten unterdrückt hatte. Sie werden sich erinnern, dass seine Vorgehensweise ausgesprochen brutal war. Er hatte die Hebräer wie Sklaven behandelt, sie unterdrückt und ihnen ein schweres Joch auferlegt.

Es besteht immer ein hohes Risiko, dass Menschen, die so behandelt werden, sich auflehnen werden. Dies wollte Nebukadnezar um jeden Preis vermeiden. Babylon eroberte die Welt. In Kürze würde die Zahl der eroberten Menschen viel größer als die Zahl ihrer Eroberer sein. Es wäre für Babylon ein militärisch unmögliches Unterfangen gewesen, ein Regime in der ganzen bekannten Welt aufrechtzuerhalten, das sich allein auf Unterdrückung gründet. Es wären einfach zu viele Menschen gewesen, die hätten unterdrückt werden müssen, und es waren zu wenige Soldaten für eine solche Aufgabe vorhanden. Eine andere Verfahrensweise musste gefunden werden, mittels derer die eroberten Völker in ihrer Untertanentreue zum Weltreich gehalten werden konnten.

Nebukadnezars Strategie war es, die Elite aller eroberten Nationen zu nehmen und sie in den babylonischen Staatsdienst aufzunehmen. So wurden die verschiedenen Teile seiner immer wachsenden Herrschaftsgebiete von denen regiert, die ansonsten Gefangene gewesen wären. Solche, die rebellierten, hätten gegen ihr eigenes Volk rebellieren müssen

- vielleicht sogar gegen ihre eigenen Söhne. Dies war die Methode, die Nebukadnezar anwandte, als er Juda eroberte, wie Vers 3 deutlich macht. Er gebot Aschpenas, seinem „obersten Kämmerer“ (d.h. dem höchsten Beamten seines Staatsdienstes), die allerbesten aus der Jugend Judas auszuwählen und sie in verantwortungsvolle Stellungen zu setzen. Sie sollten in seinen persönlichen königlichen Dienst und in die wachsende Verwaltung eintreten. Sie sollten auf den Korridoren der Macht wandeln. Aschpenas sollte nach geeigneten Kandidaten aus dem Königshaus und dem Adel des jüdischen Volkes Ausschau halten. Manche Leute lehren, dass solche jungen Männer dann zu Eunuchen gemacht wurden, aber das kann nicht der Fall sein, denn Vers 4 sagt uns, dass an ihnen keinerlei Makel sein durfte (vgl. revElbf). Dieser Vers sagt uns auch, dass sie gut aussehend, begabt, weise, klug und verständig auf jedem Wissensgebiet sein sollten, sowie fähig, ihren Platz im persönlichen Dienst des Königs einzunehmen. Nebukadnezar wollte nur die Besten haben!

Einmal ausgewählt, wurden diese jungen Leute einem umfassenden Umerziehungprogramm unterzogen, wobei besonderer Nachdruck auf eine gründliche Ausbildung in der Sprache und Literatur der Chaldäer gelegt wurde. Nichts durfte sie von ihren Studien abhalten. Zusätzlich zur Sprache und Literatur sollten die nächsten drei Jahre mit Unterricht in Mathematik, Wissenschaft, Nautik, Politik, Geschichte und Geographie verbracht werden - tatsächlich sollte das gesamte Spektrum der babylonischen Gelehrsamkeit ihren jungen Köpfen eingetrichtert werden. Das Letzte, worüber sie sich Gedanken machen müssten, war ihr Essen und Trinken. Dies würde ihnen zubereitet und ihnen so serviert werden, als ob sie Mitglieder des Königshauses gewesen wären (V. 5).

Wie viele Studenten, die diese Seiten lesen, sind wohl schon von ihren Studien abgelenkt worden, weil sie, in einem möblierten Zimmer wohnend, ihren eigenen Einkauf machen mussten, um sich dann eigenhändig ihre Mahlzeiten zuzubereiten? Daniel, Hananja, Mischaël und Asarja hatten diese Gefahr nicht zu fürchten. Sie mussten an nichts anderes als an ihre Studien denken. Sie sollten sogar vergessen, dass sie Juden waren, und zu Babyloniern werden. Sie sollten vergessen, dass sie Gottes Knechte waren und zu Dienern eines irdischen Königs werden - dies erklärt Vers 7.

Es war eine babylonische Taktik, dass bei allen, die zur Umerziehung und zur besonderen Ausbildung ausgewählt wurden, ihre Namen geändert werden sollten. Aus Daniel - „Gott hat gerichtet“ - wurde Beltschazar: „Hüter der verborgenen Schatzkammern Bels“. Aus Hananja - „Jahwe ist gnädig gewesen“ - wurde Schadrach. Wir wissen nicht, was dieser Name bedeutet, aber er enthält den Namen des heidnischen Gottes Marduk. Aus Mischaël - „Wer ist wie Gott?“ - wurde Meschach - ein Name, der eine der antiken Formen des Namens für die Göttin Venus enthält. Aus Asarja - „Jahwe hat geholfen“ - wurde Abed-Nego: „Knecht des Nego“.

Wenn wir uns die vier ursprünglichen Namen anschauen, dann finden wir, dass zwei von ihnen mit der Silbe „el“ enden, also mit einem der Namen Gottes; und zwei von ihnen enden mit der Silbe „ja“ oder „jah“, einer Kurzfassung des Namens „Jahwe“. Diese Namen werden von den Babyloniern zu Namen verändert, die auf die heidnischen Gottheiten Bel, Marduk, Venus und Nego hinweisen. Die vier Jungen waren wohl vierzehn Jahre alt, als ihre Namen geändert wurden, denn dies war das Alter, in dem die Babylonier junge Leute in ihr Umerziehungsprogramm aufnahmen. Ihnen sollte keine Ruhe gewährt werden, bis sie nicht ein umfassendes Verständnis all dessen erlangt hätten, was von ihnen gefordert wurde. Das würde drei Jahre später der Fall sein.

Aus ihrer Heimat weggeführt, wurde ihnen befohlen, ihren Gott zu vergessen; wurden sie intensiv in einer heidnischen Kultur umerzogen - wie würde es diesen Jungen ergehen? Würden sie ihrem Gott und dem, was sie als richtig erkannt hatten, treu bleiben? Oder würden sie kapitulieren?

Ist es vielleicht auch möglich, dass sie auch aus einer anderen Richtung unter Druck gesetzt wurden? Könnte es sein, dass, als sie abgeführt wurden, einige der Juden Beifall spendeten und sagten: „Die Gefangenschaft wird für sie nicht so schlimm sein. Der König wird etwas für unsere Jungs tun. Unsere Jungs werden bald wichtige Persönlichkeiten sein"?

Ja, die Jungs wären bald wichtige Persönlichkeiten geworden - aber auf Kosten des Verlustes ihrer Identität als Kinder Gottes. Würden sie fähig sein, dem Druck zu widerstehen? Und kann der Christ heute fest stehen, wenn die Medien und Gesellschaft allesamt seinen Geist Tag und Nacht bombardieren, indem sie ihn unter Druck setzen, seine Gesinnung zu ändern und anders zu denken? Ist es für ihn möglich, seines privilegierten Status als Kind Gottes zu gedenken und dementsprechend zu leben, wenn alles um ihn her ihn dazu auffordert, sein Herz anderen Dingen zuzuwenden?

Ihr Standpunkt

Was danach geschah, lesen wir in den Versen 8-16, und um diese Verse zu verstehen, müssen wir uns ins Gedächtnis zurückrufen, warum die Juden überhaupt in die Gefangenschaft gingen. Das ganze Volk befand sich geistlich, und daher auch moralisch, auf einem sehr niedrigen Niveau. Die zum Himmel schreiende Sünde war der Götzendienst. Die Babylonische Gefangenschaft war eine Strafe für alle Sünden des Volkes, aber ganz besonders für diese Verfehlung, und sie sollten in Babylon bleiben, bis sie für immer damit abgeschlossen hatten. In welche Sünden die Juden in der nach-exilischen Zeit auch gefallen sein mögen, Götzendienst gehörte nicht dazu. Das Exil heilte sie zum Guten. Aber in der Zeit vor dem Exil und während der Gefangenschaft war der Götzendienst ein Charakteristikum des nationalen Lebens - und was den gottesfürchtigen Überrest vom Rest des Volkes unterschied, war seine unerbittliche Weigerung, etwas damit zu tun zu haben.

Stellen wir uns dann diese vier Jungs vor, wie sie ihre Umerziehung begannen. Sie erfahren, dass sie, anstatt selbst ihre Speisen zuzubereiten, vom königlichen Tisch gespeist werden sollten. Der Grund, weshalb sie die Kost des Königs ablehnten, waren nicht die jüdischen Speisegesetze. Sie hätten zumindest den Wein genießen können, denn kein jüdisches Speisegebot hatte diesen je verboten. Der Grund für ihre Ablehnung war die Tatsache, dass die Tafelkost des Königs den Götzen geopfert worden war, bevor sie serviert wurde. Jedes Mahl des babylonischen Königs begann mit einem Akt der heidnischen Gottesverehrung. Sie waren hierin viel gewissenhafter, als viele Christen es heute hinsichtlich ihres Tischgebets sind. Nichts wurde gegessen und nichts wurde getrunken, bis es nicht gewissen heidnischen Gottheiten geweiht worden war. Solche, die die Speise aßen, wurden zu denjenigen gerechnet, die an den heidnischen Ritualen teilnahmen. Gerade weil sie es in ihrer Heimat abgelehnt hatten, in punkto Götzendienst einen Kompromiss einzugehen, gehörten sie zum gottesfürchtigen Überrest. Und auch jetzt - in Babylon - wollten sie aber auch nichts damit zu tun haben.

„Aber Daniel, bist du da nicht ziemlich extrem?“ - so würden heutzutage viele Leute reden. Sie würden sagen: „Warum soll man so viel Wind über solch eine Kleinigkeit wie das Essen von Speisen, die den Götzen geopfert wurden, machen? Du könntest deinen Kopf dafür verlieren, die Tafelkost des Königs abzulehnen. Warum schiebst du deine Bedenken nicht einfach beiseite? Bedenke, welchen Einfluss du im Staatsdienst in Babylon haben könntest. Vielleicht könntest du ganz nach oben kommen. Wäre es nicht wunderbar für ein Kind Gottes, eine solche Stellung innezuhaben? So, wie du handelst, gefährdest du dein eigenes Leben. Selbst wenn du deinen Kopf nicht verlierst, ist es doch eher wahrscheinlich, dass du in irgendeinem Gefängnisloch enden wirst. Du wirst sicher nie ganz nach oben kommen, wenn du nicht die Anweisungen des Königs befolgst."

Die Antwort Daniels und seiner drei Gefährten lautet: „Nein! Ich will nicht essen, weil ich mich von jeder Erscheinungsform des Bösen fern halten will. Obgleich es eine große persönliche Gefahr mit sich bringt, und obgleich es mich mein Leben kosten könnte, würde ich lieber in einem Kerker verrotten oder durch Hinrichtung sterben, als mit Götzendienst verbunden zu sein. Ich würde lieber sterben, als auch nur ein bisschen zu sündigen." *Das* ist die Geisteshaltung, die wir meinen, wenn wir sagen: „Bleibe fest wie Daniel!"

Natürlich dürfen wir nicht den Eindruck bekommen, dass Daniel bei seiner Ablehnung der Tafelost des Königs unhöflich gewesen wäre. Die Ausdrucksweise von Vers 8 ist sehr vorsichtig. „Aber Daniel nahm sich in seinem Herzen vor, dass er sich mit des Königs Speise und mit seinem Wein nicht unrein machen wollte, und bat den obersten Kämmerer, dass er sich nicht unrein machen müsste." Er ging zum obersten Hofbeamten und legte ihm sein Anliegen dar. Er blieb fest und seinem Grundsatz treu, aber er war doch freundlich und höflich, als er darum bat, von seiner Verpflichtung, von der Speise zu essen, befreit zu werden.

Die unübersehbare Integrität Daniels hatte ihm beim obersten Hofbeamten bereits Wohlwollen verschafft (V. 9), aber dieser sorgte sich, was nicht unnatürlich war, ein bisschen um seinen eigenen Kopf: „Schau, Daniel, wenn du hinterher nicht so aussiehst, wie du es solltest, dann ist es mit mir vorbei" (e.Ü.[3]).

Die Stärke Daniels ist darin zu erkennen, dass er es ablehnte, einfach aufzugeben. Er war nicht von seinem Vorhaben abzubringen. In den Versen 11-14 sehen wir, wie er zu dem Aufseher, den der oberste Kämmerer über sie gesetzt hatte, ging und sagte: „Versuchs doch mit deinen Knechten zehn Tage und lass uns Gemüse zu essen und Wasser zu trinken geben."

[3] Hiermit werden überwiegend sinngemäße Übertragungen des zugrunde liegenden biblischen Textes gekennzeichnet.

Das Wort „Gemüse" klingt sicher alles andere als appetitanregend! Tatsächlich ging es dabei um eine Mischung aus frischem Gemüse und frischen Früchten. Daniel schlug eine tägliche Diät aus Salat vor! Es machte ihm nichts aus, wie oft er sie essen sollte. Alles war besser, als die Speise zu essen, die mit Götzendienst verbunden war.

„Versuchs doch mit deinen Knechten zehn Tage, und gib uns keinen Wein - wir werden stattdessen Wasser trinken" (e.Ü.). Daniels Vorbild ist es wert, dass wir darüber nachdenken. Er war weise, taktvoll, freundlich und feinfühlig. Aber er war auch standhaft.

Die Verse 15 und 16 berichten uns von der Auswirkung dieser einseitigen Ernährung. Die Jungen litten keineswegs darunter, dass sie sich der üppigen Tafelkost des Königs enthielten. Sogar schon nach zehn Tagen hatte sich ihr Aussehen merklich gebessert, und gleichermaßen machten sie auch physisch Fortschritte -in jeder Hinsicht erging es ihnen sehr viel besser als allen jungen Leuten, die die vorgeschriebene Diät einhielten.

Die Lektion ist, dass niemand Nachteile erleiden muss, wenn er es ablehnt, Kompromisse zu schließen. Die Ängste des Aufsehers wurden sehr gemildert, und er erteilte den Jungs schließlich die Erlaubnis, dauerhaft bei ihrer gewählten Diät zu bleiben. Niemand war beleidigt worden. Und doch sind weder Daniel noch seine drei Gefährten Kompromisse eingegangen. Sie waren im Geringsten treu gewesen, und dies sollte der Anfang ihrer Treue im Großen sein.

Wenn Daniel an dieser Stelle nicht standhaft geblieben wäre, hätte er dann überhaupt später standhaft bleiben können, als er mit dem Tod in der Löwengrube bedroht worden war? Wenn seine drei Gefährten in jungen Jahren Kompromisse geschlossen hätten, wie wäre es ihnen ergangen, als sie mit dem brennenden Feuerofen konfrontiert waren? Weil sie Gott im Kleinen ehrten, waren sie auch fähig, ihn zu ehren, als größere Fragen auf dem Spiel standen. Menschen, die in schwerwiegende Sünden fallen, tun dies nur, weil sie gelernt haben, kleinere zu tolerieren.

Das Ergebnis

Das unmittelbare Ergebnis ihres mutigen und geistlichen Handelns wird in den Versen 17-21 mitgeteilt. Sie hatten Gott über jede andere Überlegung gestellt. Er wiederum ehrte sie und entfachte in ihrem Leben Gaben, von denen sie nie geträumt hätten, sie zu besitzen.

Dies ist nicht selten der Fall. Ich habe vor mehreren Jahren einen Mann kennengelernt, der ein völliger Analphabet war. Er konnte nicht ein einziges Wort lesen. Als der Herr ihn errettete, beschloss er, dass er besser mit Gott wandeln könne, wenn er sein Wort lesen könnte. Mit beachtlicher Ausdauer und hohen persönlichen Kosten machte er sich daran, lesen zu lernen. Während er dies tat, entdeckte er (zu seinem Erstaunen), dass er tatsächlich einen ziemlich feinen Verstand hatte. Er wurde zum leidenschaftlichen Leser, und es gelang ihm, eine Anstellung als Postbote zu bekommen - später wurde er Pastor. Seit seiner Kindheit hatte ihm jeder gesagt, dass nichts aus ihm werden würde. Als er Gott an die erste Stelle setzte und sich entschied, ihm wohlzugefallen, entdeckte er plötzlich, dass er Gaben besaß, von denen weder er noch irgendjemand anders sich je vorgestellt hätte, dass er sie besitzen würde.

Genau dies geschah auch mit Daniel, Hananja, Mischaël und Asarja. Sie setzten Gott an die erste Stelle und widmeten sich dann ihren Studien. Er segnete sie mit strahlendem Aussehen.

Haben Sie ähnliche Erfahrungen gemacht?

Sie sahen, dass etwas getan werden musste, und allein um des Herrn willen machten Sie sich an die Arbeit. Während Sie taten, was Sie tun mussten, entdeckten Sie, dass Sie Gaben besaßen, deren Sie sich zuvor völlig unbewusst waren. Ihnen wurde vielleicht bewusst, dass Sie eine besondere administrative Begabung hatten oder dass Sie leicht mit jungen Leuten umgehen konnten. Gaben kamen in Ihrem Leben einfach deshalb ans Licht, weil Sie Gott an die erste Stelle setzten, und sehr oft kam die Entdeckung dieser Gaben Ihnen später auch bei Ihrer täglichen Arbeit zugute. Diese Erfahrung unterscheidet sich keineswegs merklich von dem, was in Daniel 1 geschah. Daniel hatte natürlich auch eine andere Gabe. Sie tritt in diesem Buch besonders hervor und wird zum ersten Mal in Vers 17 erwähnt: „Daniel aber verstand sich auf Gesichte und Träume jeder Art."

Schließlich endete der dreijährige Kurs. Die Zeit für die Abschlussprüfungen war gekommen. Wie an den britischen Universitäten vergangener Tage, wurden diese Examina nicht schriftlich, sondern mündlich durchgeführt. Die Studenten mussten vor dem König erscheinen, der persönlich jeden von ihnen prüfte und seine Beurteilung abgab. Seine Bewertung Daniels, Hananjas, Mischaëls und Asarjas ist uns in den Versen 19 und 20 erhalten. Sie waren besser als alle anderen Studenten. Aber das ist noch nicht alles. Sie waren sogar noch besser als die vorhandenen Absolventen, die ihre Studien bereits abgeschlossen hatten und nun führende Positionen im Weltreich bekleideten. Tatsächlich waren sie sogar zehnmal besser! Folglich fand sich jeder der vier in einer hohen Stellung wieder, wo er seinen Einfluss für Gott einsetzen konnte. Der Herr konnte sie mit einer solchen Beförderung betrauen, weil sie ihm im Geringeren bewiesen hatten, dass, was auch immer kommen mochte, sie selbst in persönlicher Gefahr ihm treu bleiben würden. Daniel sollte siebzig Jahre lang in einer solchen Position bleiben (V. 21)!

Viele Gläubige sehnen sich nach höheren Positionen, wo sie größeren geistlichen Einfluss ausüben können. Lehrer sehnen sich danach, Direktoren zu werden, Angestellte freuen sich darauf, Manager zu werden, und Mitglieder der Gewerkschaft hoffen, zu Vertrauensmännern zu werden. „Wenn ich nur so weit wäre!", sagen sie. „Was für einen Einfluss könnte ich für den Herrn haben!"

Niemand von uns kann bei Gott auf eine höhere Position rechnen, wenn wir nicht jetzt für ihn leben - da, wo wir stehen. Wenn wir nicht bereit sind, für ihn aufzustehen und über Geringes gesetzt zu werden, wie können wir dann je über Größeres gesetzt werden? Ist es möglich, im Großen treu zu sein, ohne zunächst im Geringen treu zu sein? Wenn wir nicht verhältnismäßig kleinen Versuchungen widerstehen können, was werden wir dann tun, wenn sie verstärkt werden?

Die zentrale Lektion des Buches Daniel kann in einem einzigen Satz zusammengefasst werden: „Wer mich ehrt, den will ich auch ehren" (1.Sam 2,30).

3.

Nebukadnezars Traum

Schriftlesung: Daniel 2

Wir befinden uns also im sechsten Jahrhundert v. Chr. Als eine Strafe für ihre Sünden und besonders für ihren Götzendienst sind die Juden als Gefangene in Babylon. Gott hatte sie wiederholt gewarnt, aber sie hatten nicht gehört. Doch im abtrünnigen Volk gibt es immer noch eine Hand voll, die Gott treu sind, und vier von ihnen haben nun bedeutende und einflussreiche Positionen im babylonischen Staatsdienst inne. Diese vier sind die Hauptpersonen des Buches Daniel, und in diesem Kapitel sehen wir, wie dieser gottesfürchtige Überrest nicht nur erhalten wurde, sondern tatsächlich zu einer Position mit noch größerem Einfluss im heidnischen Babylon erhoben wurde. Es schien fast sicher, dass Gottes wahres Israel ausgelöscht würde. Es schien fast sicher, dass der kleine Rest, der an seiner Wahrheit festhielt, vernichtet würde. Doch Gottes Überrest ist Gegenstand seiner besonderen Fürsorge, und er lenkt die Geschichte zu ihrem Vorteil - wie wir es nun sehen werden.

Was Nebukadnezar sah

Die ersten dreizehn Verse des Kapitels berichten uns über drei Dinge, die König Nebukadnezar sah. *Das Erste, was er sah, war ein Traum* - und er weigerte sich strikt, ihn zu erzählen oder zu beschreiben. Es war im zweiten Jahr seiner Herrschaft, und er war mit Gedanken an die Zukunft zu Bett gegangen. Er war der Dreh- und Angelpunkt eines riesigen Weltreiches, und es war ganz natürlich, dass er sich am Ende eines Tages mit der Frage beschäftigte, was die Zukunft ihm wohl noch bescheren würde (V. 29).

Wie wir wissen, sind es sehr oft die Dinge, mit denen wir uns tagsüber und besonders vor dem Schlafengehen beschäftigen, von denen wir nachts träumen. Doch Nebukadnezars Traum war kein gewöhnlicher Traum. Er wurde ihm von Gott geschickt. Seine Lebendigkeit war besonders eindrücklich, und der König bekam panische Angst. Oft wacht jemand, wenn er einen Alptraum hat, vor Schrecken auf, und der Eindruck dessen, was er geträumt hat, hält noch ein wenig an. Schließlich verschwindet der Schrecken jedoch wieder. Bei Nebukadnezar war es anders! Innerlich beunruhigt, ist er aufgewacht und ist völlig unfähig, den Traum einfach abzuschütteln. Sein Schlaf ist von ihm gewichen, und er liegt erschrocken auf dem königlichen Bett.

Sofort er ruft er die Leute zusammen, von denen er meint, dass sie ihm seinen Traum kundtun und ihn deuten könnten (V. 2). Er hat an seinem Hof allen möglichen „Anhang“: Dort gibt es Wahrsager und Magier und Sterndeuter und Zauberer und eine besondere Gruppe von Leuten, die die „Chaldäer“ genannt wurden, die nicht mit dem Volk zu verwechseln sind, das denselben Namen trug. Er berichtet ihnen von seiner geistigen Unruhe und sagt ihnen, dass er wissen wolle, was der Traum bedeute (V. 3). Der Traum verfolgt ihn; er geht ihm nicht mehr aus dem Kopf.

Von Vers 4 bis zum Ende von Kapitel 7 ist das Buch Daniel in aramäischer Sprache verfasst. Der Vers 4 berichtet die Antwort des Hofpersonals auf die Bitte des Königs. Die Wahrsager antworten mit einer eigenen Bitte. Es ist eine vernünftige Bitte, obgleich sie etwas arrogant formuliert ist. „O König“, sagen sie, „erzähle uns den Traum, und wir werden dir die Deutung kundtun. Beschreibe uns, was du gesehen hast, und wir werden dir dann sagen, was es bedeutet“ (e.Ü.).

Diese scheinbar vernünftige Bitte wird mit einer grauenhaften Drohung beantwortet! Solche Drohungen waren für die orientalischen Despoten jener Zeit typisch, und gerade Nebukadnezar war durchaus fähig, das auszuführen, was er gesagt hatte.

Wenn Nebukadnezar in Vers 5 sagt: „Mein Wort ist deutlich genug“, dann meint er: „Die Sache ist von mir fest beschlossen.“ „Werdet ihr mir nun den Traum nicht kundtun und deuten, so sollt ihr in Stücke gehauen und eure Häuser sollen zu Schutthaufen gemacht werden.“ Schließlich ist die Traumdeutung ja ihr Beruf. Dafür werden sie ja bezahlt.

Ebenfalls typisch für die Herrscher jener Zeit sind die übertriebenen Ehrungen, die in Vers 6 versprochen werden. Wenn sie den Traum nicht kundtun und deuten könnten, würde dies ihr sicheres Verderben bedeuten. Bei Erfolg würde ihnen jedoch Ehre und Beförderung und Belohnung zuteil werden.

Der Traum war nicht das Einzige, was Nebukadnezar sah. *Er sah auch, dass die Sterndeuter Zeit gewinnen wollten,* wie wir in den Versen 7-11 sehen. Die grauenhafte Drohung und die übertriebenen Versprechungen heilten schnell ihre Arroganz, und in Vers 7 sehen wir, wie sie den König ein bisschen höflicher anredeten: „Der König sage seinen Knechten den Traum, so wollen wir ihn deuten.“ Die Antwort des Königs ist nicht anders als ungehobelt zu nennen (2,8.9): „Ihr wollt nur Zeit gewinnen, weil ihr völlig unfähig seid, das zu tun, worum ich euch gebeten habe. Ihr hofft, dass ich meinen Sinn ändern und davon ablassen könnte, euch zu verderben, wenn es euch nicht gelingt, mir die Deutung anzuzeigen. Wenn ihr mir nicht sagen könnt, was der Traum ist, dann beweist ihr ganz deutlich, dass ihr nichts anderes als Fälscher und Scharlatane seid. Es kann nur ein Urteil für solche Leute geben. Es ist das Todesurteil, darüber habe ich euch bereits wissen lassen“

(e.Ü.). „Aber", so stammeln die Sterndeuter in Vers 10, „das, was ihr verlangt, übersteigt die menschliche Macht. Niemand in der Weltgeschichte hat je zuvor so etwas verlangt. Gewöhnlich tun wir nur die Deutung kund, aber diesmal wird von uns erwartet, euch auch den Traum selbst kundzutun. Für gewöhnliche Menschen ist diese Sache zu schwer. Die Einzigen, die es vermögen, sind die Götter selbst" (e.Ü.).

Nun sah Nebukadnezar rot! „Da wurde der König sehr zornig ..." (V. 12).

Es muss ein schrecklicher Anblick gewesen sein! Der mächtigste Mann der Welt vor Wut schäumend! Er hatte für ihr Bekenntnis ihres Unvermögens kein Ohr. Sie hatten gesagt, dass sie es nicht tun könnten. Sie hatten alle möglichen stolzen Behauptungen aufgestellt, doch nun durchschaute er sie. Sie hatten behauptet, Geheimnisse offenbaren zu können, aber sie konnten ihm nicht einmal den Inhalt eines Traumes sagen, der ihm immer noch Angst und Schrecken einjagte. Wenn sie das nicht tun konnten, wie konnten sie dann erst die tiefer liegende und schwierigere Aufgabe erfüllen, die sie ebenfalls für sich in Anspruch nahmen: die Fähigkeit, Träume zu deuten?

„Bringt sie alle um!", sagte der König von Babylon. Das übereilte Gebot des Königs deutet an, wie sehr ihm sein Traum in Unruhe versetzte. Er musste wissen, was er bedeutet! Der Traum beraubte ihn seines inneren Friedens. Er konnte ihn nicht aus dem Kopf bekommen. Er begleitete ihn auf Schritt und Tritt. Er verfolgte ihn und ließ ihn nicht los. Er war völlig aufgewühlt; er musste wissen, was er bedeutete, und so hatte er keine Geduld mit denen, die sagten, dass sie völlig machtlos seien, ihm zu helfen.

„Er befahl, alle Weisen von Babel umzubringen" (V. 12). Der Befehl bedeutete auch das Ende von Daniel, Hananja, Mischaël und Asarja. Nicht weil sie Sterndeuter gewesen wären; sie hatten es abgelehnt, mit etwas Heidnischem oder Abgöttischem Kompromisse zu schließen. Aber wir müssen daran denken, dass sie von den Weisen Babylons ausgebildet worden waren und daher, im weitesten Sinne, in dieselbe Rubrik fielen. Das Urteil des ungeduldigen Königs hätte, wenn es ausgeführt worden wäre, das Ende des gottesfürchtigen Überrestes bedeutet. Die einzigen Menschen in der Welt, die an Gottes Wahrheit festgehalten hatten, wären ausgelöscht worden. Das wahre Israel Gottes wäre vernichtet worden. Sie hatten die Versuchung überlebt, in Kapitel 1 Kompromisse zu schließen, aber wie konnten sie dies nun überleben?

Was Daniel sah

Wir beantworten unsere Frage, indem wir von Vers 14 aus bis zum Ende des Kapitel schauen. Wir haben drei Dinge gesehen, die Nebukadnezar sah. Wir denken nun über drei Dinge nach, die Daniel sah.

Zuallererst sah er, *wer Gott ist* (V. 14-23). Er führte ein höfliches Gespräch mit dem Obersten der Leibwache des Königs, der mit der Hinrichtung der Weisen beauftragt war, und infolgedessen wurde die Vollstreckung des Urteils hinausgeschoben.

Daniels nächster Schritt war es, zum König zu gehen. In Vers 16 lesen wir von seiner Audienz beim König. „Gewähre mir eine Frist“, so ersuchte er ihn, „und ich will die Abmachung einhalten und dir die Deutung kundtun“ (e.Ü.).

Der König willigte augenscheinlich in seine Bitte ein, denn Daniels dritter Schritt wird in den Versen 17 und 18 berichtet. Er ging zum gottesfürchtigen Überrest, und die vier Männer des Glaubens gingen gemeinsam im Gebet zu Gott. Ihr Gebetsanliegen war nicht, dass Daniel einen großen Ruf als Traumdeuter bekommt. Sie erbaten von dem Gott des Himmels Barmherzigkeit, damit sie nicht mit den übrigen Weisen Babylons umkämen.

Vier Männer in einem Privathaus begannen zu beten, indem sie zweifellos auch von Argumenten Gebrauch machten, wie es alle guten Männer des Gebetes tun: „Herr, wir sind dein Überrest. Ein Befehl ist ergangen, alle Weisen Babylons hinzurichten, und wir sind darin eingeschlossen. Wenn der Befehl ausgeführt wird, dann wird dein Überrest ausgelöscht werden, und das Volk Gottes wird von der Erde verschwunden sein. Das wahre Israel wird zunichte sein. O Herr, erweise uns Gnade. Erhelle uns den Traum und gib uns ein Verständnis dessen, was er bedeutet."

Aus dem, was wir bereits in Kapitel 1,17 gelesen haben, wissen wir, dass Daniel „sich auf Gesichte und Träume jeder Art" verstand. Es war Gottes besondere Gabe an ihn. In jener Nacht oder in einer anderen Nacht kurz danach wurde das einmütige Gebet des Volkes Gottes erhört, und Daniel wusste sowohl, was der König sah, als auch, was der Traum bedeutete (V. 19). Wir erfahren nicht direkt, was es war. Aber wir erfahren, dass Daniel unmittelbar auf die Offenbarung reagierte, indem er Gott lobte und pries. Er hatte ein klares Verständnis des Traumes und seiner Deutung. Aber er hatte ein sogar noch klareres Verständnis des Wesens und der Eigenschaften Gottes.

Schauen wir uns an, was er in Vers 20 dieses zweiten Kapitels über Gott sagt. Gott ist ein gnädiger Gott, der weise und mächtig ist.

Es ist dieser Gott, der die Geschichte kontrolliert (V. 21). Es sind nicht Naturgesetze. Es sind nicht Götzen. Es ist Gott! Er übt seine Macht aus, nicht allein im Himmel, sondern gerade hier auf der Erde. Wir können nicht sagen, dass wir an die Souveränität Gottes glauben, wenn wir das nicht glauben.

Daniel war eine Weisheit verliehen worden, die derjenigen aller Weisen Babylons überlegen war, aber beachten wir, was er zu diesem Thema sagt (V. 21). Wenn ein Mann Weisheit hat, so liegt es daran, dass er sie von Gott empfängt, von dem alle Weisheit herkommt. Daniel bekennt ohne Umschweife, dass er das, was er jetzt sieht, nur aufgrund der unverdienten Güte Gottes versteht (2,22.23).

Daniel erkannte, wer Gott ist. Für uns selbst haben wir hier einen intimen Blick in das Herz eines gottesfürchtigen Mannes. Solch ein Mensch hebt sein Herz schnell zu Gott empor und bewundert ihn. Er ist sich dessen bewusst, dass alles, was er in sich selbst ist, und alles, was er hat, nichts von irgendwelchem Wert ist. Er beansprucht keinerlei Anerkennung für sich selbst und besteht darauf, dass Gott allein aller Lobpreis der Lippen und Gedanken gebührt.

Die Verse 24 bis 45 sagen uns, *was Daniel in den Nachtgesichten sah*. Nachdem er Gott für das erhörte Gebet gedankt hat, ist er bereit, sich dem König zu stellen.

Am Hofe Babylons gab es sehr strenge Anstandsregeln für eine solche Audienz. Zweifelsohne waren sie in Vers 16 beachtet worden, obwohl uns dort nichts davon berichtet wird. Aber diesmal wird es berichtet, und in Vers 25 sehen wir, dass Daniel von Arjoch in die Gegenwart des Königs geführt wird und dass Arjoch alle Anerkennung dafür, dass er einen Mann entdeckt hat, der Träume deuten kann, für sich in Anspruch nimmt. „Kannst du es wirklich?“, fragt der König in Vers 26. „Bist du es, der mir den Traum, den ich gesehen habe, und seine Deutung kundtun kann?“ (e.Ü.).

„Das Geheimnis ... vermögen die Weisen, Gelehrten ... dem König nicht sagen“, antwortet Daniel. „Aber es ist ein Gott im Himmel, der kann Geheimnisse offenbaren. Der hat dem König Nebukadnezar kundgetan, was in künftigen Zeiten geschehen soll“ (V. 27.28).

Sobald wir Daniel die „künftigen Zeiten“, das „Ende der Tage“ (revElbf) erwähnen hören, sind unsere Herzen erregt. Die Bibel gebraucht diesen Ausdruck konsequent als Bezeichnung für die Periode von der Geburt Christi bis zum Ende der Welt. Er wird nicht als Bezeichnung für die letzten Stunden vor der Wiederkunft Christi gebraucht, wie Christen manchmal meinen, sondern für die ganze Periode der Weltgeschichte, die mit der Krippe zu Bethlehem begann. Nebukadnezars Traum wird uns also etwas über die Periode in der Geschichte der Menschheit erzählen, in der wir immer noch leben!

Daniel fährt fort: „Dieser Traum ist Gottes Antwort auf deine Gedanken, während du geschlafen hattest. Du gingst mit Fragen über die Zukunft ins Bett. Gott antwortete dir in einem Traum, und ich bin in der Lage, dir sowohl den Traum als auch seine Deutung kundzutun. Dies liegt nicht daran, dass ich besonders weise oder gesegnet wäre. Gott hat mir einfach deshalb die Deutung offenbart, damit dem König die Deutung kund würde und du die Gedanken deines Herzens erführest ..." (e.Ü.).

Die Verse 31-35 berichten, wie Daniel beschrieb, was der König sah, und sie bringen uns zum Höhepunkt des Kapitels. Der König sah in seinem Traum ein riesiges Standbild (V. 31). Weil es beinahe völlig metallisch war, glänzte es außergewöhnlich stark, wenn die Sonne es beschien. Sein Glanz und seine Größe vermittelten ihm einen erschreckenden und einschüchternden Anblick. Als er das Bild näher betrachtete, hatte der König gesehen, dass es aus vielerlei unterschiedlichen Materialien bestand, von denen alle außer einem Metalle waren. Das Haupt war aus dem feinsten Gold (V. 32). Die Brust und die beiden Arme aus Silber. Der Bauch und die Lenden waren aus Erz, d.h. aus Bronze oder vielleicht Kupfer. Die Beine waren von den Knien ab aus Eisen (V. 33). Die Zehen werden an dieser Stelle nicht erwähnt, aber die Füße waren teils aus Eisen und teils aus Ton.

In Träumen geschehen merkwürdige Dinge, und was als Nächstes geschah, war merkwürdiger als alles, was sich je irgendjemand erträumt hat. Dem Standbild näherte sich ein unbedeutender Stein. Vielleicht war er genauso beschaffen wie einer der kleinen Steine, die wir auf der Straße finden. Wir können nicht nachvollziehen, woher er kommt; er schien aus dem Nichts zu kommen. Der Traum des Königs ließ ihn keine Einzelheiten über die Herkunft des Steines erfahren. Er bemerkte einfach, dass er kam und dass er das Bild an seinen

Füßen traf (V. 34). Auf einmal brach das ganze Bild zusammen und wurde zu Staub. Der Wind blies darüber, und sehr bald deutete nichts mehr darauf hin, dass das Standbild je existiert hatte. Was so erschreckend gewesen war und was so dauerhaft und gewaltig zu sein schien, war dahin.

Um diese Zeit begann der kleine Stein zu wachsen. Der kleine Stein wurde zu einem Felsblock. Als der erstaunte König zusah, wuchs er - höher als ein Haus, höher als das höchste Gebäude, höher als die Berge. Tatsächlich wurde er zu einem großen Berg und erfüllte die ganze Erde (V. 35).

„Das ist der Traum. Nun wollen wir die Deutung vor dem König sagen“ (V. 36).

„Das Haupt, König Nebukadnezar, bist du! Du bist eine Weltmacht. Du bist ein Königreich. Du bist ein Weltreich. Du bist das Haupt aus Gold!“ (V. 37; e.Ü.). Wir sollten sorgfältig beachten, dass Daniel seine Worte persönlich an den König richtete, der vor ihm saß, und keineswegs den Eindruck vermittelte, dass er über ein wiederbelebtes Babylonisches Weltreich sprechen würde, wie manche es gemeint haben.

„Auch die Brust und die Arme sind ein Weltreich, wenn auch eines mit weniger Macht, welches nach dir kommen wird“ (V. 39; e.Ü.).

„Der Bauch und die Lenden sind eine weitere Weltmacht, die danach folgen wird“ (V. 39; e.Ü.).

„Die Beine und die Füße sind eine weitere Weltmacht, die dann wieder der dritten folgen wird. Dieses vierte Weltreich wird besonders für seine Kraft bekannt sein, denn es wird alles zermalmen. Es wird eiserne Kraft in sich haben. Und doch wird es ein zusammengesetztes Reich sein - aus Eisen vermischt mit Ton. Es wird sich jedoch schließlich herausstellen, dass seine beiden Elemente unfähig sind, sich gegenseitig bleibend zu verbinden - es wird ein zerteiltes Königreich sein. Eines seiner Teile wird stark bleiben, das andere jedoch wird brüchig sein und leichter zerbrochen werden.

Und der kleine Stein? Nun, während der Zeit jener vierten Weltmacht wird ein Ereignis von großer Tragweite stattfinden. „Zur Zeit dieser Könige wird der Gott des Himmels ein Reich aufrichten, das nimmermehr zerstört wird; und sein Reich wird auf kein anderes Volk kommen. Es wird alle diese Königreiche zermalmen; aber es selbst wird ewig bleiben, wie du ja gesehen hast, dass ein Stein ohne Zutun von Menschenhänden vom Berg herunterkam, der Eisen, Kupfer Ton, Silber und Gold zermalmte. So hat der große Gott dem König kundgetan, was dereinst geschehen wird. Der Traum ist zuverlässig, und die Deutung ist richtig" (V. 44.45).

Daniel sah also, wer Gott ist, und auch den Traum und seine Deutung. Das Dritte, was er sah, war etwas, was niemand in Babylon je erwartet hätte. Wir sehen von Vers 46 bis zum Ende des Kapitels, was es war. Er sah, *wie sich der König demütigte, wie der wahre Gott verherrlicht und der gottesfürchtige Überrest befördert wurde*. Wer hätte je erwartet, dass der mächtigste Mann der Welt in Huldigung auf sein Angesicht fallen würde?

Aber genau das geschah. Im selben Augenblick gebot der König, dass Räucherwerk zu Ehren Daniels dargebracht werden sollte. Manchmal hat man gemeint, dass Nebukadnezar Daniel eine Verehrung darbrachte, die Gott allein dargebracht werden sollte. Doch dies geschah sicher nicht. Uns kann es vielleicht helfen, wenn wir uns an einen ähnlichen Vorfall im Leben Alexanders des Großen erinnern. Als er nach Jerusalem kam, fiel er dem Hohenpriester zu Füßen und wurde von einem seiner Berater streng dafür gemaßregelt, dass er so gehandelt hatte. „Du solltest so etwas nicht tun", sagte dieser. „Ich bete nicht den Hohenpriester an", antwortete Alexander, „sondern den Gott, mit dessen hohepriesterlichen Würde er geehrt worden ist."

Etwas Ähnliches geschah in Nebukadnezars Thronsaal. Der König fiel Daniel zu Füßen, nicht weil er Daniel als Gott angebetet hätte, sondern weil er Daniel als Gottes Sprecher anerkannte. Und so wurde der wahre Gott verherrlicht. Nebukadnezar hatte noch nicht erkannt, dass der Gott Israels der einzige Gott war, aber er erkannte ihn als den höchsten Gott an. Niemand hätte überhaupt ein paar Stunden zuvor daran gedacht, dass so etwas geschehen würde. Es sah so aus, als ob die Tage von Gottes Überrest sicher gezählt gewesen wären. Es schien sicher, dass die Gottesfürchtigen zerstört und dass sie für immer verschwinden würden. Doch nun wurden Daniel, Schadrach, Meschach und Abed-Nego befördert.

Daniel wurde als Herrscher über die Provinz Babel eingesetzt. Er wurde zum „Obersten" aller Weisen Babels. Die Archäologie war bislang noch nicht in der Lage zu klären, was diese Ernennung mit sich brachte, obgleich man den Titel „der Oberste", zu dem er befördert wurde, unter den antiken Inschriften finden konnte.

Die drei Gefährten, die sich mit ihm im Gebet vereint hatten, wurden zu Amtsträgern befördert, die ihm unterstellt waren.

Der Überrest war nun nicht nur sicher, sondern auch einflussreich. Er hatte zwar kaum eine Chance gehabt, doch er war nicht ausgestorben. Er starb in Kapitel 1 nicht aus, einfach weil er es ablehnte, etwas Verkehrtes zu tun. Er starb in diesem Kapitel nicht aus, weil er sich dem gemeinsamen, vereinten Gebet gewidmet hatte. Auf diese Weise wird ein Zeugnis für Gott in der Welt erhalten, und wir würden gut daran tun, uns diese Belehrungen zu Herzen zu nehmen.

Was wir sehen sollten

In diesem Kapitel haben wir festgestellt, was Nebukadnezar sah und was Daniel sah. Was sollten wir sehen? Zusätzlich zu einigen Lektionen, auf die wir bereits Bezug genommen haben, sind noch drei grundsätzliche Dinge zu nennen.

Zuallererst sollten wir sehen, dass *Gottes Wort wahr ist.* Daniel redete die Worte, die Gott ihm gab, und alle Ereignisse, die er vorausgesagt hatte, *geschahen* auch.

Nebukadnezars Weltreich folgten drei weitere Reiche. Wir brauchen nicht zu vermuten, welche Weltreiche im Traum und in seiner Deutung gemeint waren, denn tatsächlich werden drei von ihnen im Buch Daniel selbst identifiziert, und die Identität des vierten ist uns von unserem Herrn Jesus Christus geoffenbart worden.

Dieser Punkt muss in einer Zeit unterstrichen werden, wo so viele widersprüchliche Dinge über die Vision aus Kapitel 2 geschrieben worden sind. Es kann überhaupt kein Zweifel hinsichtlich der Weltmächte, die hier beschrieben werden, bestehen.

Dennoch waren es nicht vier Bilder, die Nebukadnezar sah, sondern lediglich eines. Dies ist auf die Tatsache zurückzuführen, dass alle Weltreiche, von denen Daniel sprach, in einem ganz realen Sinne dasselbe Weltreich sind. Das zweite übernahm das erste. Das dritte übernahm das zweite. Das vierte übernahm das dritte.

Das erste hatte einen Nachfolger. Ebenso auch das zweite und dritte. Das vierte hatte keinen Nachfolger, aber in der Epoche jenes vierten Weltreiches kam ein anderes Königreich auf. Von dem kleinen Stein kann zurecht gesagt werden, dass er alle vier Weltreiche zermalmte, und nicht nur das letzte. Babylon verschwand als eine Weltmacht, als es von Medopersien erobert und diesem Reich einverleibt wurde. Medopersien wiederum wurde von Griechenland erobert und dem Hellenistischen Weltreich einverleibt. Das mächtige Weltreich Griechenland wurde dann wiederum von Rom abgelöst. Die Römer verleibten nicht alle Grenzen des Hellenistischen Weltreiches ihrem eigenen ein, und doch errichteten sie ein Weltreich, das noch stärker global ausgerichtet und expansiv war als jedes andere, das ihm vorausgegangen war. In der Zeit des Römischen Weltreiches wurde dann ein anderes Weltreich aufgerichtet - ein Weltreich, das stetig wächst und niemals ein Ende findet.

Lassen Sie uns noch ein wenig weiter über diese erstaunliche und voraussagende Vision nachdenken. Von allen vier Weltreichen war nur eines ein vereinigtes Ganzes, nämlich Babylon, von dem daher als von dem Haupt des Bildes die Rede ist. Medopersien genoss niemals den Ruhm Babylons und kann nicht besser beschrieben werden als Silber, wenn man es mit dem Gold Babylons vergleicht. Obgleich es aus einem Leib bestand, hatte es tatsächlich zwei Arme, genauso, wie es der Traum von dem Bild vorausgesagt hatte. Griechenland folgte. Unter Alexander dem Großen war es ein ungeteiltes Weltreich, doch schließlich zerfiel es in zwei Beine, Syrien und Ägypten.

Gleichermaßen wurde auch das Römische Weltreich in zwei große Teile, ein Ost- und Westreich, gespalten (und, nebenbei bemerkt, zerfiel es schließlich in zehn kleinere Königreiche oder Füße - ein Gegenstand, der über den Gesichtskreis dieses speziellen Kapitels hinausgeht). In der Herrschaftszeit Roms kam ein Stein in diese Welt, dessen Anfang unbekannt ist. Er war ohne Anfang, weil er vor aller Zeit existierte. Johannes der Täufer sagte von ihm: „Nach mir wird kommen, der vor mir gewesen ist; denn er war eher als ich" (Joh 1,15). Der ewige Sohn Gottes kam als ein unbedeutendes Baby in Bethlehem an, um ein ewiges Königreich zu errichten. Heutzutage liegen die früheren Königreiche im Staub. Doch Christi Königreich bleibt und wächst und wird ewig währen - es wird niemals einen Nachfolger haben. Alles ist so geschehen, wie Daniel es vorausgesagt hatte.

Wenn Gott redet, dann ist das, was er sagt, wahr. Ein Kapitel wie das vorliegende sollte unser Vertrauen in Gottes Wort erneuern. Wir sollten es bewundern und uns so darauf stützen, wie wir es nie zuvor getan haben. Das Kapitel sollte uns dazu bringen, von neuem zu sehen, dass „die Rechte des HERRN ... Wahrheit ... [sind], allesamt gerecht" (Ps 19,10).

Aber wir sollten noch etwas anderes sehen, nämlich dass *die Geschichte in Gottes Händen liegt.*

Das Buch Daniel wurde im sechsten Jahrhundert v. Chr. geschrieben. Eine Unmenge von Meinungen existieren, die dies nicht glauben und darauf bestehen, dass es im zweiten Jahrhundert v. Chr. geschrieben worden sein müsse. Solch eine Theorie kann für unsere Zwecke völlig unberücksichtigt bleiben - und noch einmal verweise ich interessierte Leser auf das Werk von E. J. Young, das am Ende dieses Buches erwähnt wird. Er, Robert Dick Wilson und andere haben eindeutig die Unhaltbarkeit einer solchen Auffassung gezeigt. Der Grund, weshalb diese falsche Ansicht populär ist, ist die Tatsache, dass viele Männer und Frauen nicht die Vorstellung einer voraussagenden Prophetie akzeptieren können. Sie können einfach nicht glauben, dass das Wort Gottes Ereignisse genau voraussagen kann, bevor sie geschehen. Wenn Sie diese Annahme erst einmal als Ausgangspunkt akzeptiert haben, dann wird Sie auch eine Fülle von Beweisen, wie gut sie auch begründet sein mögen, nicht vom Gegenteil überzeugen können. Dies ist der Hauptgrund dafür, weshalb Gelehrte, die an einer Abfassungszeit im sechsten Jahrhundert festhalten, bisher weithin nicht beachtet worden sind. Doch solche, die ein offenes Herz haben, werden ihre Argumente völlig überzeugend finden. Wichtiger ist natürlich die eindeutige Feststellung unseres Herrn Jesus Christus, dass Daniel der Verfasser des Buches ist, das seinen Namen trägt (Mk 13,14). Wer wird zu sagen wagen, dass der vollkommene Sohn Gottes sich geirrt hätte?

Wir können also zuversichtlich behaupten, dass das zweite Kapitel des Buches Daniel Geschichte aufzeichnet, bevor sie stattfand. Wie könnte das sein, wenn nicht Gott die Geschichte kontrolliert?

Es genügt nicht, zu sagen, dass Gott bloß vorausgesehen habe, was geschehen würde. Könnte er dies getan haben, ohne dass er zumindest ein gewisses Maß von Kontrolle über die Ereignisse hatte, die er sah? Könnte er es vollkommen vorausgesehen haben, ohne es vollkommen zu kontrollieren? Niemand kann unfehlbar voraussagen, was er nicht vollständig kontrolliert. Vielleicht könnte etwas schief gehen. Jemand könnte „quer schießen“. Jemand könnte einen Weg einschlagen, der von dem, der die Zukunft voraussieht, nicht bedacht wurde. Man kann die Zukunft nicht sehen, wenn man die Zukunft nicht kontrolliert.

Und genau das ist es, was die Schrift lehrt. Sie sagt uns, dass Gott „aus einem Menschen das ganze Menschengeschlecht gemacht [hat], damit sie auf dem ganzen Erdboden wohnen, und er hat festgesetzt, wie lange sie bestehen und in welchen Grenzen sie wohnen sollen“ (Apg 17,26).

Daniel hat uns bereits gesagt, dass es Gott ist, der Könige einsetzt und absetzt (V. 21). Gott kontrolliert die Geschichte. Dies ist für mich, da ich diese Zeilen schreibe, ein wunderbarer Gedanke. Ich lebe nicht in einem Universum, das außer Kontrolle geraten ist. Ich lebe in einer Welt, wo Gottes Absichten ans Ziel kommen, selbst wenn viele Ereignisse in der Welt schrecklich und beängstigend sind - ebenso, wie sie es in der Zeit der in diesem Kapitel erwähnten Weltreiche waren. Alles, was geschieht, bewegt die Welt stetig vorwärts und bringt das hervor, was Gott geplant hat. Gott sitzt immer noch auf dem Thron!

Dies sollte uns ein Drittes sehen lassen: Es gibt für einen Christen *keinen Grund, entmutigt zu sein.*

Christus, der Stein, hat ein Königreich aufgerichtet - einen Bereich, wo er regiert. Es ist kein politisches Reich, denn er hat dogmatisch erklärt: „Mein Reich ist nicht von dieser Welt“ (Joh 18,36). Er hat uns deutlich gemacht, was für ein Königreich es ist: „Das Reich Gottes ist inwendig in euch“ (Lk 17,21; Luther 1912[4]). Christi Königreich ist ein geistliches Königreich.

Überall in der Welt gibt es Männer und Frauen, junge Leute, Jungen und Mädchen, in deren Herzen Christus regiert. Aus

4 *Lutherbibel,* Text 1912 (Abk.: Luther 1912), Deutsche Bibelgesellschaft, Stuttgart 1912.

allen Nationen hat er eine neue Nation gebildet. Aus Menschen aller Rassen hat er eine neue Rasse gemacht. Menschen mit jeder erdenklichen Staatsangehörigkeit haben ein neues Bürgerrecht. Barrieren zwischen Juden und Heiden, Sklaven und Freien, Nicht-Griechen und zivilisierten Griechen sind alle abgebrochen worden. Der Herrschaftsbereich Christi wird nicht von sichtbaren Grenzlinien auf der Landkarte begrenzt. Er regiert in den Herzen der Menschen, die durch das Evangelium mit ihm in Verbindung gebracht worden sind.

Christus richtete dieses Königreich mit der Autorität des Gottes des Himmels auf (V. 44). Es wurde zuerst in den Tagen des Römischen Reiches aufgerichtet, genauso wie vorhergesagt, und es wird niemals vergehen. Christus bleibt der ewige König in diesem Reich und wird nie einen Nachfolger haben. Er selbst ist der allmächtige Gott, und daher wird das Königreich nie besiegt werden. Seine Bürger werden ihm nie geraubt werden, und sie werden auch nie aufbegehren, denn jeder von ihnen ist ein williger Untertan.

Von diesem wunderbaren Königreich spricht dieses Kapitel. Überhaupt nichts kann das Wachstum dieses Königreichs verhindern, und aus dieser Tatsache sollten wir eine ungeheure Ermutigung ableiten. Es hat sich immer gegen allen Widerstand behauptet, und es wird sich auch weiterhin dagegen behaupten. Christen können lebendig verbrannt werden (wie Nero es mit ihnen tat), den wilden Tieren in Amphitheatern vorgeworfen oder auf die Inseln verbannt werden. Sie können in Kerkern eingeschlossen, schrecklich gefoltert oder öffentlich hingerichtet werden. Nichts, was ihnen angetan wird, hält ihr zahlenmäßiges Wachstum auf. Das Blut der Märtyrer erweist sich als der Same der Kirche. Das Königreich wächst und wächst und wächst.

Schließlich wird es ein Berg sein, der die ganze Erde erfüllt. Dies bedeutet natürlich nicht, dass jeder errettet wird. Und doch bedeutet es, dass schließlich Menschen aus jeder Nation und Zunge sich im himmlischen Lobpreis des Herrn Jesus

Christus vereinigen werden: „Das Lamm, das geschlachtet ist, ist würdig ...“ (Offb 5,12).

Christi Königreich ist ein ewiges Königreich. Der Tag wird kommen, an dem er jede andere Obrigkeit, Herrschaft und Gewalt weggetan haben wird (1.Kor 15,24). Die einzige Herrschaft, die dann gesehen werden wird, wird Seine Herrschaft sein. Das ganze Universum wird Seine Herrschaft anerkennen, während Seine willigen Untertanen frohlocken werden, wenn sie hören: „Kommt her, ihr Gesegneten meines Vaters, ererbt das Reich, das euch bereitet ist von Anbeginn der Welt“ (Mt 25,34).

Zweifellos wird das Volk des Herrn immer ein Überrest sein - eine kleine Minderheit im Verhältnis zur Gesamtbevölkerung. Doch die Belehrung dieses Kapitels versichert uns, dass der Überrest immer vorhanden sein wird. Und er wird immer mehr wachsen, bis er sich an die Enden der Erde ausdehnt.

Keiner von uns braucht sich um die Zukunft der Sache Christi zu sorgen. Gottes Arche geht es sehr gut, und wir brauchen nicht unsere Hände darauf zu legen, um sie zu stützen. Die Zukunft des Königreiches Christi ist ebenso sicher wie die Verheißungen dieses Kapitels. Sein Königreich kann nicht zu Ende gehen. Bald wird es das einzige Königreich sein.

Deshalb ist es von Wert, wenn wir alles, was wir haben und sind, der Ausbreitung des Königreiches Christi weihen. All unser Besitz und unsere Talente und Kräfte sollten dem großen Werk geweiht werden, andere zu gewinnen. Wir können nicht scheitern. Wir säen den Samen. Nicht aller Same wächst; nicht einmal der meiste davon. Aber manches davon wächst immer, und so wird dann ein weiteres Leben unter der Herrschaft Christi geführt. Wie wunderbar ist es, ein Bürger eines solchen Königreiches zu sein! Wie schrecklich wird es dagegen sein, wenn man, bedingt durch Unglauben und Unbußfertigkeit, auf ewig draußen bleiben muss!

4.

Der brennende Feuerofen

Schriftlesung: Daniel 3,1-30

Haben Sie sich vielleicht schon ertappt, wie Sie beim Lesen dieses Kapitels gelächelt haben, wenn von „den Fürsten, Würdenträgern, Statthaltern, Richtern, Schatzmeistern, Räten, Amtleuten und allen Oberbeamten der Provinzen" (V. 2) die Rede war? Nun, dann möchte ich Sie darauf hinweisen, dass dies durchaus beabsichtigt war. Dasselbe gilt für „den Schall der Posaunen, Trompeten, Harfen, Zithern, Flöten, Lauten und aller andern Instrumente" (V. 5). Dieses Kapitel überzieht den Pomp und Pathos des heidnischen Götzendienstes, über den es berichtet, mit Spott und Hohn.

In den vorherigen Kapiteln wurde uns berichtet, wie eine kleine Gruppe von Menschen in einer feindlichen Umgebung weiterhin für Gott lebte. Im jüdischen Volk, das nun für seinen Götzendienst bestraft wurde, blieb nur eine Hand voll Leute übrig, deren Herzen Gott treu waren. Als ihnen angetragen wurde, Kompromisse einzugehen, hatten sie diese abgelehnt. Als sie scheinbar kurz davor standen, umgebracht zu werden, hatte Gott sie auf wunderbare Weise bewahrt. Das Kapitel, das wir nun aufgeschlagen haben, berichtet über eine weitere wunderbare Erlösung und versichert uns abermals, dass die wenigen, die Gott treu blieben, Gegenstand seiner besonderen

Fürsorge waren. Es enthält gewaltige Ermutigungen und einige wichtige praktische Belehrungen für jeden Gläubigen, der das Gefühl hat, dass er nicht im Einklang mit den Maßstäben und Werten der Welt lebt, die ihn umgibt.

Eines der Geheimnisse dieses Kapitels ist, dass es Daniel selbst nicht erwähnt. Niemand weiß, warum, obwohl natürlich eine Menge darüber spekuliert worden ist. Wo er zu dieser Zeit war und was er tat, wird uns nicht offenbart. An seiner Stelle sind es nun seine drei Freunde, die in den Vordergrund treten. Schadrach, Meschach und Abed-Nego sind im Buch bereits mehrere Male erwähnt worden, doch war es immer Daniel, der am meisten hervorstach, und sie sind irgendwie von ihm in den Schatten und in den Hintergrund gestellt worden. Nun werden wir sie unabhängig von ihm betrachten können.

Kapitel 3 ist ein unkomplizierter Bericht darüber, wie drei Männer, anstatt Gott zu missfallen, sich mutig über den Befehl des mächtigsten Mannes in der damaligen Welt hinwegsetzten. Ihm zu gefallen, war ihnen sogar wichtiger als ihr eigenes Leben. Ihr Vorbild zeigt uns, was das Wesen der Gottseligkeit ist. Das Kapitel zeichnet auch auf, wie Gott eingriffen und ihren Glauben bestätigt hatte.

Die Hauptsache in diesem Kapitel ist jedoch nicht die wundersame Errettung. Wir haben mit dem Glauben an Wunder keine Probleme - so hoffe ich! Wenn wir einmal erkennen, dass Gott allmächtig ist, und wenn wir erst einmal glauben, dass er seinen Sohn aus den Toten auferweckt hat, dann sind Wunder für uns kein Problem mehr. Die machtvolle Errettung, die in diesem Kapitel berichtet wird, erfüllt unsere Herzen mit der Anbetung Gottes. Und doch ist sie nicht das Wichtigste, was wir beachten sollten.

Die Hauptsache in diesem Kapitel ist, dass drei junge Gläubige versucht werden, Unrecht zu tun, und dies ablehnen. Sie sind bereit, nicht im Einklang mit den anderen zu stehen, selbst wenn es für sie einen schrecklichen Tod bedeuten sollte. Das Wort „Kompromiss" gehört nicht zu ihrem Wortschatz.

Unrecht bleibt Unrecht, und sie wollen es nicht tun, wie groß die Gefahr auch sein mag. Sie wollen nicht die Sünde tolerieren oder gar in einen Dialog mit ihr eintreten. Auf diesen Punkt sollten wir unsere Aufmerksamkeit richten, denn er lehrt uns einmal mehr, wie ein Zeugnis für Gott in einer heidnischen Welt aufrechterhalten wird. Wenn wir Gott in einer feindlichen Umgebung treu bleiben wollen, dann müssen wir selbst den Weg Schadrachs, Meschachs und Abed-Negos gehen.

Dieses Kapitel ruft die alte Frage in Erinnerung: Was geschieht, wenn eine unwiderstehliche Kraft auf einen unbeweglichen Gegenstand trifft? (Wenn man davon absieht, dass es sich in diesem Fall um drei unbewegliche Gegenstände handelt!) Wir werden uns zunächst die unwiderstehliche Kraft anschauen, danach die unbeweglichen Gegenstände. Schließlich werden wir sehen, was geschah, als die beiden aufeinander trafen.

Die unwiderstehliche Kraft

Die unwiderstehliche Kraft ist König Nebukadnezar, und wenn wir die Verse 1-7 genau betrachten, dann wird schnell deutlich werden, warum ich ihn so nenne. Der Bericht beginnt damit, dass er ein Bild aufrichten lässt. Wann genau er dies tat, wissen wir nicht, und das Kapitel sagt es uns nicht. Vielleicht geschah es, bald nachdem Daniel ihn als ein „Haupt aus Gold" beschrieben hatte. Vielleicht hatte diese Bezeichnung ihn stolz gemacht, und er wollte den Traum von einem riesigen Bild durch die Errichtung eines tatsächlichen Bild Realität werden lassen.

Es war unter babylonischen und syrischen Machthabern üblich, Bilder zu ihrer eigenen Ehre aufrichten zu lassen, und was Nebukadnezar tat, wäre nicht als besonders ungewöhnlich angesehen worden. Es handelte sich mit an Sicherheit grenzender Wahrscheinlichkeit um ein Bildnis seiner Person.

Es ist gleichermaßen sicher, dass er nicht allein an seine eigene Ehre dachte, sondern auch an die Ehre der Götter, die er anbetete.

Die Unkosten für die Herstellung und Aufrichtung eines solchen Bildes müssen immens gewesen sein. Vergoldet stand es auf seinem Podest und war über 27 Meter hoch, seine Breite betrug jedoch nur 2,7 Meter. Diese Proportionen sind ziemlich grotesk, sind aber typisch für babylonische Standbilder. Wir brauchen nicht zu folgern, dass Nebukadnezar selbst sowohl ungewöhnlich groß als auch erbärmlich dünn gewesen sei! Dieses riesige und hässliche Standbild wurde dann in der Ebene Dura aufgerichtet.

Das aramäische Wort, das hier mit „Ebene“ übersetzt wird, meint eine flache Landausdehnung zwischen Bergen. Das Bild wurde in einer Art natürlichen Galerie aufgerichtet. In seiner Umgebung befanden sich weite Flächen völlig flachen Landes mit auf jeder Seite aufsteigenden Bergen. Es konnte wahrscheinlich aus Dutzenden von Kilometern Entfernung gesehen werden, insbesondere, wenn sein Goldüberzug die Sonne reflektierte.

Als das Bild fertig war, fand im Einklang mit babylonischen Sitten eine Einweihungszeremonie statt. Hierauf wird in den Versen 2 und 3 Bezug genommen. Bedeutende Beamte kamen aus den entferntesten Ecken des Babylonischen Weltreiches, und ihre unterschiedlichen Dienstgrade werden uns vorgestellt. Wahrscheinlich hatte niemand in der bekannten Welt je solch einer Feier beigewohnt. Die Menschenmenge war wohl riesig, und der ganze Prunk war unendlich viel glorreicher als der der extravagantesten Krönungsfeier. Es war ein Bild, das vom mächtigen König von Babylon errichtet worden war, sowohl zu seiner eigenen Ehre als auch zu Ehren seiner Götter, und die Menschen waren bereit, von überall her zu kommen, um es zu sehen.

In Vers 4 haben wir eine Untertreibung. Vor dieser beispiellosen Menschenmenge rief der Herold „laut“. Was für eine

Stimme muss er gehabt haben! Der verstummenden Menschenmenge erteilt er einen Befehl im Namen des Königs. Niemand ist von seinen Ansprüchen ausgenommen. Verschiedene Völker und Nationen und Sprachen aus dem gesamten Babylonischen Weltreich sind anwesend, und was befohlen wird, gilt für sie alle.

Auch ein Orchester ist bei der Zeremonie anwesend, dessen Instrumente in den Versen 5, 7, 10 und 15 aufgeführt sind. „Alle Arten von Musik" (V. 5; revElbf) ist ein persischer Ausdruck, der nahe legt, dass das Orchester einige persische Instrumente einschloss. Dies überrascht nicht, denn Persien war ein direkter Nachbar. Das „Horn" und die „Rohrpfeife" waren semitisch, was darauf hindeutet, dass einige der Musiker vertriebene Juden waren. Die „Harfe", die „Laute" und der „Dudelsack" waren griechische Instrumente (V. 5; revElbf). Babylon hatte zu dieser Zeit schon über ein Jahrhundert mit Griechenland gehandelt und war offensichtlich fähig gewesen, griechische Musik seiner eigenen Ausdrucksweise einzuverleiben. Der Befehl des Herolds lautet, dass, wenn dieses Orchester spielt, jeder, wer und wo auch immer er sein mag, niederfallen und das neu aufgerichtete Bild anbeten solle.

Wenn Vers 6 uns verwirrend und unvernünftig zu sein scheint, dann sollten wir uns an etwas erinnern. Dieses groteske Standbild war zu Ehren des Königs und seiner Götter aufgerichtet worden. Wenn man nicht vor ihm niederfiel, so konnte dies nur als ein Akt der Untreue interpretiert werden. Es war die Weigerung, sich dem Wort des Königs unterzuordnen - was Verrat gleichkam. Ein derartiges Verhalten konnte nur mit dem schrecklichen Tod in einem brennenden Feuerofen vergolten werden.

Vor solch einem Götzen niederzufallen, stellte für die große Mehrheit der Menschen im Babylonischen Weltreich kein Problem dar, selbst wenn sie aus unterworfenen Nationen kamen. Sie mussten einfach nur denken: „Die Götter Babylons sind offensichtlich stärker als unsere eigenen, ansonsten wären wir nicht besiegt worden. Wir sollten das durchaus anerkennen.“

Selbst für die Juden in der Verbannung stellte ein solches Niederfallen kein Problem dar. Seit Generationen hatten sie Gott nicht gehorcht und hatten sich im Götzendienst verstrickt. Die harten Worte der Propheten über die Verwerflichkeit einer solchen Praxis waren von ihnen vorsätzlich und beständig ignoriert worden. Sie hatten wahrscheinlich keine Gewissensbisse gehabt, sich vor dem goldenen Standbild niederzuwerfen. Götzendienst war ihnen schon in Fleisch und Blut übergegangen. Warum sollten sie sich selbst zum sicheren Tod verurteilen, indem sie es ablehnten, etwas zu tun, was sie schon jahrelang getan hatten?

Eine allumfassende Unterordnung unter den Befehl des Königs konnte erwartet werden, denn niemand wurde dadurch in Verlegenheit gebracht oder verletzt. Niemand, außer natürlich dem gottesfürchtigen Überrest. Das Zeichen für ihre bleibende Treue zu Gott war, dass sie nichts mit der Anbetung falscher Götter zu tun hatten. Das Erste Gebot war für sie von allergrößter Bedeutung. Sie waren überzeugt, dass nichts wichtiger sei, als den Herrn, ihren Gott, von ganzem Herzen, von ganzer Seele, mit all ihrem Verstand und aller ihrer Kraft zu lieben. Sie hatten es sogar abgelehnt, Speise zu sich zu nehmen, die den Götzen geopfert worden war, so dass sie sich sicherlich nicht vor einem Götzen verbeugen würden. Jeder andere mochte sich wohl dem Befehl des Königs unterordnen, aber nicht sie. Es gibt eine höhere Macht, der sie gehorchen müssen. Sie allein werden „Nonkonformisten“ sein; sie allein wollen anders sein. Unrecht bleibt Unrecht, und sie können es nicht tun, selbst wenn die Konsequenz ihres Verhaltens der sichere Tod in einem brennenden Feuerofen ist. Als alle anderen niederfallen, bleiben sie stehen!

Seit zwanzig Jahrhunderten haben totalitäre Regime Christen geboten, dass sie entweder gottlosen Forderungen entsprechen oder sterben müssten. Nie ist dies so sehr der Fall gewesen wie im zwanzigsten Jahrhundert. In vielen Staaten der heutigen Welt erleidet das Volk des Herrn Verfolgung. Sie schmachten im Gefängnis, dürfen nur die niedrigsten Aufgaben in der Gesellschaft verrichten, ertragen das Herzeleid, dass ihre Kinder ihnen weggenommen werden, schreien unter der Folter und sterben einen schrecklichen Tod - anstatt den Forderungen der Obrigkeiten zu entsprechen, die ihnen gebieten, mit ihren frommen Übungen aufzuhören und ihnen den Platz in ihrem Leben einzuräumen, der Gott allein gebührt.

Viele von uns leben nicht unter einem solchen Regime. Und doch bleiben die Worte Samuel Rutherfords[5] auch für uns wahr: „Du wirst nicht die Möglichkeit erhalten, dich still in den Himmel und die Gemeinschaft Christi hineinzustehlen, ohne einen Kampf kämpfen und ein Kreuz tragen zu müssen." Die Menschen um uns her setzen uns unter Druck, sich ihnen in ihren Sünden anzuschließen, indem sie immer wieder sagen: „Jeder andere tut es auch, warum tust du es also nicht? Warum willst du anders sein? Los, gib dir einen Ruck - nur dieses eine Mal."

Junge Christen werden dazu gedrängt, sich mit ihren Freunden zu betrinken oder ihre „Unschuld" vor der Ehe zu verlieren. Sie werden unter Druck gesetzt, zu lügen, zu stehlen, schmutzige Bücher zu lesen und sich unflätige Fernsehsendungen und Filme anzuschauen. Die Entheiligung des Sonntags, Geldverschwendung, Unpünktlichkeit, Glücksspiel, die unehrliche Aneignung von Wohlstand und tausend andere Sünden und Unanständigkeiten werden als Tugenden gepriesen. Es ist „in", in die Diskothek zu gehen und sich bei anmachender Lyrik „gehen zu lassen".

Die Welt hat ihren eigenen Feuerofen, der diejenigen erwartet, die sich nicht der Anbetung ihrer Götzen hingeben. Es ist

[5] Samuel Rutherford (1600-1661) war ein enflussreicher schottischer Pfarrer und Theologe, der um seines Glaubens willen viel leiden musste. Der Obrigkeit ein besonderes Dorn im Auge war seine wohl bedeutendste Schrift „Lex Rex", in der Ratherford für die Freiheit des Individuums eintritt.

der Feuerofen der Verhöhnung, des Belächeltwerdens, der Verachtung, der Ächtung und Ignorierung. Sauber lebenden und gottesfürchtigen Menschen wird gesagt, dass sie engstirnige, verkalkte Trottel seien, und ihnen wird die kalte Schulter gezeigt, indem sie vom Leben und der Zuneigung der Menschen aus ihrer Umgebung ausgeschlossen werden. Vielen jungen Gläubigen erscheint der Druck unwiderstehlich. Sie fühlen sich zu einer Entscheidung gedrängt. Sie müssen entweder nachgeben und so sein wie jeder andere auch, oder sie müssen sich dagegen wehren und alles verlieren.

Das war die Entscheidung, vor die Schadrach, Meschach und Abed-Nego gestellt wurden!

Drei unbewegliche Objekte

Was taten diese drei jungen Männer, als sie vor diese direkte Entscheidung gestellt wurden? Die Verse 8-18 sagen es uns.

Ihre Entscheidung war es, Gott zu gefallen, ganz gleich, welche Konsequenzen das mit sich bringen mochte. Von dieser Position rückten sie nicht einen Millimeter ab. Die unwiderstehliche Kraft des Befehls des Königs traf auf drei unbewegliche Gegenstände!

Wir wollen versuchen, uns die in den Versen 8-12 berichtete Szene vorzustellen. Versuchen wir, uns ein Bild von der riesigen Volksmenge zu machen, von der erregten und erwartungsvollen Atmosphäre. Schließlich spielt das Orchester, und die Volksmenge beugt sich, wie befohlen, zur Erde. Es sind - wie es auffälliger nicht gehen kann - nur drei Menschen, die immer noch aufrecht stehen!

Zweifelsohne haben wir alle schon Gottesdienste besucht, wo jemand stehen blieb, nachdem alle anderen Besucher sich gesetzt hatten. Jeder nimmt Notiz von ihm; jedes Auge fixiert ihn. Wie viel auffälliger müssen Schadrach, Meschach und Abed-Nego wohl gewesen sein! Das ganze Weltreich fällt nieder, aber drei Männer, und zwar nur diese drei, besitzen die Frechheit, einfach stehen zu bleiben!

Im Lichte von Kapitel 1 war es wahrscheinlich weithin bekannt, dass diese drei jegliche Form von Götzendienst nicht guthießen. Aber diesmal scheint es so, als ob ihre Haltung sie zugrunde richten würde. Sie werden dem König namentlich genannt. Zweifelsohne hätten viele gute Dinge über sie gesagt werden können, um solch ein Anklage abzuschwächen. Aber nichts dergleichen wird zu ihrer Entlastung gesagt. Es wird unumwunden erklärt, dass diese drei prominenten Beamten keinen Respekt vor dem König haben.

Die Verse 13-15 berichten uns, wie der König in seinem wilden Zorn befahl, dass die drei Männer sogleich zu ihm gebracht werden sollten.

„Ist es wahr?", fragt er sie. Er sichert ihnen dann zu - ebenso, wie die Welt um uns her es tut -, dass, wenn es wahr sei, es noch nicht zu spät sei, ihre Meinung zu ändern und sich so zu verhalten wie jeder andere auch: „Wohlan, seid bereit! Sobald ihr den Schall der Posaunen, Trompeten, Harfen, Zithern, Flöten, Lauten und aller andern Instrumente hören werdet, so fallt nieder und betet das Bild an, das ich habe machen lassen! Werdet ihr's aber nicht anbeten, dann sollt ihr sofort in den glühenden Ofen geworfen werden. Lasst sehen, wer der Gott ist, der euch aus meiner Hand erretten könnte!" (V. 15).

Die Welt um uns her ist sehr darauf erpicht, Christen zu überreden, sich ihr anpassen. Sie kann diejenigen, die auffallen, weil sie sich nicht anpassen, nicht tolerieren. Und bevor sie versucht, sie zu ruinieren, versucht sie, sie zu überreden, genauso wie alle anderen zu werden. Etwas ist in die Welt eingebaut, was sie sehr darauf bedacht sein lässt, dass das Volk des Herrn sich ihr anpasst. Die, die nicht vor ihren Götzen niederfallen, vor denen sie sich niederwirft, verwirren und beunruhigen sie. Sie kann Leute nicht verstehen, die andere Werte haben. Sie ärgert sich besonders über die, die den unsichtbaren Gott vor allem und jedem anderen verehren und lieben.

Sie würde sie lieber überreden, als sie zu bestrafen, doch wenn es ihr nicht gelingt, sie zu überreden, dann wird die Welt die Gläubigen eigentlich immer bestrafen. Tatsächlich ist die Androhung einer Strafe Bestandteil ihrer Argumentation, warum man sich ihr anpassen soll.

Nebukadnezar ist in diesem Kapitel zorniger, als er es im letzten war. Wie können sie es wagen, ihn nicht als den Höchsten anzuerkennen? Wenn sie seine Oberhoheit nicht auf diese Weise anerkennen, dann müssen sie es eben auf eine andere Weise tun - der Feuerofen würde beweisen, wo die wirkliche Macht lag. Wenn er, der König, sie einmal hineingeworfen hätte, wer wäre der Gott, der fähig wäre, sie zu erretten?

Dies ist also der Mann, der vor kurzem noch die Macht und Souveränität Gottes anerkannt hatte (2,47)! In seinem Zorn hat er die Lektionen aus jüngster Vergangenheit vergessen. Wenn ein Mensch dem Zorn nachgibt, dann verliert er jeglichen gesunden Menschenverstand. Er neigt auch viel mehr dazu zu drohen als von seiner Vernunft Gebrauch zu machen.

Vers 16 zeigt uns, weshalb es richtig ist, Schadrach, Meschach und Abed-Nego als „unbewegliche Objekte" zu bezeichnen. Sie antworteten und sagten zum König Nebukadnezar: „Es ist nicht nötig, dass wir dir darauf antworten."

Das bedeutet nun Folgendes: „Die Anklage, die gegen uns erhoben wird, ist wahr. Wir wollen uns nicht verteidigen, nicht rechtfertigen oder entschuldigen. Fakten sind Fakten, und wir stehen zu ihnen. Es ist völlig wahr, dass wir uns nicht vor dem goldenen Bild niedergeworfen haben. Wenn du uns nun in den Feuerofen werfen willst, so geschehe es. Unser Gott kann uns erretten. In der Tat wird er das tun. Wenn er jedoch nach seinem souveränen Wohlgefallen beschließt, uns nicht zu retten, dann wisse, dass wir immer noch nicht bereit wären, die Sünde zu tun, die du befiehlst" (16-18; e.Ü.).

Hier spricht der Glaube! Es ist leicht, sich zu weigern, vor dem Standbild niederzufallen, wenn Errettung sicher ist. Diese drei Männer waren sich der Errettung bewusst. Aber ihre Entschiedenheit ging so weit, dass sie sich selbst dann nicht vor dem Bild niederwerfen würden, wenn sie nicht errettet würden. So handelt nur gottesfürchtiger Glaube.

Im christlichen Leben gibt es ein großes Prinzip, an das wir uns immer erinnern sollten. Charles Haddon Spurgeon[6] brachte es mit folgenden Worten zum Ausdruck: „Deine Pflicht ist es, das Richtige zu tun; die Konsequenzen liegen bei Gott ... Deine und meine Aufgabe ist es, das Richtige zu tun, selbst wenn der Himmel einstürzten würde, und dem Gebot Christi zu folgen, welche Konsequenzen das auch mit sich bringen mag ... O meine Herren, was haben wir mit den Konsequenzen zu tun? Der Himmel mag einstürzen, aber der gute Mann sollte seinem Herrn gehorsam und seiner Wahrheit treu bleiben. O Mann Gottes, sei gerecht und fürchte dich nicht! Die Konsequenzen stehen bei Gott, und nicht bei dir."

Dieses biblische Prinzip wird durch Schadrach, Meschach und Abed-Nego veranschaulicht. Unsere Pflicht, und das Limit unserer Pflicht, ist es, das Rechte zu tun - nicht weniger, aber auch nicht mehr. Wenn ein gerechter Lebenswandel derartig tödliche Konsequenzen nach sich zieht wie in ihrem Fall, dann ist das Gottes Angelegenheit. Die Konsequenzen liegen in seinen Händen, doch die Pflicht liegt in unseren. Unsere Aufgabe im Leben ist es, das zu tun, was ihm wohlgefällt, koste es, was es wolle, und ganz gleich, welche Folgen es haben mag.

Schadrach, Meschach und Abed-Nego lebten nach diesem Prinzip. Nie zuvor hatten sie, soweit wir wissen, willentlich den König von Babylon verärgert. Es gibt keinen Hinweis darauf, dass sie so etwas gewollt hätten. Doch wenn man sich entscheiden muss, entweder dem mächtigsten Mann auf Erden

---

[6] Charles Haddon Spurgeon (1834-1892) war Pastor am Metropolitan Tabernacle in London, einer der größten Baptistengemeinden seiner Zeit. Über 30 Jahre predigte er jeden Sonntag morgens und abends vor 5000 bis 6000 Menschen. Bis heute sind ungefähr 150 Millionen Exemplare seiner Predigten veröffentlicht worden.

oder dem ewigen Gott zu gefallen, dann gibt es nur eine Wahl, die man hat, einen Weg, den man gehen kann. Das „Schlimmste“, was die Welt uns antun kann, ist, uns zu töten.

Das ist ein überwältigend tröstlicher Gedanke! Wir werden alle sterben und, früher oder später, Gott begegnen müssen. Sicher ist es besser, frühreif getötet zu werden und ihm in Frieden zu begegnen, als ein bisschen länger zu leben und ihm mit Schrecken zu begegnen. Wir wissen, dass das Grab nicht das Ende ist. Warum sollte denn also die bloße Todesgefahr für uns ein Grund sein, dem nicht mehr zu gefallen, dem wir nach dem Tod Rechenschaft geben werden? Wie viel weniger sollte uns daher die viel schwächere Androhung, uns zu verhöhnen, davon abhalten, unserem Herrn in dieser Welt nachzufolgen?

Zu wenige Gläubige beschäftigen sich mit der Art heiliger Logik, über die wir gerade nachgedacht haben, und dies erklärt, warum so viele von ihnen dem Druck unserer Zeit nachgeben. Sie betrachten die kurzfristigen Konsequenzen, die es mit sich bringt, der Welt zu missfallen, und entscheiden dann darüber, was sie tun sollten. Schadrach, Meschach und Abed-Nego taten das genaue Gegenteil. Wie die Konsequenzen auch immer aussehen mögen, Recht ist Recht und Unrecht ist Unrecht. Daher beschlossen sie, das Richtige zu tun und das Ergebnis Gott zu überlassen. Solche Überlegungen erhalten das Zeugnis für Gott in dieser Welt lebendig. Wenn wir es aufgeben, verlieren wir alle unsere Kraft, um die Menschen in unserer Umgebung für Gott zu beeindrucken.

Die unwiderstehliche Kraft ist auf drei unbewegliche Gegenstände getroffen. Die mächtigste Kraft der damaligen Welt hatte befohlen: „Tut dies!“ Ihr ist mit der Antwort begegnet worden, die der Böse am meisten fürchtet: „Nein!“ Nebukadnezar wird nicht von dem Weg abrücken, den er gewählt hat. Schadrach, Meschach und Abed-Nego werden nicht von dem Standpunkt abrücken, den sie eingenommen haben. Welche Folgen wird ihre Haltung haben? Die Verse 19-30 sagen es uns.

Was geschah

Die Folge war, dass die drei kompromisslos Gläubigen ins Feuer geworfen wurden. Im Feuer erfahren sie Errettung. Wir müssen beachten, dass sie die Erlösung *im* Feuer empfingen und nicht *vom* Feuer.

Die Heftigkeit des Zornes Nebukadnezars veränderte sogar seinen Gesichtsausdruck (V. 19)! In seiner Wut befiehlt er, dass der Feuerofen siebenmal heißer als gewöhnlich gemacht werden solle. Wenn die, die Gott mehr fürchten als alles andere, den Kompromiss ablehnen, dann kennt der Zorn der Gottlosen keine Grenzen. Die, die sagen, dass sie bereit seien, um des Herrn willen in den Feuerofen zu gehen, müssen zu der Erkenntnis gebracht werden, dass jener Feuerofen um einiges heißer sein kann, als sie es sich überhaupt vorstellen können.

Es ist anhand von Vers 20 offensichtlich, dass Nebukadnezar Widerstand gegen seinen Befehl, die drei Abtrünnigen hinzurichten, erwartete, weil er diese Aufgabe in die Hände der stärksten Männer seiner Armee legte. In den Versen 21-23 sehen wir, wie sie die drei jungen Männer, gefesselt und in ihrer Hofkleidung, an die Öffnung des Ofens bringen. Der Ofen ähnelte einem großen Topf. Am Boden, in der Seite, befand sich eine Tür, durch die er geheizt wurde. Nach oben war er offen. In diese Öffnung wird Gottes treuer Überrest gebracht. Der Ofen ist so heiß, dass Nebukadnezars Helfer, die sie hinaufbringen, von der starken Hitze getötet werden. Aber nicht bevor Schadrach, Meschach und Abed-Nego hineingeworfen wurden. Die, die durch das Schürloch hineinblicken, sehen sie durch die Flammen bis an den Boden des Ofens fallen. Sie sind gefesselt und hilflos, und das Feuer, das bereits die getötet hat, die draußen waren, wird sicher auch sie töten. Dies bedeutet offensichtlich das Ende des Volkes Gottes.

Aber das ist eben nur eine ganz absurde Aussage! Das Volk Gottes wird nie ein Ende finden! Die Welt wird niemals erleben, dass der treue Überrest vom Erdboden verschwindet. Ihre

Zahl mag klein sein, doch sie werden nie zu existieren aufhören. Niemals!

Das Buch der Offenbarung zeigt, dass diese Welt das Ende der christlichen Kirche als einer organisierten Institution sehen wird. Die Zeit wird kommen, wenn die Menschen nach Kirchen Ausschau halten werden, so wie sie sie sich immer vorgestellt haben, diese jedoch nicht werden finden können. Doch das ist nicht dasselbe, als wenn man sagt, dass die christliche Kirche selbst verschwunden sei. Das Volk Gottes wird bis zum Augenblick des Kommens unseres Herrn auf Erden sein.

Denken wir nur an Albanien vor den 90iger Jahren des 20. Jahrhunderts. Man konnte dort keine sichtbaren Zeichen der Gemeinde Jesu finden. Und noch weniger gab es sichtbare Anzeichen dafür, dass die christliche Kirche je einen Einfluss auf die albanische Nation ausgeübt hätte. Kein Buch in irgendeiner Bibliothek trug den Namen Gottes, außer um seinen Namen zu missbrauchen. Es gab auf keinem Friedhof auch nur ein einziges Kreuz. Und doch gab es in diesem Land immer noch viele Gläubige, die Christus liebten. Die systematischen Säuberungsaktionen haben mit ihrem Versuch, die Gläubigen auszurotten, keinen Erfolg gehabt. Man kann Gottes Überrest niemals loswerden.

Nebukadnezar und seine Höflinge hatten sicher erwartet, ein paar kurze Aufschreie zu hören und die drei Leichname in den Flammen zerbersten zu sehen. Das wäre, so dachten sie, das Ende der Angelegenheit gewesen. Es würden keine Abtrünnigen übrig bleiben. Jeder lebende Mensch in Babylon würde dann bereit sein, vor Nebukadnezars Bild niederzufallen.

Aber Nebukadnezar sah, wie alle bösen Menschen, die sich gegen das Volk Gottes verschworen haben, nicht das, was er sehen wollte. Stattdessen sah er etwas, was ihn veranlasste, von seinem Sitz aufzuspringen und es mit seinen Ministern zu prüfen!

„Haben wir nicht drei Männer gebunden in das Feuer werfen lassen?"

„Drei."

„In welchem Zustand?"

„Gefesselt."

„Wie kommt es dann, dass ich jetzt vier Männer in den Flammen umhergehen sehe - ohne Anzeichen von Fesseln? Und wie kommt es, dass der vierte ein übernatürliches Aussehen hat?" (24.25; e.Ü.).

Zweifellos umschrieb Nebukadnezar die vierte Person im Feuer mit den Begriffen, die ihm sein eigenes religiöses System erlaubte. Er nannte ihn einen „Sohn der Götter". Ebenso eindeutig besteht kein Zweifel, dass der vierte Mann derjenige ist, als den ihn die King James Bibel[7] beschreibt - „der Sohn Gottes" (V. 25).

Die Bibel lehrt ganz eindeutig, dass der Sohn Gottes schon viele Male auf Erden in menschlicher Form erschien, bevor er in menschlichem Fleisch unter uns wohnte. Häufig wird er in diesen Theophanien vor der Inkarnation als der „Engel des Herrn" oder „der Engel" beschrieben (1.Mose 48,16). Wir sind daher nicht überrascht, wenn wir hören, dass er in Vers 28 des vorliegenden Kapitels als „sein Engel" bezeichnet wird. Der Herr Jesus Christus ging mit Schadrach, Meschach und Abed-Nego in den Flammen umher! Eine Verheißung, die Israel unlängst durch die Lippen des Propheten Jesaja gegeben wurde, erwies sich als wahr: „Wenn du durch Wasser gehst, will ich bei dir sein, dass dich die Ströme nicht ersäufen sollen; und wenn du ins Feuer gehst, sollst du nicht brennen, und die Flamme soll dich nicht versengen" (Jes 43,2).

Wenn die drei einen Kompromiss geschlossen hätten, so hätten sie nie das Vorrecht gehabt, mit Christus in den Flammen des Feuerofens wandeln zu dürfen. Ihre Gemein-

[7] Die *Authorized King James Version* (Erstauflage von 1611) war für über vier Jahrhunderte die bedeutendste englischsprachige Bibel, die auch die englische Sprache nachhaltig geprägt hat und prägt.

schaft mit Gott wäre unterbrochen worden, und sie wären für immer gebunden gewesen - nicht mit Seilen und Ketten, sondern mit einem alles durchdringenden Gefühl des Versagens, der Enttäuschung und Nutzlosigkeit.

Stattdessen hatten sie, sechs Jahrhunderte vor seiner Geburt als Mensch, das Vorrecht, mit der zweiten Person der Trinität, dem Sohn Gottes, wandeln zu dürfen. Durch ihre Weigerung zu sündigen hatten sie ein Erlebnis der Gemeinschaft mit dem Herrn Jesus Christus, das auf den Seiten des Alten Testaments beinahe einmalig ist. Wer hätte je geglaubt, dass so etwas möglich wäre? Wenn sie versucht hätten, ihr Leben zu retten, dann hätten sie ihr Leben in Wirklichkeit verloren. Das Leben wäre für sie zu einer Existenz ohne Bedeutung und ohne Gemeinschaft geworden. Aber weil sie bereit waren, ihr Leben zu verlieren, hatten sie es gefunden. Niemand verliert etwas, wenn er sich zu sündigen weigert, was auch immer Gegenteiliges gesagt werden mag. Sie erfuhren nicht Errettung vor dem Feuer, sondern Errettung im Feuer - das ist Gottes Weg.

Gott gibt seinen Kindern, die sich weigern, Kompromisse zu schließen, Millionen von Tröstungen. Wie viel Eindruck hätten diese drei auf die Gottlosen gemacht, wenn sie sich wie alle anderen niedergeworfen hätten? Überhaupt keinen! Doch nun waren es die Gottlosen, die mit Erstaunen durch die Öffnung in der Seite des Ofens starrten und gafften. Sie waren Zeugen, dass die, die sie als „Abtrünnige“ bezeichneten, nun mit Christus in den Flammen wandelten, und sie sahen, dass sie völlig unversehrt blieben. Soweit wir wissen, wurde niemand an jenem Tag bekehrt. Aber sie sollten einen Eindruck von Gott bekommen, der sie ihr ganzes Leben hindurch nicht loslassen würde.

Am Ende jenes bedeutsamen Tages drehte sich das Gespräch nur noch um den Gott Schadrachs, Meschachs und Abed-Negos. Das scheußliche Bild wurde überhaupt nicht mehr erwähnt! Auf Nebukadnezars Bitte hin kommen die drei Gläubigen aus dem Feuer. Ihnen war nicht einmal ein Haar ihres Hauptes versengt worden! Auch ihre Kleider sind nicht in Mitleidenschaft gezogen worden, und nicht einmal Brandgeruch war an ihnen!

Was für ein Gott! Seine Knechte völlig unversehrt! Was für ein großer Gott! Nebukadnezar ist noch nicht bekehrt, aber die Ereignisse des Tages sind zu viel für ihn. Einmal mehr wird er zu einer offenen Anerkennung Gottes getrieben.

Während ich diese Zeilen schreibe, sitze ich in einem Studierzimmer in Liverpool, England. Es gab eine Zeit, als selbst die Unbekehrten dieser Nation eine gewisse Gotteserkenntnis hatten. Im Großen und Ganzen waren die Männer und Frauen ohne rettenden Glauben, und doch wurde Gott überall im Leben des Volkes anerkannt. Zehntausende selbst unbekehrter Leute besuchten regelmäßig Gottesdienste, sprachen vor den Mahlzeiten Tischgebete und hielten die Sonntagsruhe ein. Sie weigerten sich, zu schwören, zu lügen und sich zu betrinken, und sie widerstanden denen, die versuchten, das Familienleben zu zerstören, mit Geld spielten oder sich an irgendeiner Form der Unredlichkeit beteiligten. Dies lag nicht daran, dass sie bekehrte Menschen gewesen wären, sondern ergab sich aus dem starken Eindruck, den das Bewusstsein von Gott auf ihr Gewissen hatte. Die Sittlichkeit der Nation war eng mit ihrem Empfinden Gottes verknüpft.

Unser Volk ist mittlerweile weit davon entfernt und bewegt sich derzeit tatsächlich immer weiter von dieser Position weg. Der Niedergang wurde eingeläutet, als die Kirche begann, Kompromisse zu schließen. Je mehr sie versuchte, modern zu sein und „mit der Zeit zu gehen", desto weniger Einfluss für Gott ist auf das Volk ausgeübt worden. Als die Kirchen begannen, ihre Botschaft zu verwässern, so dass sie nichts mehr predigten, was in irgendeiner Form Anstoß erregen könnte - wie die Hölle und Wunder -, war der Augenblick gekommen, in dem sie ihre Kraft verloren.

Nur dann, wenn das Volk Gottes „Nein!" zu dem sagt, was Gott missfällt, wie unangenehm dies für andere auch sein mag, kann es einen mächtigen Eindruck für Gott auf die Gottlosen hinterlassen. Sehen wir uns an, zu welcher Erkenntnis Nebukadnezar gebracht wurde. Von Vers 28 an sehen wir, dass er anerkannte, wer Gott ist. Er kam zur Erkenntnis, dass Gott Knechte hat, dass Gott seinen Engel gesandt hatte, dass Gott mächtiger war als er selbst, obgleich er der mächtigste Mann in der Welt war, und dass Gott größer ist als jeder andere Gott - und es verdient, angebetet zu werden. Noch hatte er nicht erkannt, dass Gott der alleinige Gott ist. Er kam auch noch nicht zum Glauben an Christus. Doch gewisse Wahrheiten wurden dem Herzen dieses Mannes unauslöschlich eingebrannt.

Seine Reaktion war der Erlass des Befehls, von dem wir in Vers 29 lesen. Wir können keineswegs verzeihen oder gutheißen, was er nun befahl. Wir müssen daran denken, dass er immer noch ein unbekehrter Mann war, und es war in allen Jahrhunderten für solche Männer typisch, zu versuchen, andere durch die Gewalt des Schwertes für irgendeine Glaubensform zu gewinnen. Die Menschen kommen auf diese Weise nicht zum Glauben, aber nur Männer des Glaubens selbst haben das geistliche Unterscheidungsvermögen, um das zu erkennen - Nebukadnezar war noch nicht so weit. So geschah es, dass er befahl, dass jeder, der Übles über den Gott Schadrachs, Meschachs und Abed-Negos reden würde, in Stücke gehauen werden und sein Haus zu einem Misthaufen gemacht werden sollte. Von seinem Befehl distanzieren wir uns ausdrücklich. Aber wir nehmen die Tatsache zur Kenntnis, dass die Ereignisse einen gewaltigen Eindruck auf ihn gemacht hatten. Die Gottesfürchtigen waren durch Gottes gnädige Macht bewahrt worden, und das Zeugnis für Gott wurde in jenem heidnischen Weltreich fortgesetzt.

Ob das wahre Zeugnis für Gott in dieser Welt Bestand hat oder nicht, hängt von einem einzigen Wort ab. Die ganze Kraft des Volkes des Herrn, die es braucht, um den Menschen um sie herum ein effektives Zeugnis zu sein, kann durch ein einziges Wort zunichte gemacht werden.

Das Wort, das alles zunichte macht, lautet „Ja". Wenn die Gottlosen zur Sünde verleiten, und die, die Gott verehren, darin einwilligen, dann werden sie schnell so wie jeder andere auch. Auf diese Weise verlieren sie alle ihre Kraft, um Gutes zu tun oder die Wahrheit zu erhalten.

Wenn Versuchungen zur Sünde mit einem standhaften „Nein!" beantwortet werden, dann ist die Lage völlig anders. Zunächst einmal ist der „Feuerofen" gewiss. Sie müssen entweder außerhalb des Feuerofens bei Nebukadnezar sein, oder in dem Feuerofen bei Christus. Es gibt keinen Mittelweg. Doch der Platz der beispiellosen Hitze ist auch der Platz der beispiellosen Gemeinschaft mit dem Heiland. Die, die dort wandeln, genießen auch die Gewissheit, dass sie bei unbekehrten Gewissen unauslöschliche Spuren für Gott hinterlassen.

Es gibt keinen „Feuerofen", den ein Mensch erfinden und der das Volk Gottes zerstören könnte. Solche Feueröfen erweisen sich dann tatsächlich gerade als das Mittel, das Gott gebraucht, um seinen Überrest zu bewahren und seine Wahrheit in der Welt am Leben zu erhalten.

5.

Nebukadnezars Umkehr

Schriftlesung: Daniel 3,31 - 4,34

Im 4. Kapitel des Buches Daniel tritt die persönliche Umkehr des Königs Nebukadnezar in den Vordergrund. Das Kapitel berichtet über eine große Wende, die in seinem Leben stattfand. Aus diesen beiden Gründen nennen wir unser Kapitel Nebukadnezars Umkehr.

Nebukadnezar vor den Ereignissen von Kapitel 4

Wir wollen beginnen, indem wir uns an das erinnern, was wir bereits über König Nebukadnezar gelesen haben. In Kapitel 1 erfuhren wir von seiner brillanten Politik der Aufnahme jüdischer Gefangener in seinen Staatsdienst, mit der Absicht, ihnen später Führungspositionen in seinem Weltreich anzuvertrauen.

Wir sahen, wie vier von denen, die für die erforderliche Umerziehung ausgewählt wurden, es ablehnten, die Speise zu essen, die der König für sie vorgeschrieben hatte, weil diese zuvor den Götzen geopfert worden war. Das Ergebnis war, dass Gott sie für die Art und Weise, wie sie ihn geehrt hatten, ehrte. Diese vier zeigten sich besser als alle ihre Studienkollegen, und sogar besser als ihre Professoren! „Und der König redete mit ihnen, und es wurde unter allen niemand gefunden, der Daniel, Hananja, Mischaël und Asarja gleich war. Und sie wurden des Königs Diener" (1,19).

Er begegnete Männern, wie er ihnen nie zuvor begegnet war! Vier junge Kerle im Alter von nur siebzehn Jahren waren weiser als seine langjährigen Ratgeber. Dieselben vier jungen Männer hoben sich auch durch die Tatsache ab, dass sie Jahwe fürchten. Dies muss einen tiefen Eindruck auf Nebukadnezar gemacht haben.

Doch der bloße Kontakt mit Gläubigen bekehrt noch niemanden. Dies trifft sogar dann zu, wenn die Gläubigen, um die es geht, ganz außergewöhnlich sind, wie diese vier es waren. Die Ereignisse von Kapitel 2 machen dies deutlich. Nebukadnezar war ganz offensichtlich immer noch ein Heide. Wir sehen ihn dort im schlechtest möglichen Licht - beunruhigt, zornig und ohne Mitleid. Sein ungestümer Zorn über die Weisen, die seinen Traum weder nacherzählen noch deuten können, führt ihn dazu, unbedacht die Hinrichtung aller Weisen in seinem großen Reich anzuordnen. Nur ein gottloser Mann konnte sich so verhalten.

Daniel, der in allem Gott die Ehre gab, deutete den Traum. Er zeigt, wie ein irdisches Königreich einem anderen weichen wird, und wie in der Zeit des vierten großen Weltreiches ein Königreich aufgerichtet werden wird, das nie vergeht. Was die heidnischen Ratgeber niemals sehen konnten, wird dem gottesfürchtigen Daniel geoffenbart, als Antwort auf das gemeinsame Gebet von Gottes treuem Überrest. Nebukadnezar wird dazu gebracht, die Niederlage seiner eigenen Religion einzusehen, und er legt darüber ein Bekenntnis ab: „Es ist kein Zweifel, euer Gott ist ein Gott über alle Götter und ein Herr über alle Könige, der Geheimnisse offenbaren kann, wie du dies Geheimnis hast offenbaren können" (2,47).

Dieser Vers unterstreicht, wie sehr der König beeindruckt worden war. Er wird bewogen zu bekennen, dass Jahwe existiert. Dies ist schon der erste wichtige Schritt zum wahren Glauben. Er bekennt, dass Jahwe ein wahrer Gott und der größte aller Götter ist, obgleich er noch nicht den Punkt erreicht hat, an dem er eingesteht, dass er der alleinige Gott ist. Aber das menschliche Herz vergisst sehr bald. Sehr oft hat etwas, was uns zunächst äußerst wichtig erscheint, schon kurz danach keinen Platz mehr in unseren Gedanken. Deshalb scheint in dem Mann, der am Ende des 2. Kapitels ein tiefes Bewusstsein von Gott hatte, am Anfang von Kapitel 3 überhaupt nichts mehr davon übrig zu sein.

Der Nebukadnezar von Kapitel 3 ist ein Monarch, der ein scheußliches Standbild errichten lässt und befiehlt, dass es angebetet werden soll. Was war von seiner starken Überzeugung geblieben, dass Gott der größte aller Götter ist? Er handelt in direktem Widerspruch zu den Wahrheiten, die er gerade kurz zuvor bekannt hatte. Die Worte seines Mundes haben sein Herz nicht berührt. Sein Wille unterwirft sich ihnen nicht.

Wir dürfen nicht meinen, dass Nebukadnezars Handeln ganz ungewöhnlich sei. Es gibt viele solche Menschen. Sie hören die Wahrheit des Evangeliums; sie hinterlässt einen tiefen Eindruck bei ihnen; sie ergreift und erregt sie; sie werden durch das, was sie hören, gewarnt. Aber etwas in ihnen will nicht, dass diese Dinge wahr seien. Sehr oft stellen sie sich auf die Hinterbeine und versuchen, so zu leben, als ob die Wahrheit, die sie kürzlich zugegeben haben, einfach nicht wahr sein könne. Sie geben ihr in ihrem Leben keinen Raum.

Stellen Sie sich jemanden vor, der in den Urlaub fährt und feststellt, dass das Ferienhaus, das er gemietet hat, neben einer Industrieanlage liegt, die täglich vierundzwanzig Stunden in Betrieb ist! Während der ersten Nacht in seinem Feriendomizil kann er kein Auge zudrücken. Er kann sich nicht entsinnen, je Derartiges gehört und erlebt zu haben. Es gibt Momente, in denen er spürt, wie das Bett, auf dem er liegt, wie bei einem kleineren Erdbeben vibriert!

In der nächsten Nacht hört er denselben Lärm. Nichts ist anders als in der Nacht zuvor. Dennoch merkt er, dass er zumindest für kurze Intervalle imstande ist, für ein paar Minuten einzudösen. Innerhalb einer Woche schläft er die längste Zeit der Nacht, und bevor sein Urlaub zu Ende ist, schläft er ebenso gesund wie diejenigen, die schon ihr ganzes Leben in unmittelbarer Nachbarschaft leben. Was ihn am Anfang nicht zur Ruhe kommen lies, lässt ihn später gänzlich kalt. Es ist fast so, als ob es nebenan überhaupt keinen Lärm gäbe. Er hat auf ihn keine Auswirkung mehr.

Häufig machen Männer und Frauen, die den Dingen Gottes ausgesetzt sind, eine ähnliche Erfahrung. Wenn sie zum ersten Mal das Evangelium hören, werden sie wachgerüttelt, doch dann kommen sie schließlich an den Punkt, wo sie gänzlich unberührt bleiben von dem, was sie hören. Sie beugen ihre Knie vor Gott nicht mehr so, wie sie es am Anfang taten.

Das war Nebukadnezars Zustand in Kapitel 3, und Gott musste ihn massiv wachrütteln. Sein unbekehrter, wilder Zorn brachte ihn dazu, „die drei Abtrünnigen" in den brennenden Feuerofen zu werfen, doch ihre übernatürliche Errettung, verbunden mit seiner eigenen Schau des Sohnes Gottes, bewegte ihn zu dem Bekenntnis: „Gelobt sei der Gott Schadrachs, Meschachs und Abed-Negos, der seinen Engel gesandt und seine Knechte errettet hat, die ihm vertraut und des Königs Gebot nicht gehalten haben, sondern ihren leib preisgaben; denn sie wollten keinen andern Gott verehren und anbeten als allein ihren Gott! [...] Denn es gibt keinen andern Gott als den, der so erretten kann" (3,28.29). Seine vorherige Anerkennung, dass Jahwe der größte Gott ist, kommt jetzt sogar noch klarer zum Vorschein. Er gesteht ein, dass kein anderer Gott so erretten kann wie der Gott der Hebräer. Er ist nahe daran zu sagen, dass es keinen anderen Gott gibt.

Und doch gibt es nicht den geringsten Hinweis in dem Bericht, dass sein Eigenwille gebrochen worden wäre. Es gibt keinerlei Anzeichen dafür, dass er schon zu dem Punkt gekommen wäre, dass er sich vor Gott gebeugt und ihn angebetet hätte. Im tiefsten Grunde seines Herzens bleibt er ebenso widerspenstig wie zuvor.

Um die Sprache unserer Glaubensväter zu gebrauchen: Er hat sowohl *notitia* (Erkenntnis) als auch *assensus* (Zustimmung), aber nicht *fiducia* (Vertrauen). Mit anderen Worten: Er hat die Wahrheit gehört und sie zur Kenntnis genommen, und er stimmt der Tatsache zu, dass sie wahr ist. Aber er vertraut sich dem nicht an, von dem er weiß, dass es wahr ist. Er ruht nicht darauf und macht die Wahrheit nicht zur Grundlage seines Vertrauens. Die Geschichte Nebukadnezars bringt uns zu der Einsicht, wie langmütig Gott ist. Er hat indirekt in Kapitel 1 zu ihm gesprochen. Er hat direkt in Kapitel 2 zu ihm gesprochen. Er hat ihn in Kapitel 3 wirklich wachgerüttelt. Gott hat geklopft und geklopft - und wieder geklopft. Doch das Herz des Königs ist noch nicht offen für Gott. In Kapitel 4 klopft Gott noch einmal. Gottes Gnade ist eine souveräne Gnade, und diesmal wird er so klopfen, dass die Tür prompt aus den Angeln gehoben wird. Gott hat beschlossen, in Nebukadnezars Herz zu kommen, also findet er auch einen Weg dorthin!

Nebukadnezar nach den Ereignissen von Kapitel 4

Offensichtlich wurde Kapitel 4 nach den Ereignissen geschrieben, die es aufzeichnet, und wenn wir uns dessen Anfang und Ende anschauen, können wir sehen, wie das, was geschah, Nebukadnezar zutiefst veränderte.

Das Kapitel beginnt mit einer Proklamation (3,31-33). In einer Weise, die typisch für die babylonischen Könige ist, kündigt sich Nebukadnezar selbst als König der bekannten Welt an. Aber 3,32 fesselt unsere Aufmerksamkeit: „Es gefällt mir, die Zeichen und Wunder zu verkünden, die Gott der Höchste an mir getan hat." Hier erklärt er eindeutig, dass Gott in seinem Leben gewirkt hat. Das hebräische Wort, das hier mit

„Zeichen“ übersetzt wird, meint ein übernatürliches Ereignis. Das Wort „Wunder“ meint ein Ereignis mit wunderbaren Auswirkungen. Nebukadnezar sagt hier zu seinen Lesern: „Gott hat in meinem Leben gewirkt. Er hat etwas Übernatürliches getan, und es hat wunderbare Auswirkungen gehabt“ (e.Ü.).

Daniel 3,33 ist nicht minder interessant. Zu Beginn rühmt er noch einmal die Größe der Wunder, die Gott wirkt, und lobt die erstaunlichen Folgen, die sie im Leben der Menschen haben. Doch dann entdecken wir eine neue und bislang nicht vorhandene Demut: „Sein Reich ist ein ewiges Reich, und seine Herrschaft währet für und für.“ In diesen Worten können wir eine gewisse ehrfürchtige Anbetung wahrnehmen.

Wir waren uns bewusst, dass der König die Wahrheit kannte *(notitia)*. Wir waren uns bewusst, dass er dazu gekommen war, dieser Wahrheit zuzustimmen *(assensus)* und sie zu bekennen. Doch nun scheint er sich vor dem Gott des Himmels zu beugen *(fiducia)*. Er vergleicht ihn nicht mehr mit anderen Göttern. Seine Worte räumen nicht mehr ein, dass es andere Götter gibt.

Eine große Veränderung ist in Nebukadnezar geschehen, und sie wird sogar noch deutlicher, wenn wir das Ende von Kapitel 4 studieren.

Daniel 4,31 enthält das folgende Bekenntnis: „Nach dieser Zeit hob ich, Nebukadnezar, meine Augen auf zum Himmel, und mein Verstand kam mir wieder, und ich lobte den Höchsten. Ich pries und ehrte den, der ewig lebt, dessen Gewalt ewig und dessen Reich für und für währt ...“ Aber damit nicht genug - es kommt noch besser! Auch die Worte des darauf folgenden Verses stammen von Nebukadnezar und beinhalten die umfassendste Aussage über die Souveränität Gottes, die überhaupt im Alten Testament zu finden ist: „... gegen den alle, die auf Erden wohnen, für nichts zu rechnen sind. Er macht's, wie er will, mit den Mächten im Himmel und mit denen, die auf Erden wohnen. Und niemand kann seiner

Hand wehren noch zu ihm sagen: Was machst du?“ (V. 32). Aber selbst das ist noch nicht das Ende. Der letzte Vers des Kapitels enthält Nebukadnezars persönliches Glaubensbekenntnis: „Darum lobe, ehre und preise ich, Nebukadnezar, den König des Himmels; denn all sein Tun ist Wahrheit, und seine Wege sind recht, und wer stolz ist, den kann er demütigen“ (V. 34).

Das 4. Kapitel des Buches Daniel schließt damit, dass der König Babylons den Gott Israels anbetet. Wir sehen einen Mann, der sich vor Gott demütigt und ihn als wahrhaftig und gerecht anerkennt. In seiner Anbetung sind sowohl Begeisterung als auch Demut zu erkennen. Sein Glaube mag sehr schwach gewesen sein, aber er war real. Seine Erkenntnis mag begrenzt gewesen sein, aber es war eine wahre Erkenntnis. Die bedeutende Tatsache ist, dass der König am Ende des Kapitels ein veränderter Mann war; er war anders; er war umgekehrt - er war bekehrt worden!

Gott sei Dank gibt es derartige Bekehrungen! Er, der einst abweisend war, ist nun ein anderer Mensch. Geistliches Leben hat Eingang in das Herz des Königs gefunden. Aber was waren die Ereignisse, die ihn von dem, was er einst war, zu dem machten, was er nun war? Was bewirkte Nebukadnezars Umkehr?

Die Ereignisse von Kapitel 4 - die Bekehrung Nebukadnezars

Es würde den Rahmen dieses Buches sprengen, jede Einzelheit der Geschichte, die wir vor uns haben, zu untersuchen. Stattdessen werden wir uns auf zwei Punkte konzentrieren, die von besonderer Bedeutung sind.

Der erste Punkt, den wir hinsichtlich der Bekehrung Nebukadnezars beachten sollten, ist, dass Gott sie bewirkte. *Gott tat es!*

In den Versen 1 und 2 erfahren wir, dass Gott eingriff, als es Nebukadnezar in jeder Hinsicht gut ging, und ihm einen schrecklichen Traum gab. Einmal mehr ließ Nebukadnezar diejenigen rufen, die angeblich Träume zu deuten vermochten, und abermals sind sie unfähig, ihm zu helfen.

Warum in aller Welt hat Nebukadnezar, wenn wir seine vorherige Erfahrung berücksichtigen, nicht gleich Daniel gebeten, sofort zu kommen? Die Antwort ist, dass Nebukadnezar eine scharfsichtige Vorstellung von der Bedeutung des Traumes hatte und entgegen aller Hoffnung hoffte, dass der Traum nicht wahr sein würde. Aus diesem Grund ließ er nicht die Person holen, von dem er in seinem Herzen wusste, dass er ihm sagen würde, was er gar nicht wissen wollte.

In der babylonischen Literatur ist es üblich, einen König mit einem Baum zu vergleichen. Nebukadnezar wusste sehr gut, dass er selbst der Baum in seinem Traum war und die Tiere darunter und die Vögel in seinen Zweigen die Bürger waren, die unter seiner Autorität und seinem Schutz lebten. Als er sah, wie der Baum gefällt wurde, wusste er, dass er selbst gedemütigt und erniedrigt werden sollte. Aus Vers 17 wird deutlich, dass er verstanden haben musste, dass es Gott war, der dies über ihn bringen würde. In seinem unbekehrten Zustand war es eine Wahrheit, der er nicht ins Auge blicken konnte. Es war eine Wahrheit, die er nicht hören wollte.

Also lässt er alle seine heidnischen Traumdeuter holen, wobei er die Hoffnung hegt, dass sie mit einer anderen Deutung an ihn herantreten würden als mit derjenigen, von der sein Gewissen weiß, dass sie wahr ist, und von der er weiß, dass Daniel sie ihm kundtun würde, wenn er anwesend wäre. Er wollte einfach nicht hören, dass Gott ihn in den Staub legen wird. Aber als niemand ihn mit einer Deutung - welcher auch immer - dienen kann, wird er dazu gezwungen, Daniel holen zu lassen und von Gottes Propheten die reine Wahrheit zu hören, gegen die er sein Äußerstes getan hat, um ihr aus dem Weg zu gehen.

Die Verse 7-13 berichten uns über den Traum. Da ist ein Baum, und er wächst und wächst und wächst. Er scheint bis an den Himmel heranzureichen, und wo man sich auch befindet und wie weit man auch entfernt sein mag, von überall her kann man ihn sehen.

Ein Engel steigt herab und verlangt, dass der Baum umgehauen werden solle. Seine Äste sollen abgeschlagen, seine Blätter abgestriffen und seine Frucht zerstreut werden. Die Tiere und Vögel werden sich nicht mehr seines Schutzes erfreuen. Der schöne Baum soll zerstört werden. Nichts soll übrig gelassen werden als ein Wurzelstock, in Ketten aus Eisen und Bronze gelegt.

Der Wurzelstock ist nichts, verglichen mit dem ursprünglichen Baum. Er soll draußen im Feld bleiben, bei den Tieren, die dort grasen, und mit dem Tau des Himmels benetzt werden. Dem Baum soll der Verstand genommen werden (V. 13), und ihm soll ein tierisches Herz gegeben werden. Er soll „sieben Zeiten" lang so bleiben, gemeint sind sieben bestimmte Zeitabschnitte. Ob es sich hierbei jedoch um Jahre oder Monate handelt, wissen wir nicht. Alles dies soll nach dem Befehl des Engels geschehen.

In den Versen 16-24 enthüllt Daniel mit seiner ihm von Gott gegebenen Fähigkeit zur Traumdeutung seine Bedeutung.

Er wünscht dem König nur das Beste und ist erstaunt, wie schwer Gott mit ihm ins Gericht will. Nachdem er zunächst gezögert hatte, die Deutung kundzutun, gehorcht er der Weisung des Königs, dies doch zu tun: „König Nebukadnezar, du bist der Baum. Du wächst und du wirst mächtig, aber du wirst abgehauen werden. Dies geschieht nicht auf Beschluss der Engel, sondern dies ist der Ratschluss Gottes, dessen Knechte die Engel sind" (V. 19-21; e.Ü.).

Und der Zweck von all dem? Das Ende von Vers 22 teilt ihn uns mit: „... bis du erkennst, dass der Höchste Gewalt hat über die Königreiche der Menschen und sie gibt, wem er will."

„Aber“, so fährt Daniel fort, „du wirst dein Königreich nicht völlig verlieren. Wenn all dies dir widerfahren sein wird, wird es dir wiederhergestellt werden. Tue also Buße! Solche Buße wird die Verwirklichung des Traumes nicht aufhalten, aber sie wird die Zeit deiner Wohlfahrt verlängern“ (V. 23.24; e.Ü.).

„Dies alles widerfuhr dem König Nebukadnezar“ (V. 25). Der Traum, wie er von Daniel gedeutet und angewandt worden war, wurde in jeder seiner Einzelheiten erfüllt. Diese Erfüllung wird uns in den Versen 25-30 berichtet.

Der Augenblick der tiefsten Demütigung des Königs war der Augenblick seines höchsten Stolzes. Es geschah, als er seine Hauptstadt überblickte, während er auf dem Dach seines Palastes auf und ab ging und zu sich selbst sagte: „Das ist das große Babel, das ich erbaut habe zur Königsstadt durch meine große Macht zu Ehren meiner Herrlichkeit“ (V. 27). Zwölf Monate waren vergangen, seitdem seine Demütigung vorausgesagt worden war. Vielleicht hatte er den Gedanken gehegt, dass sie nicht geschehen würde. Aber Gottes Ratschluss vollzieht sich genauso, wie sein Wort es erklärt hat, selbst wenn menschliche Kalender anzeigen mögen, dass er sich verzögere.

Wir wissen aus der Geschichte und aus der Archäologie, dass Nebukadnezar ein großer Baumeister war. In seinem ganzen Herrschaftsgebiet gab es große Tempel, die unter seiner Schirmherrschaft errichtet wurden, ebenso wie etliche wunderbare städtische Gebäude in seiner Hauptstadt. Zu seinen großen Errungenschaften gehörten die berühmten Hängenden Gärten Babylons, die für eine lange Zeit zu den sieben Weltwundern gerechnet wurden. Babylon war ein wunderschöner Ort. Die Errungenschaften des Königs waren eigentlich geradezu erstaunlich. Sein Herz war voll Selbstbewunderung: „Ich habe es erreicht. Es erforderte große Macht, um dies alles zustande zu bringen, und ich war es, der diese Macht ausgeübt hat. Gab es je eine solche Majestät wie meine?“

Nebukadnezar war ein Mann, dessen Herz mit Stolz erfüllt war und den Gott niederstreckte. Eine hörbare Stimme aus dem

Himmel kündigte an, dass das lang versprochene Gericht nun gekommen war: „Man wird dich aus der Gemeinschaft der Menschen verstoßen, und du sollst bei den Tieren des Feldes bleiben; Gras wird man dich fressen lassen wie die Rinder, und sieben Zeiten sollen hingehen, bis du erkennst, dass der Höchste Gewalt hat über die Königreiche der Menschen und sie gibt, wem er will" (V. 29).

Und so geschah es! „Im gleichen Augenblick wurde das Wort erfüllt an Nebukadnezar, und er wurde verstoßen aus der Gemeinschaft der Menschen, und er fraß Gras wie die Rinder, und sein Leib lag unter dem Tau des Himmels und wurde nass, bis sein Haar wuchs, so groß wie Adlerfedern, und seine Nägel wie Vogelklauen wurden (V. 30).

Der große König von Babylon wurde komplett verrückt. Gott nahm ihm seinen menschlichen Verstand weg und gab ihm das Gemüt eines Tieres. Sein Haar wuchs, bis seine verfilzten Strähnen wie Federn aussahen. Seine ungeschnittenen Nägel erinnerten bald an Krallen. Draußen auf dem Feld lebte er wie ein Tier, fraß Gras und wurde mit dem Morgentau benetzt, ebenso wie die Rinder, die ihn umgaben.

Heidnische Autoren der antiken Welt berichten uns, dass Nebukadnezar, nachdem er seine großen Kriege geführt und nach Babylon zurückgekehrt war, plötzlich für eine bestimmte Zeit verschwand und erst kurz vor seinem Tod wieder auf der Bildfläche erschien. Sie sagen uns, dass er zuletzt auf dem Dach seines Palastes gesehen wurde. Von diesem Aussichtspunkt konnte er seine ganze Stadt überblicken. Und dies war das Letzte, was man für eine ziemlich lange Zeit lang von ihm sah - bis kurz vor seinem Tod. Andere antike außerbiblische Autoren sagen, dass er von einer Gottheit heimgesucht wurde, während andere zu berichten wissen, dass er von einer eigenartigen Krankheit geplagt wurde.

Gott schlug den hochmütigen König mit einem Gebrechen, das als „Lycantropie" bekannt ist. Hierbei hält sich ein Mensch selbst für ein Tier, während er gleichzeitig innerlich immer noch über genügend Bewusstsein verfügt, um sich daran zu erinnern, wer er wirklich ist. Menschen, die an dieser schrecklichen Beschwerde leiden, handeln wie das Tier, für das sie sich selbst halten, und geben Geräusche von sich, die jenes Tier kennzeichnen.

Eine spezielle Form dieser Krankheit wird „Boantropie" genannt. Viele Beispiele davon sind berichtet worden, darunter eine überraschend hohe Zahl von Fällen auf den Britischen Inseln während des 19. Jahrhunderts. Diese Menschen hielten sich selbst für Ochsen oder Kühe und verhielten sich genauso, ohne ihre wahre Identität völlig zu vergessen.

In einen derartigen Zustand erniedrigte der Herr den mächtigsten Mann der damaligen Welt, sowohl als eine Strafe für seinen Hochmut als auch, um ihm eine geistliche Lektion beizubringen, die seine Bekehrung verursachen würde. Seine Höflinge verbannten nun ihren dementen Monarchen aus ihrer Gemeinschaft und beobachteten mit Verwunderung, wie er Gras fraß und sich im Tau zur Ruhe legte, mit ungeschnittenem Haar und ungeschnittenen Nägeln. Wer hätte sich vorstellen können, dass so etwas dem König von Babylon geschehen konnte? Der Mann, dem nichts unmöglich erschien, war zu völliger Hilflosigkeit erniedrigt worden. Er, der immer mit sklavischer Furcht betrachtet worden war, war nun Gegenstand beständigen Mitleids.

Aber es lag eine gütige Absicht in Gottes Gericht, und wir haben bereits einen Überblick über deren geistlichen Folgen davon gegeben, wie sie in den Versen 31 und 32 berichtet sind. Als Gott Nebukadnezars Verstand wiederherstellte, setzte er ihn auch mit voller Würde wieder in sein Königtum ein. Die Ratgeber, die das Weltreich während seiner Abwesenheit verwaltet hatten, kamen nun zum Rat und zur Unterweisung zu ihm, genauso, wie sie es zuvor getan hatten. Der wiederhergestellte König war ein Mann, dessen Glaubensbekenntnis in Vers 34 zu finden ist und der eine kurze Zeit als ein gottesfürchtiger König regierte, bevor er kurz danach in Gemeinschaft mit Gott starb.

Gott tat es! Er, der noch zuvor völlig abweisend war, war nach dieser Erfahrung völlig verwandelt. Die Veränderung war eine göttliche Veränderung. Gott bewirkte sie!

Unser zweiter Punkt ist, dass Gott es tat, nicht indem er den Mann erhöhte, sondern indem er ihn zu Boden schlug. *So bekehrt Gott Menschen!*

Eines Tages ist der König in seinem ruhmreichen Babylon, von Hochmut erfüllt und von seiner eigenen Lebensleistung aufgebläht. In seiner Majestät schaut er sich um. Er sieht die Gärten, die Tempel und die prächtigen Gebäude. Er benötigt niemanden. Er ist ein eigenständiger Mann. Alles, was er will, kann er haben. Alles, was er befiehlt, wird sogleich ausgeführt.

Dann, innerhalb einer Stunde, wälzt er sich im Dreck, wie die Rinder des Feldes!

Die Wochen und die Monate vergehen. Sieben „Zeiten" vergehen, wie lange das auch immer gewesen sein mag. Und nach und nach, noch während er den Boden nach Nahrung absucht und Gras frisst, beginnt er zu begreifen. Obwohl anscheinend völlig verrückt und sich so verhaltend und klingend wie das Tier, für das er sich selbst hält, hat er immer noch genügend innerliches Bewusstsein, um Wahrheiten zu erkennen, die er schon vor Jahren hätte begreifen sollen.

Dinge, die er gehört hat und denen er zugestimmt hat, kehren wieder in seinen Verstand zurück. Nicht in einem Augenblick, aber dennoch gelangt er zu der Erkenntnis, dass Gott der alleinige Gott ist und dass er der König des Himmels ist. Nun weiß er mit Sicherheit, dass es wahr ist. Schließlich kommt er zur *fiducia* und liefert sich der Wahrheit aus, von der er überzeugt worden ist. Nie wieder wird er so leben, als ob er oder irgendein anderer Mensch das Zentrum des Universums sei. Nie wieder wird er in die Falle gehen, zu meinen, dass die Welt sich um ihn drehe.

Von diesem Augenblick an wird er als Untertan des wahren Königs leben. Er wird wie ein demütiger Bittsteller zu seinem Thron kommen. Er wird annehmen, dass Gott für ihn wie ein

Vater für sein kleines Kind sein wird, denn wenn ein Mensch wie ein kleines Kind wird, kann er das Himmelreich sehen (Mt 18,3).

Schließlich ist dieser große König an dem Platz, wo jeder Mann und jede Frau sein sollte. Er liegt vor Gott im Staub danieder. Sein Herz ist verwandelt, seine Vernunft ist wiederhergestellt, und er kehrt zu seinem vollen Menschsein und zu seiner früheren Herrlichkeit zurück. Er geht in Gemeinschaft mit dem König des Himmels in die Ewigkeit.

So fand seine Bekehrung statt. Gott bewirkte sie! Und Gott bewirkte sie nicht, indem er ihn erhöhte, sondern indem er ihn zu Boden warf.

Zwei Lektionen, die zu lernen sind

Der historische Bericht, den wir gerade gelesen haben, hat uns zwei wichtige Lektionen zu lehren.

Die erste ist, dass wir nie alle Hoffnung auf die Bekehrung eines Menschen verlieren sollten. Wer hätte gedacht, dass der mächtige König, der Gottes Volk in Gefangenschaft geführt und Gottes Überrest unter Druck gesetzt hatte, sich seinem Götzendienst anzuschließen, eines Tages selbst in Gemeinschaft mit diesem Gott leben würde? Die Vertriebenen hatten sich im Jahre 605 v. Chr. vor einem überzeugten Heiden gebeugt. Sicher war es unmöglich, dass er je selbst ein Angehöriger des Volkes Gottes werden sollte. Aber bei Gott ist kein Ding unmöglich.

Und als er so wütend, zornig und unvernünftig war, die Hinrichtung seiner Weisen anzuordnen, wer hätte da je vermutet, dass der Mensch, der solches tat, je ein Gläubiger werden würde? Es erschien sogar noch unwahrscheinlicher, als er der Wahrheit seinen Rücken zukehrte, die er gehört hatte, und seinem ganzen Volk gebot, ein abscheuliches Standbild anzubeten. Konnte der Mann, der den Befehl gegeben hatte, Gottes

Überrest in einem Feuerofen zu verbrennen, zu einem Teil jenes Überrestes werden? Es schien völlig absurd zu sein, an so etwas zu denken.

Aber am Ende unseres Kapitel sehen wir ihn, wie er als ein kleines Kind Gott zu Füßen sitzt. Als ein Untertan und als ein demütiger Bittsteller betet er den König des Himmels an, preist, rühmt und ehrt ihn!

Solange der Gott Nebukadnezars Gott bleibt, sollten wir niemals die Hoffnung auf die Bekehrung von irgendjemandem aufgeben. Sehr oft sind wir versucht, uns zu fragen, ob es überhaupt einen Sinn hat, die christliche Arbeit fortzusetzen. Die Menschen um uns her scheinen unerträglich hart oder unglaublich teilnahmslos zu sein. Beinahe alles scheint ihnen wichtiger zu sein als die Dinge Gottes. Unsere Botschaft wird entweder höflich ignoriert oder zynisch bekämpft. Sie sind Männer und Frauen, die, wie es scheint, niemals zerbrechen werden. Es scheint unmöglich, dass auch nur einer von ihnen je bekehrt werden könnte. Wir empfinden es als schwierig, uns vorzustellen, dass jemand weiter von Gott entfernt sein könnte, als sie es sind.

Wir werden völlig verzweifeln und kapitulieren, wenn wir vergessen, dass Gott allmächtig ist. Wenn er eine Nuss wie Nebukadnezar knacken kann, wer sollte sich dann als zu schwierig für ihn erweisen? Er hat das getan, was wir zuvor „unmöglich" genannt hätten, und er vermag es erneut zu tun. Als seine Mitarbeiter ist es unsere Pflicht, beständig auf die Bekehrung aller Menschen in unserer Umgebung hinzuarbeiten, im Vertrauen darauf, dass niemand, den er zum Heil bestimmt hat, letztlich seiner allmächtigen Kraft widerstehen kann. Was wir nicht können, das kann er tun! Wir dürfen niemals die Hoffnung auf die Bekehrung irgendeines Menschen verlieren.

Es gibt noch eine zweite Lektion, die wir aus diesem Kapitel lernen können, und ich richte sie an alle Leser, die noch unbekehrt sind. Der Grund, weshalb Sie nicht errettet sind, trotz all

Ihren Interesses an der Bibel, liegt darin, dass Sie sich noch nicht tief genug erniedrigt haben. Sie halten immer noch zu viel von sich selbst, um wie ein Kind zu Gott kommen zu können. Sie sind immer noch zu stolz, um als ein Untertan vor den göttlichen Thron zu kommen. Ihr Empfinden Ihrer eigenen Bedeutung hindert sie daran, wie ein Bettler zu dem König zu kommen.

Ich muss ganz offen schreiben - um Ihretwillen. Es ist an der Zeit, dass Sie der Tatsache ins Auge sehen, dass Gott nicht sowohl Sie als auch Ihre Ehrbarkeit erretten wird. Er wird Sie nicht ohne Gesichtsverlust Ihrerseits erretten. Solche, die durch Christus zu Gott kommen, müssen in derselben Weise kommen, wie alle anderen vor ihnen gekommen sind.

Der Zöllner wollte nicht einmal seine Augen zum Himmel erheben, aber rief von Herzen: „Gott, sei mir Sünder gnädig" (Lk 18,13). Der große Intellektuelle, Saulus von Tarsus, kam, während er immer noch zitterte und blind auf der Straße nach Damaskus lag, mit dem Gebet: „Herr, was willst du, dass ich tun soll?" (Apg 9,6; Schlachter)[8]. Der hartnäckige Kerkermeister von Philippi fiel auf seine Knie und flehte: „Was muss ich tun, dass ich gerettet werde?" (Apg 16,30).

Man kann sich dem allerhöchsten Gott nur vom geringsten Platz aus nähern. Die Bekehrung Nebukadnezars zeigt uns das. Und der Herr Jesus Christus errettet Menschen aus dieser Stellung, weil er nicht kam, um Gerechte zur Buße zu rufen, sondern Sünder (Mk 2,17).

Die größte Barmherzigkeit, die Gott einem Sünder erweisen kann, ist, ihn zu erniedrigen. In dieser Position ist man immer sicher. Dann kann man seine Augen nämlich nur noch nach oben richten. Der einzige Ort, an den man sich wenden kann, ist der Himmel.

---

8 *F.E. Schlachter Übersetzung,* Neues Testament, Version 2000, Genfer Bibelgesellschaft, Préverenges.

Eine letzte Warnung

Solche, die sich sträuben, Gott zu Füßen zu fallen, sollten auf eine letzte Warnung achten. Gott hat die Macht, den Verstand eines Menschen wegzunehmen. Wer weiß, wie Gott auf Ihre wiederholten Ablehnungen seiner Einladungen und Warnungen reagieren wird? Vielleicht wird er Sie plötzlich ins Verderben werfen - ohne Heilung (Spr 29,1). Wenn er Ihren Verstand wegnehmen und beschließen sollte, ihn nicht wiederherzustellen, wie würden Sie ihn dann um Barmherzigkeit anrufen? Er gibt Ihnen heute Ihren Verstand, warum handeln Sie also nicht nach dem, wovon Sie wissen, dass es wahr und richtig ist? Morgen könnte er sagen: „Genug ist genug“, und Sie ohne jede Kraft lassen, seine Wahrheit zu erkennen oder ihr zuzustimmen, geschweige denn, sich darauf zu verlassen.

Aber wir dürfen nicht verzweifeln, wenn Gott uns zerbricht. Er macht nur wieder neu, was er zerbrochen hat. Er verachtet kein zerbrochenes und zerschlagenes Herz (Ps 51,19; revElbf). Wir müssen uns auch nicht fürchten, von ihm beherrscht zu werden. Alle seine Werke sind Wahrheit und seine Wege Recht (V. 34).

Sollten wir uns nicht am Ende dieses Kapitel an seine Größe erinnern und uns unsere eigene Nichtigkeit eingestehen? Er heißt nicht solche willkommen, die meinen, sie seien selbst etwas. Es sind solche mit leeren Händen und ohne Entschuldigungen, die er niemals abweist. Sein Ohr ist taub für die Gebete, die auf den Höhen menschlichen Stolzes hervorgebracht werden, doch die Schreie der Verzweiflung aus den Tiefen eines zerbrochenen Herzens klingen in seinen Ohren wider und gewinnen immer seine Aufmerksamkeit. Er erwartet nicht von uns, ein vollkommenes Leben zu führen, bevor wir ihm gefallen können, denn unser Heiland Christus hat dieses vollkommene Leben an unserer statt gelebt. Es gibt keine Strafe, mit der Gott uns bestrafen könnte, weil der Sohn, den er sandte, jede Strafe getragen hat. Alle stolzen Rufe der

Menschen stehen im Widerspruch zu diesen großen Wahrheiten. Nur Schreie aus der Tiefe der Selbsterniedrigung stimmen mit ihnen überein, und deshalb musste Nebukadnezar so sehr erniedrigt werden, bevor er in die Gemeinschaft mit Gott eintreten konnte.

Möchten Sie jetzt nicht Nebukadnezars Namen aus dem letzten Vers herausnehmen und diesen zu Ihrem persönlichen Glaubensbekenntnis machen? „Darum lobe, ehre und preise ich ... den König des Himmels; denn all sein Tun ist Wahrheit, und seine Wege sind recht, und wer stolz ist, den kann er demütigen" (V. 34).

6.

Die unsichtbare Linie

Schriftlesung: Daniel 5

Nebukadnezar war ein unglaublich böser Mann, aber am Ende wandte sich alles zum Guten. Dies geschah, weil Gott ihn demütigte und der einst hochmütige König sein Untertan wurde.

Doch für böse Menschen geht nicht immer alles gut. Dies ist die Lektion des 5. Kapitels des Buches Daniel.

Die Straße, auf der unbekehrte Menschen gehen, kreuzt eine unsichtbare Linie - eine Linie, die nur Gott allein sieht, und nicht wir. Gott ist geduldig und langmütig mit denen, die ihn vernachlässigen und verachten. Er schenkt ihnen viele Gelegenheiten, um sich ihm zuzuwenden. Er lädt sie ein, zu ihm zu kommen, bittet, ersucht und versucht sie zu überzeugen. Sein beständiger Wunsch ist, dass der Unbekehrte umkehren und ihn suchen möge, anstatt sich weiter von ihm zu entfernen.

Solche, die darauf beharren, auf dem Weg weitergehen zu wollen, den sie gewählt haben, werden eines Tages eine unsichtbare Linie überqueren. Sie überqueren die dünne Grenze zwischen Gottes Geduld und seinem Zorn. Schließlich sagt er: „Genug ist genug“ und gibt sie auf. Es gibt keine besondere Straße, die zur Hölle führt. Sie brauchen nur lange genug auf ihrem gottlosen Weg zu bleiben.

Männer und Frauen gehen nicht verloren, weil sie große Sünder sind. Der Herr Jesus Christus ist durchaus in der Lage, auch den größten Sünder zu erretten. Menschen gehen auch nicht wegen der Anzahl oder Häufigkeit ihrer Sünden in die ewige Pein. Es gibt große Sünder in der Hölle und auch solche, die man als „kleine" Sünder bezeichnen könnte. Männer und Frauen gehen verloren, weil ihre Herzen zu Lebenszeiten Widerstandsnester gegen Gott sind und sie ihren eigenen Weg gegangen sind, bis Gottes Geduld ausläuft. Indem sie die Stimme ihres Gewissens immer wieder unterdrücken, kommen sie an einen Punkt, wo Gott ihnen nichts mehr zu sagen hat. Sie demütigen sich nicht und suchen nicht seine Barmherzigkeit. Sie nahen sich nie dem von Gott bestimmten Retter, sondern bleiben halsstarrig, überheblich und eigenwillig. Männer und Frauen gehen verloren, weil sie sich nicht demütigen und sich nicht vor Gott niederwerfen.

Diese Lektion sollte unseren Herzen anhand dieses Kapitels besonders eindrücklich vermittelt werden. Es tut dies, indem es uns fünf Hauptpersonen vorstellt, deren erste in den Versen 1-4 zu finden ist.

Belsazar

„Belsazar" bedeutet „O Bel, schütze den König" und ist selbstverständlich ein heidnischer Name. In der Vergangenheit haben viele Spötter behauptet, dass diese Geschichte erfunden sei und dass Belsazar nie existiert habe. Doch die Keilinschrifttafeln des Mittleren Ostens haben sie nunmehr zum Schweigen gebracht. Die Historizität Belsazars steht nunmehr außer Frage. Wie es immer der Fall ist, hatte die Bibel Recht und die Kritiker Unrecht.

Unser Kapitel nennt Belsazar „den König", aber er war nicht der einzige König. Zu jener Zeit war Nabonidus König von Babylon, und Belsazar war sein Mitregent. Er hatte alle Rechte sowie die Privilegien und die Majestät des Königs, außer in einem Punkt. In den amtlichen Inschriften des Reiches wurde Nabonidus immer „der König" genannt, und Belsazar erhielt einen geringeren Titel. Wen man so will, war er eine Art „Rang niedrigerer" König! Soweit es um die tagtäglichen Regierungsgeschäfte ging, war er ein Mitregent, und er und Nabonidus hatten eine harmonische Beziehung zueinander. Wenn es irgendwelche Zwistigkeiten zwischen ihnen gab, hatte Nabonidus das letzte Wort, doch von solch einem Vorfall wissen wir nichts. Sie regierten als Ebenbürtige über das riesige Weltreich Babylons.

Belsazar war wie Nabonidus ein Sohn Nebukadnezars - obgleich auch die winzige Möglichkeit besteht, dass er der Sohn (oder Adoptivsohn) des Nabonidus war und dass das Wort „Vater" in diesem Kapitel im Sinne von „Stammvater" oder „Großvater" gebraucht wird.

Dies bedeutet, dass er als Junge und Jugendlicher die bewegenden Ereignisse der ersten vier Kapitel des Buches Daniel miterlebt hatte. Als Nebukadnezar entdeckte, dass vier junge Männer außergewöhnlich gut und auch Anbeter Jahwes waren, war Belsazar zugegen. Er dürfte auch gehört haben, wie Daniel die ihm von Gott gegebene Deutung des schrecklichen Traumes seines Vaters an ihn weitergab. Auch er wird sich der Erregung und Verwunderung nicht entzogen haben können, als Schadrach, Meschach und Abed-Nego mit dem Sohn Gottes in den Flammen des Feuerofens wandelten. Er wird gesehen haben, wie sein Vater zu einem Tier geworden war und wird gewusst haben, wie er seine letzten Tage auf Erden im persönlichen Glauben an den lebendigen Gott verlebt hat, den er so lange nicht anbeten wollte.

Belsazar war praktisch neben Daniel und seinen drei Gefährten aufgewachsen. Die Vier waren nur vierzehn Jahre alt, als sie nach Babylon verschleppt wurden, und der Altersunterschied zwischen ihnen und Belsazar konnte nicht sehr groß gewesen sein. Vielleicht hatte er Daniel beten oder predigen hören. Er hatte sicherlich gesehen, wie er für Gott eintrat.

In diesem Kapitel begegnen wir einem Mann, der seit seinen frühen Lebensjahren einem lebendigen Zeugnis für den wahren Gott ausgesetzt war. Wir dürfen nicht denken, dass Nebukadnezar die einzige Person in Babylon gewesen wäre, die der Wahrheit Gottes ausgesetzt gewesen wäre; Belsazar hatte dieselbe Erfahrung. Wie sein Vater, hätte er die Gelegenheit gehabt, mit Gott ins Reine zu kommen. Der Heiland hatte durch die Ereignisse, die er erlebt hatte, an seine Herzenstür geklopft. Er war ein Mann, der gesehen hatte, wie Gott persönlichen Umgang mit jemandem hatte, der ihm nahe war. Er wusste, was eine Bekehrung war, denn er hatte gesehen, wie sein eigener Vater ein Untertan Jahwes wurde. Der wahre Gott war in dem Palast, den er jetzt als König bewohnte, sowohl verehrt als auch angebetet worden.

Gerade *dieser* Mann gibt nun ein Festmahl, „ein herrliches Mahl" (V. 1) für seine tausend Mächtigen!

Es ist der Punkt gekommen, wo Gottes Geduld mit Belsazar ausläuft. Weit davon entfernt, sich Gott zu unterwerfen, widersteht er ihm hartnäckig. Er bleibt unbeugsam, und der Tag, an dem Gott Bilanz zieht, steht ihm bevor. Was ihm noch unbekannt ist: ein weiterer Schritt auf dem Pfad der Gottlosigkeit wird ihn über die unsichtbare Linie bringen. Er führt nur einen Schritt weiter von Gott weg, aber jetzt wird Gott ihm seine Bilanz vorlegen. Ein weiterer Akt der Verachtung Gottes wird veranlassen, dass Gott erklärt: „Genug!" Die Zeit läuft aus, während der er noch die Möglichkeit zur Umkehr hat. Wir können im Sündigen nicht so weit gehen, wie wir es wollen, und die Geschichte Belsazars wird uns dies beweisen. Eine weitere Sünde, und es wird alles aus mit ihm sein! Der Anlass für seine letzte Sünde ist ein gewaltiges Trinkgelage. Solche Ereignisse waren im antiken Babylon recht häufig. Ein hoher Würdenträger lud andere hoch gestellte Personen zu keinem anderen Zweck ein, als sich zu betrinken. Es war eine Zeit für grelle und schmutzige Lieder und zügelloses Benehmen. Solche Abende endeten häufig damit, dass man den Gästen nach Hause half, die sich am nächsten Morgen rühmten, dort einen „netten Abend" verbracht zu haben.

Die Auswirkungen der Trunkenheit sind wohl bekannt, und das Wort Gottes spricht sich wiederholt dagegen aus. Als der Alkohol auf Belsazar zu wirken beginnt, wirft er alle Scham und allen Anstand über Bord. Er erzählt der ausgelassen feiernden Menge, dass sie mit ihm die Geräte entweihen sollten, die sein Vater aus dem Tempel Jahwes mitbrachte, als er Jerusalem erobert hatte. Sie saufen sich aus den Gefäßen voll, die dem Dienst des allein wahren Gottes geweiht worden waren. Als sie dies tun, werden Trinklieder zu Ehren der babylonischen Götzen gesungen. Vor uns tut sich die Szene eines Saufgelages auf, bei dem dem Gott des Himmels, dem Gott, von dem Belsazar von seiner Kindheit an gehört hat und dessen Zeugnis er ausgesetzt gewesen war, alle Verachtung entgegengebracht wird, die nur möglich ist. Der König legt die goldenen Gefäße in die Hände seiner Gäste und führt die lärmende Festlichkeit an, als sie das Heilige verspotten und das Verächtliche billigen. „Als sie so tranken, lobten sie die goldenen, silbernen, ehernen, eisernen, hölzernen und steinernen Götter" (V. 4).

Der Finger einer Menschenhand

Die zweite „Person", die uns in diesem Bericht begegnet, ist „der Finger einer Menschenhand" - in den Versen 5-9.

Wie oft haben wir vielleicht schon Bilder gesehen, die versucht haben, diese Szene nachzustellen! Beinahe immer wird die Szene so dargestellt, als ob die Gäste eine ganze Hand gesehen hätten. Doch das war nicht der Fall. Es war der „Rücken der schreibenden Hand" (V. 5; Menge)[9].

[9] *Menge Übersetzung*, Priveligierte Württembergische Bibelanstalt, 1949.

Wenn wir es versuchen, können wir uns ohne weiteres vorstellen, was im Saal abging - das Gelächter und das Gaudium. Das Fest ist auf seinem Höhepunkt, ausgelassen und ausschweifend wird gefeiert, Betrunkene singen abscheuliche Lieder zu Ehren heidnischer Gottheiten. Die Sünde ist zügellos und schamlos und stellt sich doch selbst prahlerisch zur Schau. Es herrscht eine Atmosphäre hemmungsloser Gottlosigkeit, und nichts vermag ihren unflätigen Aufschwung aufzuhalten.

Doch plötzlich ist der Raum mit einer gelähmten und vor Schreck versteinerten Stille erfüllt!

So schnell kann Gott eine Situation völlig verändern. Im Handumdrehen ist es mit der Überheblichkeit des König vorbei. Gott hat alle seine Gedanken, Worte und Taten aufgezeichnet. Er hat ihn nun eingeholt und legt ihm seine Bilanz vor!

Babylonischer Sitte zufolge hatte die Festhalle ein kleines Podest oder eine Bühne an einem Ende. Diese war mit Kronleuchtern und Kandelabern gut beleuchtet, denn auf dieser Bühne befand sich der königliche Tisch des Gastherrn. Wir wissen aus archäologischen Ausgrabungen, dass hinter diesem königlichen Podium eine weiße Kalkwand war. Jedes Auge richtet sich nun auf diese Wand, denn inmitten ihrer überheblichen und schamlosen Orgie glitt ein dunkler Schatten über sie. Nicht mehr als der Rücken einer Menschenhand wird gesehen. Man sieht keinen Mann, keinen Arm und kaum eine ganze Hand - gerade einmal den Handrücken. Vier Worte starren jedem ins Gesicht. Diese wurden, so sagt der aramäische Grundtext dieses Kapitels, nicht geschrieben, sondern eingraviert! Die königliche Wand ähnelt einem Grabstein, und die ganze Gesellschaft hat gesehen, wie die Grabinschrift darauf eingraviert wurde: MENE, MENE, TEKEL, U-PARSIN.

Vom Wein gerötete Gesichter werden auf einmal aschfahl, und keines mehr als das des Königs. Wo ist nun der lachende, verachtungsvolle und gottlose König von Babylon? Seine Gesichtsfarbe veränderte sich und sein Gewissen erschrickt, und vor Angst erschaudernd schlagen die Knie des mächtigen Königs aneinander. In seiner schrecklichen Furcht verspricht er das Blaue vom Himmel für jeden, der die auf übernatürliche Weise geschriebene Inschrift lesen kann - aber niemand vermag es! Nicht nur die Schriftzeichen sind unbekannt, sondern es wird auch geistliche Erleuchtung erforderlich sein, um die Botschaft zu verstehen, die von einem unirdischen Handrücken hinterlassen wurde. Solch eine Eigenschaft ist in einer Saufanstalt nicht zu finden.

Die Party ist beendet! Vier Worte von Gott haben die Festgesellschaft in Panik, Angst, Schrecken und Verwirrung gestürzt. Wenn die Gesetzlosen die bösesten Dinge tun, die sie nur erdenken können, so heißt es doch: „Aber der im Himmel wohnt, lachet ihrer, und der Herr spottet ihrer“ (Ps 2,4). Wir sollten sicherlich Gott fürchten, aber niemals die Gesetzlosen.

Die Königin

Die dritte Hauptperson, die in der Geschichte auftaucht, ist die Königin (V. 10-12). Sie ist keine von Belsazars Frauen, denn diese sind bereits beim Fest, wie uns die Verse 2 und 3 berichten. Wer ist dann diese Königin? Sie ist die Ehefrau des Nabonidus. Sie kann aus eigenem Recht in die königliche Festhalle eintreten, ohne das Protokoll, das von anderen gefordert wurde, einhalten zu müssen. Ihr Gatte ist der erste König, und Belsazar ist der zweite, was erklärt, warum er dem dritten Platz in seinem Königreich jedem versprach, der die Schrift auf der Wand deuten konnte.

Was auch immer Belsazar vergessen haben mag, die Königin hat es nicht vergessen. In den Versen 10-12 redet sie wie eine Heidin, die sie zweifellos war. Aber sie weiß, dass Daniel übernatürliche Weisheit besitzt. Er braucht nur gerufen zu werden, und schon wird die Deutung der Worte bekannt werden. Er hat die Gabe, Rätsel zu erklären und Geheimnisse zu offenbaren.

Wenn Gott es gewollt hätte, hätte er Belsazar die Deutung auf eine andere Weise erfahren lassen können. Er hätte beispielsweise den überirdischen Handrücken ein zweites Mal senden können, um die Bedeutung der ursprünglichen Botschaft darunter zu schreiben. Aber Gott handelt anders. Er umgeht nicht die menschliche Vermittlung. Seine Botschaft muss von seinem Knecht ausgelegt werden. Menschliche Lippen werden die Botschaft klarmachen. Der gottesfürchtige Überrest wird eingeschaltet werden, nicht weil Gott sie einbeziehen müsste, sondern weil es seine Art ist, treue Männer und Frauen als seine Mitarbeiter einzubeziehen. Er will nicht ohne sie vorgehen. Auf diese Weise erhält er seine Wahrheit in der Welt lebendig.

Das Erscheinen Daniels führt uns zur vierten Hauptperson in diesem Kapitel, dessen größten Teil er einnimmt. Was von ihm gesagt wird, ist in den Versen 13-29 aufgezeichnet.

Daniel

Die Fragen, die Belsazar Daniel in Vers 13 stellt, bestätigen, dass er eine ganze Menge über ihn weiß. Dies unterstreicht nachdrücklich, dass seine Unwissenheit über die Wege Gottes eine willentliche Unwissenheit ist. Er ist seit seiner Jugend göttlichen Dingen ausgesetzt gewesen, und als er König wird, entscheidet er sich, Daniel nicht an seinen Hof zu lassen. Er möchte keinen Propheten Jahwes im Palast haben. Die letzte Person, die er als seinen Ratgeber und Vertrauten haben möchte, ist Gottes auserwählter Botschafter. Wie anders die Dinge doch hätten aussehen können, wenn er Daniel seit dem Anfang seiner Regierungszeit an seinem Hofe gehabt hätte!

Sei es wie es will, Daniel steht nun vor ihm. In den Versen 14-16 sehen wir, wie er die Situation dem Propheten erklärt und verspricht, ihn zu belohnen, wenn er deuten wird, was auf der Wand geschrieben worden ist. Wir benötigen nicht viel Vorstellungskraft, um uns ein Bild von der Szene zu machen, während Daniel über seine Antwort nachdachte. Tausend schreckerfüllte Herren werden zum Schweigen gebracht. Die Zungen, die gerade eben noch den lebendigen Gott verspottet hatten, sind auf einmal still. Eine Menge blasser und bestürzter Höflinge wartet mit nicht zu überbietender Spannung, um den Mann Gottes reden zu hören.

Daniels einleitende Bemerkungen teilen dem König mit, dass er seine Gaben ablehnt (V. 17). Anders als die professionellen Zeichendeuter um ihn her, gibt er keine Deutungen in der Hoffnung, persönlichen Gewinn davonzutragen. Er ist keiner, der auf Belohnungen oder Geschenke aus ist. Er tut es nicht um des Geldes willen. Solche Randbemerkungen über sein Verhalten müssen schon ihren eigenen Eindruck auf die Leute gemacht haben. Und das ist immer noch der Fall, wenn Gottes Knechte kein Interesse an den Ehrungen der Welt zeigen. Es ist klar, dass, was auch immer kommen mag, Daniel die Wahrheit sagen wird. Er kann nicht bestochen werden, zu sagen, was die versammelte Menge hören möchte. Er kann auch nicht gekauft werden, so dass er das, was anstößig ist, vermeiden würde. Die Deutung wird der Wahrheit entsprechen.

Daniel fährt fort, indem er über Belsazars Vater spricht. „Mein König, Gott der Höchste, hat deinem Vater Nebukadnezar Königreich, Macht, Ehre und Herrlichkeit gegeben ..." (V. 18).

Belsazar ist nur ein Mitregent, ein Mitkönig. Das Weltreich ist nicht mehr das, was es einmal war. In seiner Geschichte war nie ein größerer Herrscher als Nebukadnezar aufgetreten, doch verdankte er alles, was er hatte, dem höchsten Gott. Größer als Nebukadnezar ist Gott! Dieser Nebukadnezar war ihm für die Ausübung seiner Macht verantwortlich - und sieh an, was Gott an ihm tat! Daniel erinnert Belsazar an die Art und Weise, wie

Gott seinen Vater demütigte, „bis er lernte, dass Gott der Höchste Gewalt hat über die Königreiche der Menschen und sie gibt, wem er will" (V. 21).

Es ist so, als ob Daniel sagte: „Du, Belsazar, hast dich so verhalten, als ob du der größte Mensch wärest, der je gelebt hätte. Aber größer als du war dein Vater, und größer als er ist Gott! Es war Gott, der ihm alles gab, was er je hatte. Es gibt einen höchsten Gott, und obwohl du der Mann auf Erden sein magst, dem alle anderen verantwortlich sind, bist du selbst diesem Gott verantwortlich. Alles, was du hast, ist dir von ihm gegeben worden, und er kann es ebenso leicht wieder zurücknehmen. Dies gilt sogar für deinen Verstand. Das ist dir alles bekannt, Belsazar. Du wusstest, wie Gott deinen Vater demütigte, bis er sein demütiger Bittsteller wurde, aber du bist seinem Beispiel nicht gefolgt. Du hast dich wie ein unabhängiger Mensch benommen, der keinem verantwortlich ist. Tatsächlich bist du sogar noch weiter gegangen. Du hast den Gott des Himmels herausgefordert. Schau, wen du gerühmt hast: die Götter aus Silber und Gold, aus Bronze, Eisen, Holz und Stein ..., die nicht sehen und nicht hören und nicht verstehen. Und schau, Belsazar, wen du verachtet hast: den Gott, der deinen Odem und alle deine Wege in seiner Hand hat - ihn hast du nicht verherrlicht. Deshalb kam diese Menschenhand und gravierte diese Schrift auf der Wand ein. Es ist eine Botschaft Gottes!" (e.Ü.).

Belsazar wurde wegen seines Hochmuts verurteilt. Hochmut wird in der Bibel als ein Mangel an Demut beschrieben. Ein Mensch, der nicht vor Gott im Staube liegt, ist ein hochmütiger Mensch. Er mag seinen Mitarbeitern nicht unbedingt hochmütig erscheinen. So jemand mag in der Nachbarschaft als ziemlich bescheiden gelten. Die Familie mag es nicht bemerken. Aber ein Herz, das etwas weniger tut, als vor Gottes Angesicht niederzufallen und ihn zu verherrlichen, ist ein stolzes Herz. Solcher Stolz ist das charakteristische Merkmal aller Männer und Frauen, die sich auf dem Weg zur Hölle befinden. Belsazar war ein großer Sünder, aber das ist nicht der strittige Punkt. Sein Fehler war, dass er nichts mit dem wahrhaftigen und lebendigen Gott zu tun haben wollte. Er wollte ihm nicht wie ein Kind nahen oder ihn über sein Leben herrschen lassen. Er verharrte in dieser Haltung, bis er an den Punkt kam, wo er bereit war, Gott zu verhöhnen. An diesem Punkt überschritt er die Linie. Wir sagen es noch einmal - Sie brauchen sich nicht für einen bestimmten Weg zu entscheiden, um in die Hölle zu kommen; Sie brauchen nur lange genug auf ihrem eingeschlagenen Weg zu bleiben.

Die Inschrift auf der Wand ist uns in Vers 25 erhalten. Sie besteht aus drei unterschiedlichen Worten, von denen eines zweimal geschrieben wurde. MENE, MENE bedeutet „gezählt, gezählt". Danach folgte TEKEL, was „gewogen" bedeutet. Danach kam das Wort U-PARSIN.

PARSIN ist die Mehrzahl des Wortes PERES. U-PARSIN ist das Wort PERES im Plural, mit dem vorangestellten Wort „und". Deshalb scheint für solche unter uns, die des Aramäischen nicht mächtig sind, die nachfolgende Deutung von diesen vier Worten abzuweichen. Als Daniel die Worte nacheinander einzeln durchging, ging er sie in ihrer Singularform durch. Er ging sie nicht in der Form durch, in der sie auf dem Kalk eingraviert wurden.

Was auf die Wand geschrieben worden war, waren also die Worte: „Gezählt, gezählt, gewogen und zerteilt." Das war alles, was Gott dem unbußfertigen Belsazar zu sagen hatte, doch die volle Tragweite dessen, was es bedeutete, sollte ihm nun vom gottesfürchtigen Daniel erklärt werden.

„MENE bedeutet ‚gezählt', weil deine Tage gezählt sind, König Belsazar! Gott hat beschlossen, ihnen Einhalt zu gebieten und deinem bösen Königtum ein Ende zu machen. Deine Herrschaftszeit ist vorbei. In all diesen Jahren hat Gott dich gewogen, und nun ist seine Zeit gekommen, um Bilanz zu ziehen. Er hat gesagt: „Genug!", und deine Herrschaft ist beendet - von Gott beendet!" (V. 26; e.Ü.)

„TEKEL bedeutet ‚gewogen'. Belsazar, jede Handlung deines Lebens ist von Gott gewogen worden. Er nahm davon Notiz, als du in deiner Kindheit jede Gelegenheit verwarfst, um zu ihm zu kommen. Er hat jede Einladung, die du verschmäht hast, um sein Diener zu werden, notiert. Der Handrücken, den Gott gesandt hat, hat deine Grabinschrift auf die Wand geschrieben. Zweifellos ging dir, als er dies tat, dein vergangenes Leben durch den Kopf. Deine geheimen Sünden und deine offenen Sünden, deine vergeudeten Stunden, deine Grausamkeit, dein Hochmut, deine wilde Unordnung und Trunkenheit, deine Missachtung heiliger Dinge und dein geistlicher Widerstand - Gott hat es alles gewogen. Alles ist auf seine Waage gelegt worden. Er hat dein Leben vom Anfang bis zum Ende berücksichtigt, und es entspricht nicht den Erwartungen. Es genügt seinen Maßstäben nicht" (V. 27; e.Ü.).

Wenn Menschen über Gott spotten, so ignoriert er es nicht. Weil er nicht sofort handelt, ziehen böse Herzen die Schlussfolgerung, dass er überhaupt nicht handeln würde. Er wiegt all ihren Spott und Hohn auf seiner Waage auf - nichts wird vergessen. Eine Aufzeichnung über jede Einladung, zu Christus zu kommen, die beiseite geschoben worden ist, wird bei ihm notiert. Jede Weigerung, sein Gebot der Umkehr ernst zu nehmen, wird zur Kenntnis genommen. Die Handlungen aller, die den evangelischen Glauben geringschätzig behandeln, die heilige Dinge verspotten und insbesondere die Freundlichkeit ihres Schöpfers verachten, werden im Himmel aufgezeichnet. Gott merkt sich alles.

„Das ist nichts für mich", sagen manche. „Die Kosten sind zu hoch", rufen andere. „Ich möchte nicht anders sein. Jeder wird denken, dass ich ein Spinner sei. Sie sind Fanatiker; ich möchte kein Fundamentalist sein. Warum sollte ich?" - diese und alle anderen Bemerkungen werden von dem allgegenwärtigen Gott nicht nur zu Notiz genommen, sondern er gedenkt ihrer auch.

Schließlich will Gott all das nicht mehr hinnehmen, und die Schrift erscheint auf der Wand. Der Tag der Leichtfertigkeit ist vorbei. Nun ist der Tag der Verdammnis gekommen.

„PERES bedeutet ‚zerteilt‘. Dein Königreich wird zerteilt und zerstört werden. Das wird von der vereinten Macht der Meder und der Perser zustande gebracht werden. Das Königreich wird von dir, Belsazar, weggenommen und einem anderen gegeben werden“ (V. 28; e.Ü.).

Und es war nicht nur dieses Königreich, nicht war? Es war das Königreich Gottes, das er endgültig verlor. Unser Herr Jesus Christus brachte eine ähnliche Anklage gegen die Juden vor. Er sagte ihnen, dass sie die Propheten abgewiesen hätten, indem sie diese steinigten und töteten. Schließlich wiesen sie Gottes Sohn ab. Gottes Antwort war, dass er ihnen den Weinberg wegnahm und ihn anderen gab (Mt 21,33-43).

Paulus wiederholte dieselbe Lehre. Als die Juden seine Botschaft des Evangeliums verworfen hatten, warnte er sie, dass Gott ihnen ihre Vorrechte wegnehmen und diese den Nationen geben würde (Apg 13,44-50). Etwas Ähnliches geschieht, wenn das Evangelium wiederholt und hartnäckig abgelehnt wird. Gott sagt schließlich zu den betreffenden Leuten: „Weil ich sehe, wie ihr so offensichtlich die einzige Botschaft verwerft, welche euch erretten kann, werde ich euch richten, indem ich sie von euch wegnehme. Wenn ihr nun die Buße sucht, werdet ihr, selbst wenn ihr sie mit Tränen sucht, unfähig sein, sie zu finden“ (Hebr 12,17). Eine unsichtbare Linie ist somit überschritten worden - in das Land ohne Wiederkehr. Mit der betreffenden Person ist dann alles aus. Es besteht keine Gelegenheit mehr, Barmherzigkeit zu erlangen. Alles, was ihn nun erwartet, ist „ein schreckliches Warten auf das Gericht und das gierige Feuer, das die Widersacher verzehren wird“ (Hebr 10,27).

Es gibt eine Zeit, wir wissen nicht wann,
einen Ort, wir wissen nicht wo,

die das Schicksal des Menschen bestimmen
in der Herrlichkeit oder in der Verzweiflung.

Es gibt eine Linie, unsichtbar für uns,
die jeden Pfad kreuzt,
die verborgene Grenze zwischen
Gottes Geduld und seinem Zorn.

O, was ist das für eine geheimnisvolle Grenze,
von der des Menschen Pfad gekreuzt wird,
jenseits derer Gott selbst geschworen hat,
dass die Seele, die sie überschreitet, verloren ist?

Wie lange darf ich in Sünde weitergehen,
wie lange wird Gott vergeben;
wo endet die Hoffnung und wo beginnt
der Rand der Verzweiflung?

Die Antwort wird vom Himmel gesandt -
„Ihr, die ihr euch von Gott entfernt,
tut Buße, während es noch heute heißt,
und verhärtet eure Herzen nicht."

Darius

Trotz Daniels Verachtung für irdische Belohnungen werden sie ihm gegeben, weil Belsazar weiß, dass er die Wahrheit gehört hat (V. 29). Doch die ganze Sache ist sehr kurzlebig, und dieses ernste Kapitel schließt mit Vers 30 und dem 1. Vers des nächsten Kapitels, indem es uns eine fünfte Hauptperson vorstellt: Darius.

Genau in der Nacht, in der Daniel sprach, zogen Nabonidus' Armeen gegen die Meder und die Perser aus, die die Grenzen Babylons bedrohten. Aber der Perser Darius drang schnell vor. Er leitete den Strom Euphrat um und überquerte ihn. Bis zum Morgen waren die medischen und persischen

Armeen in Babylon eingedrungen und eroberten es. Belsazars Leichnam lag im Palast; das Verdammungsurteil des Schöpfers, den er am Abend zuvor so dreist verachtet und verspottet hatte, war vollstreckt. Daniels Prophetie wurde erfüllt, und Gott hatte einmal mehr bewiesen, dass er der wahre Lenker der Geschichte dieser Welt ist. Das goldene Haupt war der silbernen Brust und den silbernen Armen gewichen, und der 62-jährige Darius bestieg den Thron.

Wer weiß, wann Gott zu einem Menschen sagen wird: „Eine weitere Sünde wird deine letzte sein. Dann wird die Schrift auf der Mauer für dich da sein. Ich werde dich in die Ewigkeit schicken, während jede Stimme im Himmel sich mir anschließen wird, wenn ich sagen werde: ‚Du Narr! Diese Nacht wird man deine Seele von dir fordern!‘“ (Lk 12,20).

„Suchet den HERRN, solange er zu finden ist; rufet ihn an, solange er nahe ist. Der Gottlose lasse von seinem Wege und der Übeltäter von seinen Gedanken und er bekehre sich zum HERRN, so wird er sich seiner erbarmen, und zu unserm Gott, denn bei ihm ist viel Vergebung“ (Jes 55,6.7).

7.

In der Löwengrube

Schriftlesung: Daniel 6

Wir kommen nun zum letzten historischen Kapitel des Buches Daniel, denn die nachfolgenden bestehen aus prophetischen Gesichten und Visionen. Es ist eines der am besten bekannten Kapitel in der ganzen Bibel, und es bedarf nicht wirklich einer Einleitung. Das Kapitel berichtet über ein Ereignis, das sich ereignete, als Daniel ein Mann in hohem Alter war. Im ersten Kapitel war er ein Jugendlicher von nur vierzehn Jahren, und wir dürfen in diesem Kapitel sehen, wie er Gott selbst in seinem vorgerückten Alter treu blieb.

Daniel im Visier

Das Kapitel gliedert sich ganz natürlich in drei Abschnitte. Der erste beginnt mit Vers 2 und endet mit Vers 10. Er berichtet über eine Verschwörung, die zum Ziel hat, Daniel zu töten.

Der Anfang des Berichts schildert einen Dynastienwechsel. Das Babylonische Weltreich gehört nun der Vergangenheit an. Es ist von der vereinten Streitmacht der Meder und Perser erobert worden, und das zweite große Weltreich, das Nebukadnezar in seinem Traum kommen sah, ist nunmehr eine lebendige Tatsache. Der erste Herrscher der neuen Dynastie ist ein ansonsten unbekannter Meder namens Darius, der den Thron im späten Alter von 62 Jahren besteigt. Wir wissen, dass er nicht sehr lange regierte, denn wenn wir das historische Puzzle zusammensetzen, entdecken wir, dass die Regierungszeit von Kyrus dem Perser schon sehr bald nach seiner Thronbesteigung anfing.

Darius fällt die schwierige Aufgabe zu, das Babylonische Weltreich zu übernehmen. Er soll diesem Reich unter der Herrschaft der Meder und Perser eine neue Richtung und Identität geben. Die administrativen Schwierigkeiten, die vor ihm standen, müssen riesig gewesen sein, und die Eröffnungsverse des Kapitels offenbaren, wie er sie anging. Er legte die Angelegenheiten des Weltreiches in die Hände von 120 Statthaltern. Wahrscheinlich übernahm jeder einzelne von ihnen die Verantwortung für ein bestimmtes Gebiet. Für diese wiederum waren drei „Fürsten" oder Vorsteher verantwortlich, „damit der König keinen Schaden erlitte" (V. 3; revElbf). Die Fürsten wiederum waren allein dem König verantwortlich. Auf diese Weise behielt Darius seine absolute Macht, und doch gewährleistete diese Verwaltungsstruktur ein Höchstmaß an Volksnähe bei der Verwaltung des Reiches.

Einer der drei Vorsteher war Daniel, und wir lesen in Vers 4, dass seine Arbeit so außerordentlich war, dass der König daran dachte, ihn über das ganze Königreich zu setzen. Eine Verschiebung in der Hierarchie wurde erwogen, so dass einer der Fürsten über die anderen gestellt und zum Stellvertreter des Königs werden sollte.

Wie kommt es, dass Daniel unter der neuen Regierung sofort zu einer solchen Position aufsteigen konnte? Wie konnte jemand, der in der besiegten Dynastie eine so mächtige Position innehatte, auch unter den neuen Herrschern dieselbe Machtposition innehalten? Diese Frage ist häufig als unglaublich schwierig betrachtet worden, aber in Wirklichkeit ist die Antwort relativ einfach.

Das untergegangene Weltreich war so wie jedes andere große untergegangene Weltreich: Es war verdorben. Es war an seiner Liebe zum Luxus und an seinem mangelnden Willen zu harter Arbeit untergegangen. Es war weit verbreitet, allgemeine Grundsätze aufzugeben, und Unmoral und Unehrlichkeit nahmen uneingeschränkt zu. Das moralische Klima war durch und durch korrupt. Die Beamten Babylons hatten im Allgemeinen nur noch ein Interesse, nämlich in ihre eigenen Taschen zu wirtschaften. Sie waren so sehr von der Mentalität beherrscht, schnell reich werden zu wollen, dass sie alle ihre Bedenken in den Wind schlugen und sich ganz der Jagd nach persönlichem Gewinn und der eigenen Karriere widmeten.

Ein Regierungswechsel an sich bringt keinen Wechsel im moralischen Klima mit sich. Darius hatte keine Garantie dafür, dass die Statthalter, die er ernannt hatte, sich überhaupt von den babylonischen Beamten unterscheiden würden, die sie ersetzten sollten. Vielleicht würden sie zu denselben Taktiken greifen und mehr an ihrem eigenen persönlichen Vorteil als an der korrekten Verwaltung des Weltreiches interessiert sein. Es war daher unbedingt geboten, dass sie ihre Hände nicht ohne weiteres an öffentliche Gelder legen konnten. Um dies zu verhindern, benötigte Darius einen Mann von untadeliger Ehrlichkeit, den er mit der Staatskasse betrauen konnte. Wenn er solch einen Mann nicht finden konnte, war es wahrscheinlich, dass seine ganze Verwaltung in Stücke zerfallen würde.

Darius erkannte, dass er den Mann, den er benötigte, in Daniel gefunden hatte. Die Frömmigkeit des Mannes garantierte, dass er weder bestochen noch gekauft werden konnte (V. 5). Es wird heutzutage oft gesagt, dass man jeden bestechen kann - es kommt nur auf den Preis an. Aber mit Daniel war es anders: Die Furcht Gottes regierte in seinem Herzen, und man konnte sich darauf verlassen, dass er dem König unbeirrt ergeben sein würde. Seine Ehrlichkeit stand außer Frage. Dieser Mann bestach durch seine moralische Integrität, durch einen Geist makelloser Glaubwürdigkeit. Korrupte Beamte würden der Tatsache ins Gesicht sehen müssen, dass eine unüberwindliche Schranke zwischen ihnen und dem Missbrauch öffentlicher Gelder stehen würde - Daniel.

Vielleicht bewegen sich einige Leser dieses Buches in der Geschäftswelt. Sicher werden Sie beobachtet haben, dass die, die an den Schalthebeln der Macht sitzen und ihr schnelles Geld machen wollen, äußerst rücksichtslos in ihrem Vorgehen sein können. Sie machen vor nichts Halt. Sie zucken nicht mit der Wimper, wenn die Realisierung ihrer Ziele die Zerstörung kleinerer, aber ehrlicher Geschäftsmänner bedeutet. Es gibt keine Tiefe, zu der sie sich nicht herablassen würden, um dicken Profit zu machen. Ihre Unbarmherzigkeit und Abgebrühtheit nehmen kein Ende, wenn es ihrem Eigennutz dient.

In der gleichen Weise beschlossen die 120 Statthalter und die beiden anderen Vorsteher, Daniel loszuwerden (V. 6). Sie wussten, dass sie nie imstande sein würden, ihm etwas anzukreiden, soweit es die Ausübung seiner staatlichen Pflichten betraf. Da gab es keine Chance. Daniel war, was er sein sollte. Sein Arbeitszeugnis war ohne Eintrag auch nur des geringsten Vergehens - er stellt ein Vorbild dar, dem das ganze Volk des Herrn nacheifern sollte. Daher mussten sie ein Komplott ganz anderer Art schmieden. Es würde ihn ein für alle Mal erledigen und ihn aus dem Weg schaffen. Sehr bald würde Daniel von der Bildfläche verschwunden sein.

Ihre Argumentation sah etwa folgendermaßen aus: „Daniel ist Darius treu, weil er zuallererst seinem Gott treu ist. Es ist seine Frömmigkeit, die seine Glaubwürdigkeit garantiert. Das eine bedingt das andere ... Wenn wir ihn in eine Lage bringen können, wo er sich zwischen seinem Gott und dem König zu entscheiden hat, wird er sich zweifellos für seinen Gott entscheiden. Auf diese Weise wird er es sich mit dem König vergraulen - und er ist außen vor.“

Mit dieser Art Logik im Kopf, gingen sie an die Arbeit, alle ihre Kräfte aufzubieten, um eine derartige Zwangslage für Daniel zu arrangieren.

Immer wenn ein Mensch für Ehrlichkeit und Gerechtigkeit eintritt, beeindruckt dies. Solch ein Mensch wird anderen unweigerlich in den Weg treten, die ihn dafür hassen werden. Gottlose, böse Menschen versuchen immer noch, gottesfürchtige Leute in eine Zwangssituation zu bringen, in der sie entweder ihrem Gott treu sein müssen und alles verlieren oder alles behalten, aber ihr durchschlagendes Zeugnis verlieren.

Die Mittel, die die Verschwörer anwandten, waren Schmeichelei und Lügen. Genau diese Mittel wandte auch der Teufel im Garten Eden an, und er macht noch heute davon Gebrauch. Er sagte Eva, dass sie und ihr Mann, indem sie Gott nicht gehorchten, wie Gott sein würden. Schmeichelei! Er versicherte ihr, dass sie, wenn sie die verbotene Frucht äße, nicht sterben würde. Lügen! Seine Taktiken sind unverändert geblieben, weil sie sich normalerweise als erfolgreich erweisen.

Die Vorschläge, die dem König unterbreitet wurden, müssen ihm sehr geschmeichelt haben. Es wurde ihm nahe gelegt, dass er für eine Zeit von dreißig Tagen als der irdische Stellvertreter aller existierenden Götter betrachtet werden sollte. Es wurde weiter vorgeschlagen, dass in dieser Zeit zu überhaupt keinem Gott gebetet werden solle, außer durch seine Vermittlung. Keine Religion sollte verboten oder geächtet werden. Das Gebet zu den verschiedenen Göttern sollte wie zuvor weitergehen, außer dass alle solche Gebete und Bitten durch Darius vorgebracht werden sollten. Außerdem schlug man vor, den Befehl ergehen zu lassen, „dass jeder, der in dreißig Tagen etwas bitten wird von irgendeinem Gott oder Menschen außer von dir, dem König allein, zu den Löwen in die Grube geworfen werden soll“ (V. 8).

Zweifellos gaben die Statthalter und Vorsteher Darius viele gute Gründe dafür, warum er diesen Vorschlag annehmen sollte: Es würde das neuen Weltreich zusammenschweißen; es würde der neuen Monarchie zu Ansehen verhelfen; es würde die Autorität des Königs in allen Angelegenheiten seiner Untertanen bestätigen usw. Alle möglichen anderen Gründe kommen einem in den Sinn, die einem eitlen König als hinreichender Grund für den Erlass eines solchen Gebotes nahe gelegt werden konnten.

Wenn der König ein weiser Mann gewesen wäre, hätte er sofort Lunte gerochen. Doch die Schmeicheleien hatten eine erstaunliche Wirkung. Sie geben dem Stolz eines Menschen Auftrieb und nehmen ihm die Sicht für die wirklichen Fragen. Darius hörte, wie seine höchsten Beamten vorschlugen, dass man ihn im Grunde als einen Gott betrachten sollte. Der Vorschlag war nur einen Schritt entfernt von der Vergötterung der Könige, die viele Weltreiche in der Antike kennzeichnete.

Die Schmeicheleien machten Darius blind für ein Detail von größter Bedeutung. (Kein Wunder, dass die Heilige Schrift im Allgemeinen und das Buch der Sprüche insbesondere sich so offen gegen die schmeichlerische Zunge aussprechen!) Welches Detail übersah der König? Er hätte sehen müssen, dass die Worte von Vers 8 eine offenkundige Lüge waren. Die Behauptung lautete: „Es haben die Fürsten des Königreichs, die Würdenträger, die Statthalter, die Räte und Befehlshaber alle gedacht, es solle ein königlicher Befehl gegeben und ein strenges Gebot erlassen werden" (V. 8). Wenn das der Fall gewesen wäre, warum war dann Daniel, sein bester Minister, dann nicht anwesend, als ihm die Gesetzesvorlage unterbreitet wurde? Wenn alle höheren Beamten eine Übereinkunft über die Vorschläge erzielt hatten, warum wurden sie dann nicht von höchstrangigen Beamten eingereicht? Solche Gedanken hätten Darius kommen sollen, aber allem Anschein nach war dies nicht der Fall. Kurz darauf unterzeichnete er die Verordnung, und nach medopersischer Gewohnheit wurde sie zum dauerhaften Gesetz. Einmal unterzeichnet, konnte solch ein königliches Gesetz niemals geändert werden. Jeder Versuch, den Darius unternommen hätte, um es doch zu tun, hätte massive Umwälzungen in seinem Weltreich verursacht - und er war zu einer solchen Eventualität in einem so frühen Stadium in seiner Herrschaftszeit nicht bereit.

Wir hatten gesehen, wie Nebukadnezars Gebot, dass sich jeder vor seinem Standbild niederwerfen müsse, niemanden tangierte - außer dem gläubigen Überrest. Wir haben hier eine parallele Situation. Das gesamte Medopersische Weltreich bestand aus polytheistischen Götzenanbetern. Es gab nichts an diesem neuen Gebot, was sie hätte beunruhigen sollen. Ihre Religionen konnten weiter ausgeübt werden, mehr oder weniger unbeeinträchtigt. Bei Daniel sah es jedoch anders aus. Gottes Gesetz verbat ihm, seine Knie vor einem Menschen zu beugen oder einen anderen Mittler als einen von Gott bestimmten anzuerkennen. Es bestand für ihn keine Möglichkeit, sowohl Gott zu gefallen als auch das Gebot des Königs zu befolgen.

Das Dilemma war ernst: Wenn Daniel in der Weise, wie er es immer getan hatte, zu Jahwe beten würde, konnte er sicher sein, den Zorn des königlichen Erlasses auf sich zu ziehen. Wenn er seine Praxis der lebenslangen Hingabe an Gott nicht fortsetzen würde, konnte er sicher sein, seine geistliche Vitalität zu verlieren - und somit auch seine moralische Integrität. Er musste sich entscheiden, entweder ein gottesfürchtiger Mann zu sein, der dem König missfiel, und sterben; oder ein gottloser Mann, der am Leben blieb. Wie auch immer er sich entscheiden mochte, es sah so aus, als ob die Bösen triumphieren würden. In Zukunft würde es entweder überhaupt keinen Daniel mehr geben, oder einen Daniel, der seine Prinzipien geopfert und seinen früheren Charakter verloren hat. Es schien so, als ob die Verschwörer nicht scheitern konnten.

Daniel in der Löwengrube

Der zweite Abschnitt unseres Kapitels geht von Vers 11-19, und selbst jetzt schon nennen wir ihn bereits „Daniel in der Löwengrube".

Was tat Daniel, als er erfuhr, dass das unwiderrufliche Verbot unterzeichnet worden war? Er tat nicht das, was wahrscheinlich die meisten von uns getan hätten. Wir wären wahrscheinlich in Panik geraten oder hätten vor lauter Aufregung unseren Kopf verloren. Wenn ein ähnlicher Erlass heute verabschiedet würde, würden vermutlich die meisten von uns zum Haus eines Freundes laufen oder zum nächsten Flughafen fahren, in der Hoffnung schnell auswandern zu können. Man kann sich die Aufregung kaum vorstellen, die wir dann erleben würden.

Aber was tat Daniel? Er machte einfach seiner normalen Gewohnheit nach weiter, „wie er es auch vorher zu tun pflegte“ (V. 11). Er blieb unerschütterlich, unbeweglich und unverändert. Die Umstände hatten sich gewiss verändert, doch sie veränderten nicht den Mann Gottes. Es war seine Gewohnheit gewesen, dreimal am Tag zu seinem Gott zu beten. Er tat es am offenen Fenster seines Obergemachs, das in Richtung Jerusalem lag. Er war nun schon eine lange Zeit in der Verbannung gewesen, doch hatte er nicht vergessen, aus welcher Stadt und welchem Land er verschleppt wurde. Auch hatte er Gottes Verheißung nicht vergessen, Israel wiederherzustellen und Jerusalem wieder aufzubauen.

Wie kommt es, dass Daniel sich in seinen Gebeten so offen zeigte? Weist unser Herr uns nicht an, in unser Kämmerlein zu gehen, die Tür hinter uns zu schließen und im Verborgenen zu unserem himmlischen Vater zu beten (Mt 6,6)?

Wir müssen uns daran erinnern, dass Daniel ein bedeutender Staatsdiener in einem orientalischen Weltreich war. Knechte würden durch sein ganzes Haus huschen, und es ist unwahrscheinlich, dass er überhaupt eine sehr große Privatsphäre hatte. Es bestand für ihn keine Möglichkeit, aus seinen Gebetszeiten ein Geheimnis zu machen. Und nun waren Spione unterwegs, die bewusst darauf aus waren, herauszufinden, ob er jene Gebetszeiten auch während der Zeit des Erlasses einhalten würde. Seine Gebetszeiten waren nie auffällig gewesen, aber sie waren auch kein Geheimnis. Sie so beizubehalten wie zuvor, bedeutete, dass sie auch jetzt kein Geheimnis bleiben konnten.

Dreimal am Tag fällt der Mann Gottes vor Gott auf sein Angesicht, genauso, wie er es immer getan hatte. Die Todesgefahr bedeutete für ihn nicht, dass er damit aufhören müsste, das zu tun, was richtig war. Recht ist immer noch Recht. Die Umstände mögen sich ändern, aber Gottes absolute Maßstäbe ändern sich nicht. Wie wir schon weiter unten betont hatten, ist es im Leben unsere Pflicht, das zu tun, was richtig ist, auch wenn der Himmel über uns zusammenbrechen mag. Die Konsequenzen liegen in Gottes Verantwortung.

Aber wie kommt es, dass ein alter Mann so fest stehen und solchen Mut und Glauben beweisen konnte? Solche Eigenschaften eignete man sich nicht urplötzlich an, sie sind nicht schlagartig Teil meines Lebens. Weil Daniel eine lebenslange Gewohnheit entwickelt hatte, das Böse abzulehnen, war er auch fähig, dies in solch verzweifelten Zeiten wieder zu tun. Wenn wir eine Erklärung für Kapitel 6, Vers 11 haben möchten, müssen wir zunächst noch einmal Kapitel 1, Vers 8 lesen. In jenem Vers nahm sich ein Junge im Alter von vierzehn Jahren „in seinem Herzen vor, dass er sich ... nicht unrein machen wollte“. In seiner Jugend hatte Daniel es abgelehnt, eine verhältnismäßig kleine Sünde zu begehen. Welchen Versuchungen er in der Zwischenzeit auch ausgesetzt gewesen sein mag, immer wieder hatte er sich geweigert, von seinem Grundsatz abzuweichen. Er hatte eine unerschütterliche Disziplin entwickelt, das Unreine abzulehnen.

Jedes Mal, wenn wir „Nein“ zur Sünde sagen, sind wir viel eher fähig, dies beim nächsten Mal auch wieder zu tun. Gleichwohl wird jedes Mal, wenn wir der Sünde nachgeben, unser Widerstand geschwächt.

Ich behaupte, dass die wahre Löwengrube Daniels Schlafzimmer war. Er wusste, dass er, wenn er dem Gebot des Königs nicht gehorchte, von wilden Tieren übel zugerichtet und gefressen würde, womit er sein Leben verlöre. Aber er hätte dann nicht seine geistliche Integrität verloren. Wie wir schon einmal festgestellt haben, würde der Teufel es vorziehen, wenn wir am Leben blieben, wir aber unser Zeugnis verlören.

Es ist daher sicher, dass Daniel immer, wenn er zum Gebet auf seine Knie sank, vom Teufel versucht wurde. Wir können uns leicht vorstellen, was ihm durch den Kopf gegangen sein mag: „Warum machst du dir die Dinge nicht leichter? Sieh dir die Stellung an, die du inne hast, und die Privilegien, die du genießt. Sieh dir den Einfluss an, den du weiter ausüben kannst, wenn du an deiner gegenwärtigen Stellung festhältst. Sichere dir deine Zukunft, indem du in den nächsten dreißig Tagen nicht zu Gott betest. Warum solltest du deine langfristige Zukunft auf dem Altar eines kurzfristigen Genusses, wenn auch geistlichen, opfern? Bete doch einfach ganz für dich in deinem Herzen, wenn du möchtest, aber warum solltest du es so tun, wie du es immer getan hast? Man wird es bemerken, und du wirst alles verlieren. Handelt es sich denn wirklich um solch eine prinzipielle Angelegenheit? Ist sie dessen wirklich wert? Zumindest könntest du hingehen und dort beten, wo weder die Spione noch die Haushälter dich wahrscheinlich sehen werden. Warum machst du so eine wichtige Sache daraus, beim Gebet gesehen zu werden? Schließlich wird die Gefahr in nur dreißig Tagen vorüber sein, und dann kannst du so fortfahren, wie du es immer getan hast.“

Diese Versuchungen erschütterten Daniel am Morgen, am Mittag und erneut am Abend. Sein Verstand hätte tausend vernünftige Gründe gefunden, weshalb er von dem hätte ablassen sollen, was er tat. Wer vermag zu ermessen, wie ermüdend solche täglichen und wiederholten Versuchungen gewesen sein müssen?

Es gibt viele starke Gläubige, die von starken und plötzlichen Versuchungen nicht umgeworfen werden können, deren Widerstand jedoch durch anhaltende Versuchungen untergraben werden kann. Der Versuch, die „Heiligen des Höchsten“

aufzureiben, ist eine bekannte Taktik des Bösen (7,25). Er weiß gut genug, dass ein steter Tropfen jeden Stein aushöhlt. Ein Großteil seiner Versuchungen ist daher nicht gewaltsam, sondern subtil und sanft. Er bringt dieselben Vorschläge wieder und immer wieder zur Sprache, bis sie uns beeindrucken. Er sät die Vorstellung, dass eine bestimmte Sünde nicht so schlimm sein kann - ja eigentlich sogar hilfreich sein kann. Böse wie er ist, vermag er durchaus als ein Engel des Lichts zu erscheinen. Immer häufiger bricht dann der Widerstand eines Gläubigen vor solchen Anbiederungsversuchen des Feindes zusammen, und sein Zeugnis ist ruiniert.

Diese wohl erprobte Taktik war bei Daniel völlig erfolglos. Der Druck dieser täglichen Versuchungen war seine eigentliche Prüfung - seine eigentliche Löwengrube. Aber bei jeder Gelegenheit, wo er „Nein" gesagt hatte, fiel er „auf seine Knie, betete und lobte und dankte seinem Gott, wie er es auch vorher zu tun pflegte" (V. 11).

Die Spione sahen einen ungebrochen konsequenten Daniel; er war derselbe wie zuvor. Nichts konnte ihn bewegen; er war ebenso standhaft wie immer. Wir müssen sicher zustimmen, dass seine unerbittliche Weigerung, sich von Drohungen einschüchtern zu lassen oder den Vorschlägen des Teufels nachzugeben, ein größeres Wunder war als seine spätere Errettung aus dem Rachen der Löwen.

Als es deutlich wurde, dass Daniel das Verbot des Königs nicht beachtete, setzten die Verschwörer die Räder in Bewegung, die zu seiner Hinrichtung führen sollten. Ihr erster Schritt war es, ihn dem König zu melden (V. 13). Als sie dies taten, erwähnten sie seine bekannte Integrität mit keinem Wort. Nicht eine Silbe des Lobes fand man für seine Ehrlichkeit; man verlor kein Wort darüber, wie gut er seine Pflichten in seiner gegenwärtigen hohen Stellung erfüllt hatte. Stattdessen erinnern die Verschwörer den König daran, dass Daniel nicht mehr als ein verschleppter Exilhebräer sei, und geben zu verstehen, dass er politisch unzuverlässig und untreu sei. Solch eine

Befangenheit und mangelnde Ausgeglichenheit ist typisch für die Art und Weise, wie böse Menschen handeln.

Daniel hatte Nebukadnezar verheißen, dass das Königreich, das seinem folgen würde, schwächer sein würde (2,39). Die Ereignisse, die folgen, zeigen, wie richtig jene Voraussage war. Nebukadnezar war ein absoluter Monarch gewesen, aber nun sehen wir Darius, verstrickt in das Netz seiner eigenen Gesetze und von seinen Höflingen und Ratgebern manipuliert. Der König des Weltreiches hat sich zum Narren machen lassen!

Er hatte seine Feder genommen, um etwas zu unterschreiben, was er nicht ernstlich durchdacht hatte. Er bedauert es nun sehr, kann jedoch nichts daran ändern. Er steckt in einem schrecklichen Dilemma. Sein eigenes Gesetz verurteilt Daniel, und doch sehnt sich alles in seinem Herzen danach, ihn zu retten. In seiner eigenen Dummheit hat er ein Gesetz erlassen, das den Mann Gottes verdammt, während es sein tiefster persönlicher Wunsch ist, ihn zu retten. Er sucht den ganzen Tag nach einer Gesetzeslücke, mit der Daniels Leben verschont werden könnte, doch er wird von den Verschwörern unsanft daran erinnert, dass er nicht hinter seinen Erlass zurückgehen kann. Die Gesetzlosen haben das Sagen und gewinnen diesen Tag.

Viele Ausleger, die Bücher über Daniel geschrieben haben, bitten uns, an dieser Stelle innezuhalten, um über ein „anderes Gesetz und eine andere Liebe“ nachzudenken. Es gab ein gerechtes Gesetz, das uns verdammte. Doch der Eine, der jenes Gesetz gab, sehnte sich mit einem Herzen voller Liebe danach, uns zu erretten. Die göttliche Weisheit löste das Dilemma, indem sie den Herrn Jesus Christus in die Welt sandte. Die Anforderungen des göttlichen Gesetzes wurden von ihm erfüllt, an unserer Stelle - sowohl in dem Sinne, dass er es hielt, als auch, dass er die Strafe dafür trug, dass wir es brachen. Gott löste das Dilemma im Leben, im Tod und in der Auferstehung seines Sohnes.

Aber es gab keine Lösung für das Dilemma, in dem Darius steckte. Er ist nicht mehr als ein schwacher und farbloser König, der ein unüberlegtes Verbot erließ und nun seine eigene Dummheit beklagt. Er weint mitleidsvoll, als er Daniel der Löwengrube übergibt, und bringt seine tiefste Hoffnung zum Ausdruck, dass Gott eingreifen möge, um ihn zu erretten. Sein Herz hegt keine Liebe zu dem Gesetz, das er erlassen hat. Und doch muss er die größte Ironie des Schicksals erleben: Der Eingang zur Löwengrube wird versiegelt, um allen deutlich zu machen, dass Daniel kraft der Autorität des Königs in die Grube geworfen wurde und dass jeder Versuch, ihn zu befreien, ein Akt des verräterischen Widerstandes gegen das Wort des Königs sein würde. Die Verschwörer frohlockten zweifellos, als sie nach Hause gingen - nicht jedoch der König. Vor ihm lag eine schlaflose Nacht. Er wollte nichts essen, sich nicht ablenken lassen - er wusste, dass es keine Musik gibt, die seinen Geist von der Torheit seiner eigenen Handlungen ablenken könnte. Alle seine Gedanken gingen zu seinem geliebten und vertrauten Daniel, der in der Löwengrube gefangen war.

Daniel war in großer körperlicher Gefahr, doch wir müssen uns daran erinnern, dass er überhaupt nicht in geistlicher Gefahr war. Er war dem Teufel entgegengetreten und war seinen Klauen entkommen. Der Böse konnte Daniel nicht in den Griff bekommen. Er errang keinen wie auch immer gearteten Sieg - auch hatte er Daniel keineswegs in seine Gewalt bekommen. „Widersteht dem Teufel, so flieht er von euch", sagt das Wort Gottes (Jak 4,7), und Daniel hatte die Wahrheit dieser Worte bewiesen, bevor sie niedergeschrieben wurden. Seine Integrität und Frömmigkeit blieben unbeeinträchtigt und unversehrt. Sein Vorbild sollte von uns allen zur Kenntnis genommen werden.

Der *einzige* Weg, wie man vor dem Teufel fliehen kann, ist, ihm ins Auge zu blicken. Es gibt keinen anderen Weg, wie man es vermeiden kann, in seine Klauen zu fallen, um frei von seiner Macht zu bleiben: „Dem widersteht, fest im Glauben"

(1.Petr 5,8.9). Daniels direktes „Nein!“ auf die Versuchung des Teufels hatte ihn dazu gezwungen, ihn in Ruhe zu lassen. Es ist wahr, dass er jetzt in der Löwengrube ist, aber zumindest muss er hier nicht die Gesellschaft Satans ertragen. Wie wir in wenigen Augenblicken sehen werden, hatte er viel bessere Gesellschaft!

Daniels Errettung und das Resultat

Der Rest des Kapitels ab Vers 20 erzählt uns die große Geschichte von Daniels Errettung und dem, was sie zur Folge hatte.

Nach einer schlaflosen Nacht ist Darius wieder bei Tagesanbruch an der Löwengrube. Über ein Loch in der Grubendecke können Beobachter sehen, was unten geschieht. Durch dieses Loch ruft er mit trauriger, sorgenvoller Stimme nach Daniel: „Ist der Gott, der fähig ist, Leben zu erhalten, fähig gewesen, dich zu erretten, Daniel?“ (V. 21; e.Ü.). Er erwartet nicht wirklich eine Antwort, sondern die Überreste des Knechtes Gottes zu sehen, von dem er glaubte, dass er in der Nacht auf schreckliche Weise umgekommen sei.

„Der Könige lebe ewig“ (V. 22), antwortet eine deutlich vernehmbare Stimme, die zu hören er nie wieder erwartet hätte. Die Stimme des Mannes, den alle für tot hielten, wünscht ihm höflich das Leben!

Mit welch einer überwältigenden Freude hörte er, wie Daniel ihm zuruft: „Mein Gott hat seinen Engel gesandt, der den Löwen den Rachen zugehalten hat, so dass sie mir kein Leid antun konnten; denn vor ihm bin ich unschuldig, und auch gegen dich, mein König, habe ich nichts Böses getan“ (V. 23). Daniel hatte die Gesellschaft des Teufels in der Nacht nicht kennen gelernt, weil er von ihm geflohen war. Aber er hatte die Gemeinschaft des Herrn Jesus Christus kennen gelernt! Der Engel des Herrn, der Jakob durch sein langes Leben hindurchgeführt hatte, der Engel, der Schadrach,

Meschach und Abed-Nego im Feuerofen begleitet hatte - derselbe Engel hatte Daniel während der Stunden der Nacht mit seiner Gesellschaft gesegnet. Er, der in späteren Jahren seine Gewalt über Wind und Wellen zeigen sollte, hatte in jener Nacht seine Gewalt über die Löwen bewiesen und hatte alle ihre natürlichen Triebe zurückgehalten, die darauf aus waren, das Opfer, das ihnen vorgesetzt worden war, übel zuzurichten und zu töten!

Darius kann nicht warten, bis das Siegel von der Seitentür weggenommen worden ist, durch die die Löwen hineingekommen waren. Seile werden sogleich niedergelassen, und Daniel wird aus der Grube heraufgezogen. Sie heben ihn heraus und untersuchen ihn peinlichst genau. Nicht einmal eine Schramme ist an ihm zu finden! Kein Haar ist ihm gekrümmt worden!

Einmal mehr hat Gott seinen Knecht nicht vor den Schwierigkeiten, sondern in den Schwierigkeiten errettet, ebenso, wie er es mit Daniels Freunden im Feuerofen getan hatte. Ebenso verhielt es sich bei dem Apostel Paulus. Was für einen Leidenskatalog bietet er uns in 2. Korinther 11,23-33 dar! Doch gerade im Kontext der Leiden war er überzeugt worden, dass es nichts gab, was ihn von seinem Heiland zu trennen vermochte (Röm 8,35-39). Wir werden dieselbe Erfahrung machen. Alle, die ein gottgefälliges Leben führen möchten, können sich der Verfolgung gewiss sein (2.Tim 3,12). Es ist einfach nicht wahr, dass Gott uns vor Schwierigkeiten, schmerzhaften und schrecklichen Erfahrungen bewahren wird. Aber es ist wahr, dass er uns in diesen Schwierigkeiten erretten wird, sogar im Martyrium. Es gibt keine Situation, in die wir ohne Christus hineinkommen könnten. Und es gibt kein Leiden, selbst nicht das Martyrium, aus dem wir nicht lebendig hervorgehen würden!

Böse Menschen haben keinen solchen Trost, mit dem sie ihren Herzen Mut machen könnten. Diese Wahrheit wird in Vers 25 betont - ein erschütternder Vers. Die Verschwörer werden nunmehr an ihren Schicksalsort geworfen, und, in Übereinstimmung mit der persischen Praxis, auch ihre Frauen und Kinder - eine entsetzliche Szene.

Die Heilige Schrift sagt nicht, dass dies von Gott geboten worden sei. Es war das Gebot eines unbekehrten Königs, und das Wort Gottes lobt ihn nicht dafür. Aber es berichtet die Tatsache. Sobald die bösen Verschwörer und ihre armen Frauen und Kinder in die Grube geworfen worden waren, wurden sie von den blutrünstigen Löwen in Stücke gerissen. Diese schreckliche Szene sollte uns nicht schadenfroh stimmen, sondern traurig. Sie sollte aber auch dazu dienen, uns bewusst zu machen, wie wunderbar Daniels Errettung aus der Löwengrube war. Gott vollbrachte sie!

Dies war etwas, zu dessen Erkenntnis Darius gebracht wurde, wie es aus seinem Erlass deutlich wird, der das Kapitel beschließt. Er schreibt dort allen Völkern seines Reiches und bekennt Gott als den höchsten Gott, obgleich er, wie Nebukadnezar nach dem Geschehnis mit dem Feuerofen, ihn nicht als den einzigen Gott bekennt.

Geistliche Blindheit ist eine schreckliche Sache. Ein Mensch kann zu der Einsicht kommen, dass Gott groß ist, dass seine Herrschaft ewig währt und dass sein Königreich endlos ist. Er kann dahin gebracht werden, den Gott, den er als den Lebendigen kennt, zu fürchten und vor ihm zu zittern. Er kann tatsächlich anerkennen, dass dieser Gott sowohl im Himmel als auch auf der Erde so handelt, wie es ihm gefällt. Und doch kann es sein, dass er nicht versteht, dass Gott der alleinige Gott ist und ohne jede persönliche Verbindung mit ihm lebt und stirbt. So erging es Darius.

Und so verließ Darius die Bühne der Geschichte. Der Meder wurde von Kyrus, dem Perser, ersetzt (V. 29). Könige kommen und gehen, ebenso auch Weltreiche. Der gottesfürchtige Überrest bleibt. Das ist die Hauptlektion dieses Kapitels, und sie sollte uns immer wieder von neuem aufmuntern und ermutigen.

Aber was ist, wenn das Salz seinen Geschmack verliert? An jedem Tag ist dieser winzige Überrest mit der Entscheidung konfrontiert, entweder seinem Gott oder anderen zu gefallen. Es wird ihm gesagt, dass er nur auf das Überleben hoffen könne, wenn er anderen gefalle; aber wenn er das tun sollte, dann weiß er, dass er sein Zeugnis verlieren wird. Jeder Einzelne, der betroffen wäre, würde dann zweifellos ein wenig länger leben, aber die Gottseligkeit des Überrestes, die ihn eigentlich zum Überrest macht, wäre dann dahin. Wenn ein Zeugnis für Gott in der Welt aufrechterhalten werden soll, ist es unerlässlich, dass der Überrest nicht an sein physisches Überleben, sondern nur an seine geistliche Reinheit denkt.

Auf den, der sich um geistliche Reinheit sorgt, der sich konsequent weigert, irgendetwas Böses zu tun, wird mit Sicherheit eine „Löwengrube" warten - auf die, die dem Herrn treu bleiben wollen. Aber sie können sich dort auch der Gemeinschaft mit Christus sicher sein und darauf bauen, dass seine Macht das physische Überleben so vieler absichern wird, wie es für die Fortsetzung seines Zeugnisses nötig ist. Bei allem, was passiert, selbst wenn es das Martyrium ist, können alle treuen Menschen sicher sein, dass sie lebendig aus ihren Prüfungen hervorgehen werden!

Eines Tages wird die Zeit der Gesetzlosen sein, in die „Grube" zu gehen. Dies wird nicht die Grube der selbsterwählten Bosheit sein, sondern die Grube des gerechten Zornes Gottes. Wenn die Gesetzlosen dort hineingeworfen werden, dann werden sie allein sein. Sie werden nichts von der göttlichen Gegenwart und nichts von seiner Rettung kennen. Ihre Strafe wird immer und ewig andauern.

Was für ein Unterschied besteht doch zwischen einem Ungläubigen und einem Gläubigen! Der Ungläubige zieht es vor, lieber für immer die Schmerzen der Hölle zu erdulden, als Verfolgungen für Christus und sein Evangelium in diesem gegenwärtigen Leben zu erdulden. Im Gegensatz dazu berücksichtigt der Gläubige, dass die Gemeinschaft mit Gott die kostbarste Sache der Welt ist. Er möchte lieber die Welt und alle ihre Besitztümer haben, als das Leben selbst zu behalten und zu bekennen: „Denn ich bin überzeugt, dass dieser Zeit Leiden nichts ins Gewicht fallen gegenüber der Herrlichkeit, die an uns offenbart werden soll“ (Röm 8,18).

8.

Halbzeit

Bevor wir mit den nächsten sechs Kapiteln des Buches Daniel fortfahren, ist es erforderlich, dass wir eine kurze Pause einlegen. Wir müssen zurücktreten und uns die folgenden sechs Kapitel in ihrer Gesamtheit anschauen. Nur dann werden wir in der Lage sein, sie einzeln zu untersuchen.

Die zweite Hälfte des Buches Daniel ist ganz anders als die erste. Ganz offensichtlich ist, dass der Stil wechselt. Die ersten sechs Kapitel waren Erzählung und Geschichte, und daher konnte man ihnen außergewöhnlich leicht folgen. Die nächsten sechs Kapitel sind im Wesentlichen apokalyptisch.

Apokalyptische Literatur

Was ist eigentlich apokalyptische Literatur?

Hierbei handelt es sich um eine eigene Gattung jüdischer Literatur, deren frühestes Beispiel Kapitel 7-12 des Buches Daniel sind. Große Mengen apokalyptischer Literatur wurden von den Juden zwischen 200 v. Chr. und 100 n. Chr. erstellt. Im Gegensatz zum Buch Daniel sind diese Bücher nicht von Gott inspiriert und sind daher nicht in unseren Bibeln zu finden. Gleichwohl gibt es in einigen der Propheten „apokalyptische" Passagen. Gute Beispiele hierfür sind Jesaja 24-27, der Prophet

Joel und Sacharja 9-14. Neutestamentliche Beispiele sind die Ölbergrede unseres Herrn in Matthäus 24 und, in höchster Form, das Buch der Offenbarung.

Die meiste apokalyptische Literatur wurde geschrieben, um treue Menschen in Verfolgungszeiten zu ermuntern. Die Hauptthemen sind immer dieselben - das Überhandnehmen des Bösen, Gottes Fürsorge für sein Volk und die Zusicherung, dass das Böse am Ende nicht die Oberhand behalten wird. Das Einzige, was ewig währt, ist das Königreich Gottes.

Alle apokalyptischen Schriften beanspruchen, Offenbarungen von Gott zu sein, die auf eine außergewöhnliche Weise, meist durch Gesichte, Visionen und Träume, gegeben wurden. So entstanden die ersten apokalyptischen Schriften, und es überrascht uns nicht, dass dieser Anspruch auch von den nichtinspirierten Büchern übernommen worden ist. Sie alle stützen sich mehr oder weniger auf die Aufsehen erregenden Kapitel, die wir gleich betrachten werden.

Das bemerkenswerteste Charakteristikum der apokalyptischen Literatur ist ihre Symbolik. In Daniel 7-12 wird der Gang der Geschichte vom Propheten in Form von Zahlen, Tieren und Hörnern beschrieben. Die Sprache ist geheimnisvoll, manchmal sogar fast bizarr. Aber wenn wir versucht sind zu meinen, dass sie zu extravagant sei, tun wir gut daran, uns zu erinnern, dass sie im Vergleich zu den falschen Apokalypsen späterer Jahre geradezu die Einfachheit selbst ist. Dort ist die Sprache nur wenig davon entfernt, zu verwildern, und die anonymen Autoren übertreffen sich gegenseitig darin, ganze Zoos in ihre angeblichen Visionen einzubauen. Das Wort Gottes ist von solchen phantasiereichen Extremen frei.

Apokalyptische Literatur ist immer Geschichte, die unter dem Deckmantel der Prophetie geschrieben wurde. Selbstverständlich hatte diese Geschichte im Falle der biblischen apokalyptischen Schriften einen wirklich voraussagenden Charakter. Zukünftige Ereignisse wurden aufgezeichnet, bevor sie geschahen. Außerbiblische apokalyptische Schriften sind auffallend anders. Die Ereignisse gehörten bereits der Vergangenheit an, als die Verfasser sie niederschrieben, und sie zeichneten einfach auf, was bereits geschehen war. Dann hängten sie den Namen eines Autoren an, der schon lange verstorben war, und versuchten, das Ganze als eine echte Prophetie durchgehen zu lassen. Niemand ließ sich zu lange täuschen. Die einzigen Apokalypsen, die sich nicht hinterher als Fälschungen erwiesen haben, sind diejenigen, die wir auf den Seiten der Bibel finden - ein weiterer Beweis dafür, dass Gottes Wort einen himmlischen Ursprung hat und sich radikal von bloßen menschlichen Erfindungen unterscheidet.

Wir werden jetzt also Abschnitte behandeln, die gottesfürchtigen Menschen Schwierigkeiten voraussagen. Gottesfürchtige Menschen werden immer in einer feindlichen Welt leben und verfolgt werden. Aber sie sollten nicht der Verzweiflung zum Opfer fallen - die Geschichte liegt schließlich in Gottes Händen. Alle Ereignisse bringen nämlich immer mehr seine Ratschlüsse zur Ausführung. Zu seiner eigenen Zeit wird er die Herrschaft des Bösen beenden und sein ewiges Königreich aufbauen.

Zweck

Mit diesem Hintergrundwissen sollte uns der Hauptzweck der Kapitel 7-12 bereits deutlicher werden. Die, die allein auf weiter Flur für Gott ihren Mann oder ihre Frau stehen, bedürfen der Ermutigung. Es genügt nicht, wenn sie zu wissen, wie sie allein für Gott einstehen können; sie müssen auch wissen, *warum* es der Mühe wert ist, allein gegen den Strom zu schwimmen. Dies wird ganz deutlich, wenn der Gläubige etwas über die zukünftige Weltgeschichte weiß und ein gewisses Verständnis des sich entfaltenden Planes Gottes für die Zeitalter hat.

Schließlich hatten die Kapitel, die wir nun gleich studieren werden, eine wunderbare Wirkung auf Daniel selbst. In Kapitel 5 sahen wir beispielsweise, wie er völlig allein im lästerlichen Hof Belsazars dastand und sowohl den nahe bevorstehenden Tod des Königs als auch die sofortige Übernahme des Babylonischen Weltreiches durch die Meder und Perser voraussagte. Wer kann sich überhaupt vorstellen, welch einen Mut es erforderte, derartige Dinge zu sagen? Woraus schöpfte Daniel die Kraft, um dies zu tun? Warum besann er sich darauf, die Wahrheit zu sagen, selbst wenn es bedeutete, dass er sein eigenes Leben verlieren würde?

Wir werden etwas von der Antwort verstehen, nachdem wir Kapitel 7 und 8 gelesen haben. Kapitel 7 berichtet über einen Traum und Kapitel 8 über eine Vision. Der Traum sagte den Aufstieg und den Fall derselben Weltreiche voraus, die auch in Nebukadnezars Traum im 2. Kapitel beschrieben wurden. Daniel gelangte zu der Einsicht, dass die Geschichte der Menschheit von einem himmlischen Gericht gelenkt wird - einem Gericht, das beschließt, dass nur die Herrschaft des Herrn Jesus Christus ewig währen wird. Die Vision, die dem Traum folgte, betraf die nähere Zukunft. Sie betonte, dass das bevorstehende Medopersische Weltreich dem Griechischen Weltreich weichen würde, aus dem ein schrecklicher Verfolger des Volkes Gottes aufstehen würde, den Gott am Gipfel seines Einflusses zugrunde richten würde.

All dies sah Daniel, bevor er in jener schicksalhaften Nacht seinen Fuß in Belsazars Palast gesetzt hatte. Zweimal war er zuvor daran erinnert worden, dass alle Ereignisse in der Geschichte der Menschheit zu nichts anderem dienen als nur zur Erfüllung der Ratschlüsse Gottes. Es war von Gott angeordnet, dass dem Babylonischen Weltreich das Medopersische nachfolgen sollte. Warum sollte er sich also fürchten, diese Tatsache Belsazar mitzuteilen? Zweimal war er daran erinnert worden, dass das Böse überhaupt nicht die Oberhand behalten kann. Warum sollte er sich dann fürchten, ihm zu widerstehen?

Die Visionen von Kapitel 7 und 8 zeigten ihm, weshalb es der Mühe wert ist, allein für Gott zu kämpfen.

Die Offenbarungen, die ihm in Kapitel 9 gegeben wurden, bewirkten genau dasselbe. Sie wurden ihm während des ersten Jahres der Herrschaft des Darius vom Engel Gabriel gegeben, als Daniel im Gebet war. Ist das Gebet von Kapitel 9 eines von jenen, die er während der Schwierigkeiten, die in Kapitel 6 berichtet werden, betete? Auf jeden Fall zeigt es etwas von dem Inhalt der Gebete des Propheten und wirft weiteres Licht auf die Frage, warum seine Fenster gegen Jerusalem hin offen waren.

Aufgrund der Offenbarungen Gabriels konnte Daniel gewiss sein, dass die Juden nach Palästina zurückkehren, Jerusalem wieder aufbauen und schließlich das Kommen des Messias erleben würden - es gab eine Zukunft für Gottes Volk. Sollte er sich dann schämen, diesem Volk anzugehören? Sollte es nicht vielmehr offensichtlich werden, dass er auf Gottes Seite stand, selbst wenn es den Verlust seines Lebens bedeuten würde? Das Böse hat keine Zukunft, welchen Sinn hätte es also, davor zu kapitulieren?

Es gab auch noch eine andere Überlegung. Daniels Erfahrung in Kapitel 9 zeigte ihm, dass Gott Gebet erhört, manchmal sogar durch Besuche von Engeln. Wenn ein Gebet aus einem Schlafzimmer erhört werden kann, warum dann nicht auch aus einer Löwengrube? Und konnte ein Engel nicht ebenso leicht auch dorthin kommen? Schließlich war es natürlich auch genau das, was geschah.

Aber wie steht es mit den Kapiteln 10-12? Diese Kapitel stellen eine einzige Vision dar, die Daniel empfing, als er mindestens 86 Jahre alt war. Wir können sehen, wie die Kapitel 7-9 ihm halfen, als er allein zu Gott stehen musste, aber welche praktische Auswirkung hatte die letzte Vision? Sie kam zu einer Zeit, als der betagte Prophet sich dem Ende seine Lebens näherte.

Viele ältere und reife Gläubige werden manchmal von Zweifeln umhergetrieben. Der Teufel hört nicht auf, uns zu versuchen, nur weil wir ein fortgeschrittenes Alter erreicht haben! Ist es möglich, dass der ehrwürdige Daniel solch eine Erfahrung durchlaufen musste? Hatte er sich vielleicht gefragt, ob es wohl der Mühe wert gewesen war, sein ganzes Leben gleichsam als Einzelkämpfer gelebt zu haben? Hatte er seine Zeit verschwendet, indem er allein gegen den Strom schwamm? Wäre es nicht vielleicht doch besser gewesen, Kompromisse geschlossen zu haben?

Wenn solche Gedanken ihm je durch den Kopf gegangen sind, so wird die letzte Vision, die in den Kapiteln 10-12 aufgezeichnet ist, sie schnell zerstreut haben. Diesmal sah er nicht nur einige der heiligen Engel, sondern den Sohn Gottes selbst und erkannte mit neuem Nachdruck, dass die Geschichte der Menschheit sogar bis an ihr Ende von Gott gelenkt wird.

Die Vision enthält eine detaillierte Voraussage der Geschichte des Griechischen Weltreiches, und zwar insbesondere die der bösen Laufbahn von Antiochus Epiphanes. Daniel wusste, dass nach seinem Tod das Volk Gottes unsagbare Verfolgungen würde erdulden müssen, nicht nur von Seiten des Antiochus, sondern auch von Seiten des Antichristen während der letzten Stunden dieser Weltgeschichte. Er sah auch, dass es Gottes Prinzip ist, das Böse zu zerbrechen, wenn es seinen *Höhepunkt* erreicht hat. Das Böse wird viele Schlachten gewinnen, doch wird es nie den Krieg gewinnen. Es wird niemals endgültig triumphieren. Gott ist Gott und kann nicht besiegt werden. Nur die, die ihm treu geblieben sind, werden eine herrliche Auferstehung und eine ewige Ruhe genießen.

Wenn dies so ist, wie hätte Daniel es dann je bedauern können, für eine so lange Zeit einen so einsamen Pfad gegangen zu sein?

Was diese letzten Visionen für Daniel selbst taten, haben sie auch für zahllose Leser seit seiner Zeit getan. Immer wieder haben Männer und Frauen bezeugt, dass sie von den ersten sechs Kapiteln gelernt haben, wie man allein für Gott gegen den Strom schwimmen kann, dass sie jedoch von den zweiten sechs Kapiteln gelernt haben, warum dies der Mühe wert war. Ein frühes Beispiel hierfür liefern die treuen Juden, die während der Herrschaftszeit des Antiochus Epiphanes (175-164 v. Chr.) verfolgt wurden. Während der dunkelsten Jahre war das Buch Daniel ihr wichtigster Trost, und hunderte von geheimen Kopien wurden angefertigt und weiterverbreitet. Es besteht kein Zweifel, dass die Ermutigung, die ihnen dieses Buch gab, der Hauptgrund war, weshalb so viele von ihnen der Macht des Bösen nicht nachgaben. Wie war das möglich? Sie wussten aus diesen prophetischen Visionen, dass Antiochus verurteilt war wie alles Böse.

Hunderte von Generationen sind seit jener Zeit gekommen und gegangen, und doch gibt es überall in der Welt immer noch Gläubige, die als Einzelne für Gott ihren Mann und ihre Frau stehen müssen. Vielleicht müssen Sie es tun, sei es zu Hause, in der Schule oder an der Universität oder am Arbeitsplatz. Falls es sich so verhält, ist es wahrscheinlich, dass Ihnen häufig eine Frage durch den Kopf gegangen sein wird, nämlich: „Wo wird dies alles enden? Jeder aus meiner Umgebung scheint so zu leben, als ob es keinen Gott, keinen Christus, keine Bibel, keinen Tod und kein Gericht gäbe. Wo wird das alles hinführen?"

Und manchmal kommen wir an einen Punkt, wo wir uns fragen: „Hat es überhaupt Sinn, weiterzumachen? Ich versuche, treu für Gott zu leben, aber ich erfahre nur Widerstand. An jeder Ecke scheint ein Feuerofen oder eine Löwengrube auf mich zu warten. Was ich auch immer tun mag und wie gut ich auch immer leben mag, mein Leben scheint Schwierigkeiten wie ein Magnet anzuziehen. Hat es überhaupt Sinn, als eine verfolgte ‚Minderheit' weiterzumachen?"

Gott sei Dank, es *ist* der Mühe wert weiterzumachen! Die nächsten sechs Kapitel werden uns davon überzeugen; sie werden uns zeigen, warum. Das ist ihr Zweck.

Inhalt und Auslegung

Wir sollten aus dem vorausgegangenen Abschnitt gelernt haben, dass diese sechs abschließenden Kapitel uns nicht sechs Berge vorstellen, die wir zu überqueren haben, sondern lediglich drei.

Die Kapitel 7 und 8 bilden die beiden Seiten des ersten Berges. Das Kapitel 7 enthält eine Vision von vier großen Tieren, die aus dem Meer hervorkommen. Die ersten drei sind leicht als ein Löwe, ein Bär und ein Panther zu identifizieren. Doch das vierte spottet jeder Beschreibung und hat zehn Hörner. Sehr bald jedoch ist es vergessen, und das Kapitel konzentriert sich auf ein elftes Horn, das auf die anderen folgt und einige von ihnen ersetzt. Dies ist nicht der einzige Brennpunkt des Kapitels. Ebenso deutlich hat es einen himmlischen Gerichtshof im Blickfeld, der die Geschichte lenkt und der sicherstellt, dass niemand außer dem Einen „wie eines Menschen Sohn“ ewig regieren wird.

Was hat dies nun zu bedeuten? Glücklicherweise legt sich das Buch Daniel selbst aus und lässt uns nie über den Kern dessen, was es sagt, im Dunkeln, selbst wenn viele Einzelpunkte nicht klar sein mögen. In diesem Fall besteht eine offensichtliche Parallele zwischen den vier Teilen des Bildes im Traum Nebukadnezars (Kapitel 2) und den vier Tieren, die aufeinander folgen. Beide überspannen die Zeit vom Babylonischen Weltreich bis zur Aufrichtung des Königreiches Christi und decken so die dazwischenliegenden Weltreiche ab. Wir fanden heraus, dass das 2. Kapitel nicht schwer zu verstehen war, und das 7. Kapitel ist nicht schwieriger, wenn man von der Frage der zehn Hörner und dem elften Horn absieht, die neue Inhalte darstellen.

Die andere Seite dieses ersten Berges ist das 8. Kapitel. Dabei handelt es sich um eine Vision über einen Widder mit zwei Hörnern (von dem ausdrücklich gesagt wird, dass er Medopersien darstelle) und von einem Ziegenbock aus dem

Westen (ausdrücklich als Griechenland identifiziert). Die Vision geht nicht weiter als bis zum Griechischen Weltreich und hält inne, um sich auf ein „kleines Horn" zu konzentrieren, das daraus hervorgeht. Dieses „kleine Horn" von Kapitel 8 ist nicht mit demjenigen aus dem vorherigen Kapitel gleichzusetzen, denn es geht nicht aus dem vierten Weltreich hervor, sondern aus einer Teilung des dritten. Wir werden sehen, dass das Kapitel hier von Antiochus Epiphanes spricht, und werden untersuchen, warum dieselbe Terminologie sowohl für ihn als auch für die in Kapitel 7 vorhergesagte Person gebraucht wird.

Unser zweiter Berg ist das 9. Kapitel. Dort lesen wir, dass Daniel, während er die Schriften erforschte, auf Jeremias Prophetie stieß, dass die Babylonische Gefangenschaft nur siebzig Jahre andauern würde, und berechnete, dass diese Zeit beinahe vorbei sein müsste. Er konzentrierte sich daher darauf, im Blick auf ihre Rückkehr nach Palästina Gottes Barmherzigkeit für die Juden zu suchen. Bevor er sein Gebet beendet hatte, empfing er einen Besuch vom Engel Gabriel, der ihm versicherte, dass die Juden tatsächlich zurückkehren würden. Sie würden Jerusalem wieder aufbauen und schließlich das Kommen des Messias erleben.

Für diese vorausgesagten Ereignisse gab Gabriel einen Zeitmaßstab von „siebzig Wochen" an. Über die Jahrhunderte bestanden beträchtliche Meinungsverschiedenheiten darüber, was Gabriel nun genau meinte, und die letzten vier Verse des 9. Kapitels werden zurecht als die schwierigsten Verse im ganzen Buch angesehen. Dies hat manche Leute so sehr eingeschüchtert, dass sie von diesem Kapitel Abstand nehmen und auch andere Teile davon nur ungern studierten. Wir werden uns aber nicht ärmer machen und werden sorgsam darauf bedacht sein, nicht zu behaupten, dass wir, und wir allein, alle Probleme mit den letzten Versen gelöst hätten.

Dies führt uns zu unserem dritten und letzten Berg, den Kapiteln 10-12. Diese enthalten eine umfangreiche Vision, die Daniel als ein alter Mann empfing. Das Kapitel 10 stellt die

Vision vor und berichtet uns von den Umständen, unter denen sie gegeben wurde. Wir erfahren, dass diese letzte Offenbarung vom Herrn Jesus Christus selbst kam! Der alte Prophet musste auf übernatürliche Weise gestärkt werden, um sie zu empfangen.

Die Vision überschneidet sich mit der des 8. Kapitels. Sie erklärt, dass das Griechische Weltreich dem Persischen Weltreich folgen wird. Die Voraussage wird in ihrem weiteren Verlauf immer ausführlicher. Sie verfolgt den Aufstieg und Fall Alexanders des Großen und die Beziehung der beiden östlichen Teilreiche, die nach seinem Tod folgten. Einmal mehr werden wir ermutigt, uns auf die Laufbahn des Antiochus Epiphanes zu konzentrieren, und auf die Gräueltaten, die er gegen das Volk Gottes begehen sollte. Aber wenn wir uns ihn anschauen, wird unser Augenmerk bald über ihn hinaus auf jemanden gelenkt, der ihm ähnelte, ein Erzverfolger gottesfürchtiger Menschen, der am Ende der Geschichte im Zentrum der Weltbühne stehen wird. Schließlich beginnen wir dann, völlig zu verstehen, warum sowohl Antiochus als auch diese zukünftige Figur in demselben Atemzug genannt werden können. Der eine ist ein Vorbild des anderen, und, wie wir es in Kapitel 7 und 8 sahen, können beide als „kleine Hörner“ bezeichnet werden.

Aber am Schluss des Buches sind wir nicht eingeschüchtert von der Macht des Bösen. Sondern uns wird vergewissert, dass die Macht des Bösen endgültig gebrochen werden wird und dass die, die Gott treu geblieben sind, gewiss sein dürfen, einer glückseligen Auferstehung und einer ewigen Herrlichkeit entgegenzugehen. Die allerletzten Worte sind eine Ermahnung an Daniel, im geistlichen Leben auszuharren, und wir werden die prophetischen Kapitel recht verstanden haben, wenn sie uns zu derselben praktischen Schlussfolgerung führen.

9.

Die Vision der vier Tiere

Schriftlesung: Daniel 7

Wir kommen dann zur Vision der vier Tiere. Wir dürfen uns nicht davon entmutigen lassen, dass wir nicht das Rätsel jeder Einzelheit dessen, was folgt, lüften können, denn wir werden feststellen, dass der große Rahmen des Kapitels klar und deutlich ist und dass seine Hauptlektion zu offensichtlich ist, um nicht begriffen werden zu können. Das 7. Kapitel ist ein Kapitel, dass den Glauben stärkt. Keinem Christen wird die Stärkung durch dieses Kapitel entgehen, wenn er es studiert, und die meisten Gläubigen finden es wirklich packend.

Was Daniel sah

Zuerst schauen wir uns an, was Daniel sah. Dies lesen wir in der ersten Hälfte des Kapitels, nämlich in den Versen 1-14.

Vers 1. Die Ereignisse von Kapitel 6 hatten während der Herrschaftszeit von Darius, dem Meder, stattgefunden. Die Ereignisse von Kapitel 7 fanden jedoch vorher statt (V. 1). Das Babylonische Weltreich stand damals immer noch, und es war das erste Jahr Belsazars.

Als Daniel eines Nachts auf seinem Bett lag, hatte er einen Traum. Sehr oft vergessen wir unsere Träume, sobald wir aufwachen, während wir uns an andere Träumen noch Tags darauf erinnern, manchmal sogar noch nach Monaten. Als Daniel aufwachte, schrieb er diesen besonderen Traum nieder (V. 1). Er ließ die nebensächlichen Einzelheiten weg, zeichnete jedoch den Hauptinhalt auf, die „Summe der Ereignisse" (revElbf).

Verse 2-8. Der Traum beginnt mit vier Winden aus den vier Himmelrichtungen - Norden, Süden, Osten und Westen -, die alle zur selben Zeit über den Ozean bliesen und ihn aufwühlten. Dieses große Meer symbolisiert die Menschheit, weil das, was daraus hervorgeht, etwas ist, was aus der Menschheit hervorgeht. Dies wird in Vers 17 deutlich.

Aus dem stürmischen Ozean kommen nacheinander vier Tiere zum Vorschein, bei denen sich jedes einzelne stark von den anderen unterscheidet. *Das erste Tier* wird in Vers 4 beschrieben: „Das erste war wie ein Löwe und hatte Flügel wie ein Adler. Ich sah, wie ihm die Flügel genommen wurden. Und es wurde von der Erde aufgehoben und auf zwei Füße gestellt wie ein Mensch, und es wurde ihm ein menschliches Herz gegeben."

Jenes erste Tier entspricht dem Haupt aus Gold aus Kapitel 2 und symbolisiert Babylon in den Tagen Nebukadnezars. Das Symbol eines Löwen mit Flügeln ist aus Ausgrabungen in Babylon wohl bekannt. Wie wir aus Kapitel 4 wissen, sollte eine große Veränderung über das babylonische Weltreich kommen. Es begann tierähnlich, doch bevor es endete, wurde es entschieden menschlicher. Es war gegen Ende seiner Herrschaft ein viel barmherzigeres Königreich als am Anfang.

Der Grund für diese Veränderung war die Bekehrung Nebukadnezars. Nichtsdestoweniger verlor Babylon, auch nachdem es menschlicher wurde, einen großen Teil seiner Macht. Es konnte nicht mehr wie ein Raubvogel über die ganze Erde fliegen und jeden verzehren, den es wollte. Ein Herz gleich dem eines Menschen schlug nun in ihm. Das erste Tier der Vision ist zweifellos Babylon.

Ihm folgt *ein zweites Tier* aus dem Meer, wie es in Vers 5 beschrieben wird: „Und siehe, ein anderes Tier, das zweite, war gleich einem Bären und war auf der einen Seite aufgerichtet und hatte in seinem Maul zwischen seinen Zähnen drei Rippen. Und man sprach zu ihm: Steh auf und friss viel Fleisch!"

Das Bild ist das eines Bären, der sich aufgerichtet hat, eine unbeholfene Körperhaltung, aber sie bedeutet, dass das Tier bereit ist zum Kampf. Dies ist das Weltreich der Meder und Perser und entspricht dem zweiten Teil der Vision des 2. Kapitels. Als Daniel diesen Traum im ersten Jahr König Belsazars von Babylon hatte, stand das Medopersische Weltreich gerade im Begriff, vorwärts zu marschieren und auf der Bühne der Weltgeschichte aufzutauchen.

Ich habe keine Erklärung für die drei Rippen im Maul des Bären. Wir befinden uns in einem symbolischen Abschnitt des Buches, und wir müssen immer die Möglichkeit offen lassen, dass die Zahlen Symbole sind und nicht unbedingt als buchstäbliche Zahlen aufzufassen sind. Aber das Bild ist klar. Der Bär hat ein unersättliches Verlangen, zu fressen, und dies war ganz sicher ein Merkmal des Medopersischen Weltreiches zur Zeit der Vision. Es war hungrig nach Eroberungen. Falls die drei Rippen sich überhaupt auf irgendetwas beziehen, so müssen es die drei Reiche sein, die von Medopersien erobert wurden - nämlich Babylon, Lydien und Ägypten.

Daniel hat also zwei aufeinander folgende Weltreiche gesehen. Als er Ausschau hält, sieht er *ein drittes Tier*, das aus dem Meer heraufsteigt: „Danach sah ich, und siehe, ein anderes Tier, gleich einem Panther, das hatte vier Flügel wie ein Vogel auf seinem Rücken, und das Tier hatte vier Köpfe, und ihm wurde große Macht gegeben" (V. 6). Wir werden hier mit einem Panther mit vier Flügeln konfrontiert! Solche Dinge geschehen in Träumen. Er ist zweimal so flink wie der Löwe, der zuerst hervorkam. Seinen vier Flügeln entsprechen vier Köpfe.

In der biblischen Symbolsprache symbolisiert die Zahl vier die Welt. Die Art und Weise, wie die Schrift über die vier Winde und die vier Enden der Erde spricht, bestätigt dies. Was wir nun vor uns haben, ist ein Königreich, das rasch die ganze Welt erobert. Dies ist ein Hinweis auf die rapide Ausdehnung des Griechischen Weltreiches unter Alexander dem Großen. Wie wir es erwarten würden, entspricht das dritte Tier dem dritten Weltreich der Vision Nebukadnezars im 2. Kapitel.

Zuallererst also kam Babylon, dann Medopersien und nun das schnell erobernde Griechenland. Worum handelt es sich bei *dem vierten Tier*, das in Vers 7 beschrieben wird? Ist es ein Löwe? Ist es ein Bär? Ist es ein Panther? Es ist nichts davon; was es ist, können wir nicht sagen; es ist undefinierbar.

Dieses Monster wütet, erobert, zermalmt und zertritt. Es unterscheidet sich völlig von allem, was zuvor da gewesen war. Aber der Hinweis auf das Eisen zeigt eindeutig, dass dieses vierte Tier mit dem vierten Teil des in Kapitel 2 erwähnten Bildes identisch ist. Es ist das große Weltreich Roms. Wir haben dieselben Königreiche wie vorher, und zwar in derselben Reihenfolge. Das letzte von ihnen ist das boshafte Rom.

Wir dürfen nicht vergessen, dass alles, was in diesem Kapitel berichtet wird, der Traum eines Propheten ist. Alle Details dieses Traums sind Symbole. Wir müssen auf sie achten und uns daran erinnern, wenn wir studieren, was danach geschieht. Daniel sieht drei Phasen in der Geschichte des vierten Tieres. Am Ende von Vers 7 und in Vers 8 sieht er das Tier selbst. Erst nachdem seine Aufmerksamkeit auf seine enorme Stärke und seine erdrückende Macht gelenkt worden ist, erfahren wir etwas über seine zehn Hörner.

Diese zehn Hörner stehen für ein späteres Stadium in der Geschichte dieses Weltreichs. Wir wissen das, weil Vers 24 uns ausdrücklich sagt, dass diese zehn Hörner aus diesem Königreich hervorgingen.

In der Bibel ist das Horn ein Symbol der Macht. Die Zehn ist beinahe sicher eine symbolische Zahl. Es ist kaum nachzuvollziehen, wie wir darauf bestehen könnten, sie buchstäblich zu nehmen, wenn all die anderen berichteten Einzelheiten der Vision offensichtlich nicht so aufgefasst werden dürfen.

Sie brauchen der folgenden Deutung nicht zuzustimmen, aber bitte entziehen Sie sich nicht der wichtigen Lektion, die wir daraus lernen werden.

So wie ich es verstehe, sagt die Vision voraus, dass es in direkter Nachfolge des Römischen Weltreiches, und aus diesem hervorgehend, eine Vielzahl von Königreichen geben wird. Keines davon hätte ohne Rom entstehen können, und doch ist keines davon Rom. Das moderne Europa, wie wir es kennen, verdankt beispielsweise seine Existenz Rom, und doch ist es keine Fortsetzung des Römischen Weltreiches. Die Vision lehrt, dass eine Vielzahl von Reichen aus Rom hervorgehen wird. Die Zehn steht einfach für Vollständigkeit und sollte nicht in irgendeine Bedeutung hineingepresst werden. Es handelt sich um eine runde Zahl. Solche, die darauf bestehen, sie buchstäblich auszulegen, stecken in einer schrecklichen Schwierigkeit. Sie können nicht darauf hoffen, die betroffenen Königreiche zu identifizieren, weil Gottes Wort uns nicht den entferntesten Anhaltspunkt darüber gibt, wer sie sein könnten. Solche Ausleger sind im Grunde ihren eigenen Spekulationen überlassen und müssen ihre Zuflucht in Vermutungen suchen. Wir denken, dass wir auf sichererem Boden stehen, wenn wir nichts anderes behaupten, als dass eine Vielzahl politischer Mächte im Kielwasser Roms segeln und ihm etwas zu verdanken haben werden.

Aber nach Rom und den zehn darauf folgenden Königreichen kommt eine dritte Phase der Geschichte. Es ist die Zeitperiode des kleinen Hornes, auf das in Vers 8 Bezug genommen wird. Dieses kleine Horn ist ein elftes Horn. Der 24. Vers sagt uns ganz dogmatisch, dass es den anderen folgt. Es geht aus den anderen hervor, ersetzt einige von ihnen und herrscht über sie.

In diesem elften Königreich ist die Macht in einer Person konzentriert. Man könnte leicht dazu neigen, zu meinen, dass diese Person übernatürlicher Herkunft wäre. Aber sie ist es nicht. Deshalb wird betont, dass sie Menschenaugen hat.

Dieses Kapitel sagt voraus, dass eine mächtige Figur aufkommen wird, die übernatürlich erscheinen wird, die aber in Wirklichkeit nur ein Mensch ist. Er redet „große Dinge" (V. 8). In der Bibel bezieht sich dieser Ausdruck stets auf Lästerung, arrogante Worte und aufgeblähte Aussagen. An dieser Stelle in der Vision verlieren wir alle Gedanken an das vierte Tier, und unsere ganze Aufmerksamkeit konzentriert sich auf dieses kleine Horn.

Ich bin davon überzeugt, dass dieses kleine Horn dieselbe Person ist wie die, die in 2. Thessalonicher 2, in den Versen 3 und 4 erwähnt wird. Er ist „der Sohn des Verderbens, der sich widersetzt und sich überhebt über alles, was Gott heißt oder Gegenstand der Verehrung ist, so dass er sich in den Tempel Gottes setzt und sich ausweist, dass er Gott sei" (revElbf).

Was wir in Daniel 7 haben, ist eine Übersicht der Geschichte der Menschheit von der Zeit Daniels bis ganz ans Ende der Welt. Vier große Königreiche werden aufsteigen, eines nach dem anderen. Diesen wird eine Vielzahl von Königreichen folgen, die aus dem vierten hervorgehen werden. Am Ende wird alle Macht in den Händen einer lästernden Einzelperson konzentriert sein. Obgleich er nur ein Mensch ist, wird es so scheinen, als ob er übernatürlich wäre, und er wird der Feind Gottes und des Göttlichen sein.

Verse 9-14. Während Daniel dies alles sah, sah er auch etwas anderes, wie wir es aus den Versen 9-14 erfahren. Wir werden die Botschaft des Kapitels nie erkennen, wenn wir unsere ganze Zeit damit verbringen, über die Tiere und die Hörner nachzudenken, und nicht die anderen Dinge sehen, die dem Prophet in jener Nacht geoffenbart wurden.

Das kleine Horn spricht seine arroganten Lästerungen aus, aber während es das tut, hebt Daniel seine Augen zum Himmel empor. Dort sieht er, wie eine Reihe von Thronen aufgestellt wurden. Geringere Throne umgeben einen großen Thron. Auf jenem zentralen Thron sieht er (symbolisch) den ewigen Gott in seiner Majestät, den Einen, der aller Verehrung und Anbetung würdig ist. Es ist ein leuchtendes Bild der Reinheit und Würde, das wir vor uns haben. Gott sitzt auf seinem Thron, und sein Thron ist ein feuriger Streitwagen. Es ist eine Vision, die das Herz jedes Gläubigen bewegt. Die Weltgeschichte geht ihren Gang, aber über alles regiert der große Gott, dessen Thron von irdischen Ereignissen unberührt bleibt.

Aus diesem Thron strömt Kraft, alles niederzuwerfen, was sich ihm widersetzt (V. 10). Gott ist der große Unbesiegbare. Von zahllosen herrlichen Kreaturen umgeben, hat er den Vorsitz über seinen Gerichtshof. Bücher sind vorhanden, die die Taten jedes Mannes und jeder Frau aufzeichnen - und die Bücher werden aufgetan.

Dies ist ebenso sehr ein Bestandteil der Vision Daniels wie die Tiere und die Hörner. Daniel merkt auf, bis er sieht, dass durch eine bloße Entscheidung des himmlischen Königs das letzte Tier und alles, was von ihm kommt, getötet wird (V. 11). Kein Krieg ist erforderlich, um dies zustande zu bringen - ein Wort genügt! Das göttliche Urteil bringt alles zu einem Ende. Ein Wort vom König - und das Tier ist nicht mehr. Nur einer ist allmächtig, und das ist Gott. Das ist der Kern der Vision!

Der göttliche Gerichtshof ist kein nachträglicher Einfall, der gerade noch rechtzeitig am Ende der Geschichte erscheint. Er tagt die ganze Zeit. Wenn wir dies vergessen, werden wir wahrscheinlich den 12. Vers missverstehen. Der Gerichtshof ist nicht nur für die endgültige Niederwerfung des Bösen verantwortlich. Auch alle anderen Weltreiche fanden infolge seines Beschlusses ihr Ende. Keines von ihnen hatte jedoch ein so dramatisches Ende genommen wie das letzte. Gleichwohl verloren sie alle, ohne Ausnahme, ihre Herrschaftsgewalt aufgrund eines göttlichen Beschlusses, selbst wenn ihnen gestattet wurde, noch eine bestimmte Zeit lang ihre Herrschaft in irgendeiner Form fortzusetzen.

Aber Vers 12 ist noch nicht das Ende der Vision. In Vers 13 sah Daniel noch etwas anderes.

In diesen himmlischen Gerichtshof tritt eine menschliche Gestalt - eine menschliche Gestalt, die alle Ehre und Würde der Gottheit hat! Einer „wie eines Menschen Sohn“ wird zu einer göttlichen Audienz angekündigt. Es kann überhaupt niemand anders sein als unser Herr Jesus Christus. Das Wort „wie“ wird gebraucht, weil er sich noch nicht mit unserer menschlichen Natur bekleidet hatte. So stellt die Heilige Schrift selbst in einer solchen Vision sorgsam fest, dass seine Erscheinung nur eine Vorschattung dessen war, was er später sein würde. Er war noch nicht Mensch geworden. Er erschien nur wie ein Mensch. Zur Zeit der Vision lag seine wirkliche Menschheit noch in der Zukunft.

Wir erinnern uns daran, dass unser Herr sich selbst oft als den „Sohn des Menschen“ bezeichnet hat, und zwar insbesondere, wenn er Gottheit in Anspruch nahm. Indem er jenen Ausdruck gebrauchte, erinnerte er uns bewusst an die Wirklichkeit seiner menschlichen Natur, während er sich gleichzeitig als derjenige vorstellte, der in Daniel 7 göttliche Ehren empfängt.

Diesem Christus wird also ein ewiges Königreich gegeben! Beachten Sie, wie dies in Vers 14 sowohl positiv als negativ betont wird: „Der gab ihm Macht, Ehre und Reich, dass ihm alle Völker und Leute aus so vielen verschiedenen Sprachen dienen sollten. Seine Macht ist ewig und vergeht nicht, und sein Reich hat kein Ende.“

Was für eine großartige Vision hatte Daniel in jener Nacht! Weltreiche springen aus dem Boden der Geschichte und blühen auf und verschwinden wieder. Ein letztes Weltreich wird in einer gewisser Hinsicht beinahe bis zum Ende der Welt Bestand haben. Ihm folgt der Aufstieg des Antichristen - einer lästernden Einzelperson, bei der es so aussieht, als ob sie für immer regieren würde. Aber ein Wort von Gottes himmlischem Gerichtshof tötet ihn. Dieser Gerichtshof, der unter alle menschliche Herrschaft einen Schlussstrich setzt, gewährt einem Menschen das Vorrecht, für immer zu regieren - es ist der Herr Jesus Christus. Wenn alle menschlichen Königreiche vergangen sein werden, wird der Mensch, der Gott ist, immer noch regieren! Jedes andere Königreich ist dazu verurteilt, auf Gottes Beschluss hin zu fallen, aber sein Königreich wird kein Ende haben. Jedes Knie wird sich vor ihm beugen und jede Zunge bekennen, dass Jesus Christus Herr ist!

Das ist das, was Daniel sah.

Wie es gedeutet wurde

Die Vision, die Daniel sah, bekümmerte ihn (V. 15); sie machte ihn unruhig. So wandte er sich an einen der himmlischen Diener und bat darum, sie erklärt zu bekommen (V. 16).

Ihm wurde deutlich gesagt, dass die vier Tiere vier Weltreiche oder „Könige" darstellen und dass die einzigen Menschen, die jemals ein ewiges Königreich erleben werden, Angehörige des Volkes Gottes sind (V. 17.18). Offensichtlich ist hier von keinem irdischen Königreich die Rede, weil kein solches Königreich überhaupt als ewig bezeichnet werden könnte. Wir können hier den Gedanken an ein irdisches „Tausendjährigen Reiches" beiseite lassen. Das ewige Königreich, das Daniel sah, ist offensichtlich das Königreich Gottes, das in unseren Herzen aufgerichtet wird, wenn wir an das Evangelium glauben, und dessen Vollendung wir in der Herrlichkeit ewig genießen werden.

Die Verse 19-22 machen deutlich, dass das vierte Tier für Daniel von besonderem Interesse war. In diesem Abschnitt erfahren wir die zusätzliche Einzelheit, dass es bronzene Klauen hat. Aber das kleine Horn war von noch größerem Interesse. Auch hierüber wird noch eine zusätzliche Einzelheit berichtet. Wir erfahren, dass es größer wurde als alle anderen der zehn Hörner, die ihm vorausgingen (V. 20). Seine Macht ist beispiellos. Die Einzelperson, die es darstellt, ist der unübertroffene Gegner des Volkes des Herrn, der so sehr ins Böse hervorbricht wie niemand vor ihm. Er gebraucht seine Macht auf eine solche Art und Weise, dass das Volk Gottes nicht fähig ist, vor ihm zu bestehen. Fast scheint es, dass seine Tage der offenbare und endgültige Triumph des Bösen über alles, was gut und göttlich ist (V. 21), bedeuten. So werden die Dinge aussehen, bis der kommt, „der uralt war“ (V. 22), das eine Horn niederwerfen wird und schließlich sein Volk in einem sicheren, geschützten und ewigen Königreich begrüßen wird.

Die Deutung der Vision beschreibt die Macht Roms. Rom wird in seiner imperialistischen Macht stärker sein als alles, was vor ihm war (V. 23). Wir unterstreichen hier noch einmal, dass die nachfolgende Vielzahl an Königreichen aus diesem Tier entstand. Es gab ihnen nach, und die anderen Reiche folgten ihm. Es ist wichtig, dies festzuhalten, denn man hört oft, dass von der Möglichkeit eines wiederbelebten Römischen Reiches die Rede ist, wobei Daniel 7 zur Unterstützung dieses Gedankens zitiert wird. Es gibt in diesem Kapitel nicht die geringste Andeutung, dass das Römische Reich wiederbelebt würde. Tatsächlich scheint die Schriftstelle sogar das genaue Gegenteil zu lehren. Rom wird zehn nachfolgenden Königreichen weichen, denen dann wiederum das kleine Horn folgen wird, mit all seiner Aggression und Vermessenheit (V. 24). Dieses wird drei der vorherigen Könige niederwerfen, aber uns wird kein Anhaltspunkt gegeben, wie oder wann dies geschehen wird oder was es genau bedeutet. Wieder ist zweifelhaft, ob die Zahl drei wörtlich zu nehmen ist.

Die gesamte Geschichte bewegt sich auf das Aufkommen des kleinen Hornes und die Zeit seiner Lästerung und seiner Verfolgung des Volkes des Herrn zu (V. 25). Er wird sogar arrogant genug sein, Festzeiten und Gesetze zu ändern, die von Gott selbst eingesetzt worden sind. Jene Zeiten werden schreckliche Tage sein - jedoch auch Tage, in denen das Volk des Herrn in seinen Händen sein wird!

Wie lange wird er diese unangefochtene Macht ausüben? Das Ende von Vers 25 gibt uns die Antwort: „... eine Zeit und zwei Zeiten und eine halbe Zeit."

Wie lange ist das? Einmal mehr können Sie anderer Meinung sein als ich, aber mir scheint die folgende Auslegung vernünftig zu sein, und ich glaube, dass sie richtig ist. Diese schreckliche Person wird auf der Bühne erscheinen, eine Zeit lang Gottes Volk verfolgen und bei seinen bösen Umtrieben Erfolg haben. Wenn diese Zeit vorüber sein wird, wird er es noch *zweimal* länger tun. Dann wird es so aussehen, als ob er *zweimal* diese Zeit weitermachen könnte. Es wird so erscheinen, als ob er für immer hier wäre und als ob das ungehemmte Böse seiner Herrschaftszeit nie ein Ende hätte. Statt einer so langen Zeit wird er jedoch nur eine Zeit und zwei Zeiten - und eine halbe Zeit - herrschen! Gott wird seine Herrschaftszeit plötzlich beenden. Er wird ihn verderben, während seine böse Macht noch in vollem Fluss ist und er den äußersten Gipfel seiner Macht erreicht haben wird. Wundervoll! Phantastisch! Diese Auslegung ist viel besser, als das Rätsel der Zeiten als dreieinhalb Zeiten aufzufassen! Sie mögen mir jedoch widersprechen. Welche Einzelheiten Ihre eigene Auslegung auch haben mag, die zentrale Lehre von Vers 25 bleibt unverändert. Der Tag wird kommen, wo die Zeit des Antichrists abgelaufen sein wird! Er wird nicht für immer weiterwüten, wie dauerhaft seine Herrschaft auch erscheinen mag. Ihm wird Einhalt geboten werden.

Und wer wird ihm Einhalt gebieten? Vers 26 sagt es uns. Das Gericht im Himmel wird sowohl ihn als auch alle seine Macht beseitigen. Das Böse mag allmächtig erscheinen, aber das ist eine Täuschung. Absolute Macht gehört Gott allein, und das Schicksal des Bösen ist daher gewiss: „Danach wird das Gericht gehalten werden; dann wird seine Herrschaft genommen und ganz und gar vernichtet werden" (V. 26).

Durch sein Wort wird das Böse vom Globus gefegt werden - durch ein einziges Wort von Gott! Der Höhepunkt der

Geschichte wird nicht der Triumph des Bösen sein, sondern der Triumph des Volkes des Herrn (V. 27). Diejenigen, die diese böse Person unterdrückt haben wird, werden nicht mehr der Schwanz, sondern das Haupt sein, und sie werden ungestört und ewig sicher in einem ewigen Königreich der Gerechtigkeit wohnen. Die Zeit wird kommen, wo wir uns nach den Bösen und Gottlosen und nach allen Mächten der Bosheit umschauen werden und sie nicht mehr da sein werden!

Dies ist, was Daniel sah - und wie es gedeutet wurde. Es schockierte ihn (V. 28)! Es erfüllte ihn mit Schrecken, sowohl äußerlich als auch innerlich. Es ist eine erschreckende Wahrheit, im wahrsten Sinn des Wortes. Der gute Prophet bewahrte die Sache in seinem Herzen und machte sie zu einem Bestandteil seiner Waffenkammer. So sollten wir es auch tun.

Was es für uns bedeutet

Daniel 7 bedeutet, dass wir bezüglich des zukünftigen Verlaufs der Geschichte dieser Welt nicht mehr im Dunkeln tappen müssen. Gegen Ende dieses gegenwärtigen Zeitalters wird das kleine Horn erscheinen. Der „Mensch der Sünde“ wird Krieg gegen Gottes Volk führen. Er wird immer stärker werden, und die Gläubigen werden nicht fähig sein, gegen ihn zu bestehen. Wir gehen darauf zu, dass organisierte missionarische Tätigkeit zertreten und die Kirche Gottes zerbrochen, zerstört und ruiniert werden wird. Ihre sichtbare Gestalt wird verschwinden.

Es wird zwar immer noch Christen geben, denn wir haben wiederholt gelernt, dass nichts Gottes Überrest zu zerstören vermag. Aber soweit es die gottlose Welt betrifft, werden alle Spuren Gottes, seine Anbetung und sein Volk, verschwunden sein. Es wird so aussehen, als ob das Böse die Schlacht gewonnen hätte. Es wird so scheinen, als ob Satan triumphiert hätte. Die gottlosen Kräfte werden in einer solchen Weise losgelassen werden, dass es so scheinen wird, als ob Gott seinen Thron aufgegeben hätte.

Gerade *in diesem Moment* wird die Macht des Bösen gebrochen werden. Der Herr Jesus Christus wird plötzlich aus dem Himmel wiederkommen. Er wird sein Volk heimholen, damit es ewig mit ihm herrsche. Es wird keine Spur des Bösen im neuen Himmel und auf der neuen Erde geben, wohingegen alle, die die Lüge geliebt und praktiziert haben, gerecht und ewig in der Hölle leiden werden.

Dies ist die eine Sache, die wir, wie Daniel, beständig in unseren Herzen bewahren sollten.

Inzwischen sollten wir uns auf den harten Weg, der vor uns liegt, vorbereiten. Dies würde schon zutreffen, wenn dieses Kapitel die einzige Stelle in Gottes Wort wäre, die über diese Dinge redete. Aber sie ist es nicht. Wir haben gesehen, wie dieselbe Unterweisung von Paulus im 2. Thessalonicherbrief erteilt wird. Selbst das oberflächliche Lesen der Offenbarung unterstreicht dieselbe Wahrheit. Dunkle Tage erwarten die Kirche Christi. Böse Menschen werden immer mehr an Macht gewinnen. Schließlich wird der „Mensch der Sünde“ geoffenbart werden, und das Licht wird ausgehen. Es kann kein zweites Kommen unseres Herrn geben, bis diese schreckliche Figur erschienen sein wird (2.Thess 2,1-12).

Doch zu jener Zeit wird Gott ebenso sehr die Oberhand behalten wie immer! Nichts anderes wird geschehen sein als das, was er vorausgesagt hatte. Seine Kontrolle der Geschichte ist absolut, selbst wenn er von der Welt, die er geschaffen hat, abwesend zu sein scheint.

In jenen Tagen wird es so scheinen, als ob das Böse eine dauerhafte Einrichtung geworden wäre. Das wird der Augenblick von Gottes folgenschwerem Erweis seiner Gerechtigkeit und Macht sein. Er wird die Welt beenden und jeden Übeltäter vor sein Gericht rufen. Wir werden nach dem Gotteslästerer suchen, nach dem, der die Gemeinde Jesu verfolgt hat, nach dem, der Pornographie verbreitet hat, und nach jedem Übertreter der Zehn Gebote - und werden herausfinden, dass jeder von ihnen in seiner verdienten Verdammnis gelandet ist.

Alle Herrschaft wird in den Händen dessen liegen, der die Zeichen der Geißelung, der Dornenkrone und der Nägelmale trägt. Der Titel des „Herrn" wird ausschließlich ihm gehören. Solche, die ihn geliebt und sich ihm unterworfen haben, indem sie Buße taten und an das Evangelium glaubten, werden seine Herrlichkeit teilen. Sie werden sich an dem unergründlichen Wunder erfreuen, ewig bei ihm als Bürger des Königreiches sein zu dürfen, das nie vergehen wird.

Ist es der Mühe wert, Gott in einer feindlichen Umgebung treu zu bleiben? Ist es der Mühe wert, die Verachtung und Grausamkeit der Welt um uns her auf uns zu nehmen, um uns mit einer verfolgten Minderheit zu identifizieren? Stellte Daniel jene Frage? Stellen Sie sich diese Frage? Der Traum, den Gott Daniel gab, war die Antwort, die er brauchte, und sie genügt auch für unsere Bedürfnisse. Macht es wirklich etwas aus, wenn wir nicht alle seine Details verstehen? Die Gesamtbotschaft ist so klar, dass wir es nie wieder mit der Mehrheit halten wollen. Das ist es nicht wert. Die Zukunft gehört nicht der Mehrheit, sondern uns. Wir können es wagen, allein gegen den Strom zu schwimmen.

10.

Das kleine Horn

Schriftlesung: Daniel 8

Daniel hat bereits zwei flüchtige Blicke in die Zukunft tun dürfen, und in diesem Kapitel erhascht er einen dritten. Es bestand eine gewisse Überschneidung zwischen der Deutung von Nebukadnezars Traum im 2. Kapitel und Daniels Traum im 7. Kapitel, in dem er vier Tiere sah, die aus dem Meer herauskamen. Beide sprachen von vier zukünftigen Weltreichen. Die Vision von Kapitel 8 zeigt ebenfalls eine gewisse Überschneidung mit diesen vorherigen Visionen, enthält jedoch auch eine ganze Menge neuer Informationen. Mit seinem einleitenden Vers kehrt das Buch Daniel nun vom Aramäischen, in dem alles seit 2,4 geschrieben worden ist, zum Hebräischen zurück. Die beiden vorherigen Visionen erhielt Daniel, während Babylon noch existierte, und das ist auch bei dieser Vision der Fall. Sie wurde Daniel gezeigt, bevor der Handrücken Belsazars Schicksal ankündigte, im dritten Jahr seiner Regierung (V. 1).

Beide vorherigen Gesichte waren „Nachtgesichte". Sie waren Träume; dieses jedoch nicht. Es fand bei Tage statt, als Daniel bei Bewusstsein war (V. 27), denn wenn er nicht bei Bewusstsein gewesen wäre, während er die Vision empfing, wie hätte er sein Bewusstsein am Ende der Vision verlieren können?

Er war vom Geist ergriffen, aber er schlief nicht. Er träumte nicht „mit offenen Augen“, so wie wir diesen Ausdruck heute gebrauchen. Es war eine geistliche Vision, die ihm bei Tage gegeben wurde. Sie war in mancherlei Hinsicht dem ähnlich, was vorausgegangen war, weshalb Daniel sagt, dass sie „... ein Gesicht, nach jenem, das mir zuerst erschienen war“ gewesen sei (V. 1).

Daniel wurde im Geist nach Susa gebracht - in die Stadt, die nach dem Zusammenbruch Babylons die Hauptstadt des Persischen Weltreiches werden sollte. Er setzte sich an das Ufer des Ulai, der eigentlich ein großer künstlich angelegter Kanal war, über 270 Meter breit, und der zwei bedeutende Flüsse miteinander verband, so dass die Schiffe, die sie befuhren, von einem Strom zum anderen überwechseln konnten. Dort hatte er die Vision, zu deren Studium wir nun kommen.

Was Daniel sah und hörte

Was Daniel sah und hörte, ist für uns in den Versen 3-14 aufgezeichnet. Im Geiste am Fluss sitzend, erhob er seine Augen. Er sah *einen Widder,* der zwei Hörner hatte, und als er hinschaute, wurde eines seiner Hörner größer als das andere. Die Hörner waren beide ziemlich groß, aber das Horn, das später erschien, wurde größer als alle anderen Hörner.

Der Widder mit seinen zwei Hörnern symbolisiert das Weltreich der Meder und der Perser. Hierüber ist man nicht auf Spekulationen angewiesen, denn dies wird uns in Vers 20 eindeutig gesagt: „Der Widder mit den beiden Hörnern, den du gesehen hast, bedeutet die Könige von Medien und Persien.“

Geschichtlich bildeten diese beiden Nationen ein Weltreich - und waren für den Fall Babylons verantwortlich. Zunächst hatten die Meder die Oberhand, und es war jemand aus ihren Reihen, der zum ersten Herrscher des vereinten Weltreiches wurde. Dies war Darius, wie wir bereits gesehen haben. Aber diese Situation währte nicht lange. Sehr bald übernahmen die Perser Vorherrschaft, und Kyrus bestieg den Königsthron. Das Symbol Persiens war ein Widder, und der persische König trug das Bild eines Widders immer vor sich her, wenn er in die Schlacht zog. Wir sind daher nicht überrascht herauszufinden, dass in Daniels Vision ein Widder das Symbol des Medopersischen Weltreiches ist.

Es ist eine charakteristische Eigenschaft eines Widders, aggressiv zu sein und mit dem Kopf zu stoßen. Als Daniel den Widder anschaute, sah er, wie er mit den Hörnern in jede Richtung vorrückte und zustieß - außer gegen Osten (V. 4). Es ist eine historische Tatsache, dass die Meder und Perser viele große militärische Eroberungen machten, besonders unter Kyrus. In der letzten Vision wurde ihr Weltreich mit folgenden Worten angeredet: „Steh auf und friss viel Fleisch" (7,5). Aber es gelang ihnen nicht, viele Territorien im Osten hinzuzugewinnen, und was sie dort eroberten, das verloren sie auch wieder sehr schnell. Was Daniel in einer voraussagenden Vision sah, entsprach genau den historischen Ereignissen, die später folgten.

Doch nun ändert sich der Traum (V. 5). Vom Westen her läuft *ein Ziegenbock* über die ganze Erde - so schnell, dass seine Füße nicht einmal den Boden berühren. Er hat ein ansehnliches Horn, das im Zentrum seines Kopfes liegt.

Was ist dieser Ziegenbock, der „vom Westen her über die ganze Erde" kommt? Es ist das Griechische Weltreich - Vers 21 macht uns dies deutlich. Das Horn ist sein „erster König" (V. 21), nämlich Alexander der Große. Die Füße, die die Erde nicht berühren, bedeuten die Schnelligkeit, mit der Alexander ein Land nach dem anderen eroberte, während „über die ganze Erde" zum Ausdruck bringt, wie enorm seine Eroberungen waren.

Daniel gibt Acht, und er sieht, wie der Ziegenbock mit dem Widder zusammenstößt (V. 6)! Mit seinem Kopf nach unten gebeugt und seinem Horn nach vorn trifft der ergrimmte und rasende Ziegenbock den Widder, rammt ihn mit verzehrender Wut und wirft ihn zu Boden. Der Widder ist gänzlich erniedrigt. Seine zwei Hörner sind zerbrochen, sein Widerstand gebrochen, und der Ziegenbock zertritt seinen gefallenen Körper. Es gibt für ihn kein Entrinnen und keine Rettung. Es ist eine Vorhersage der vollständigen Unterwerfung und Vernichtung des Medopersischen Weltreiches durch die Griechen.

Danach lesen wir, dass der Ziegenbock sehr groß wurde (V. 8). Aufgeblasen durch die Geschwindigkeit und das Ausmaß seiner Eroberungen, wurde Alexander der Große unweigerlich stolz. Doch seine Arroganz war nur kurzlebig. Gerade am Höhepunkt seiner Macht wurde er niedergeschlagen: „Und als er am stärksten geworden war, zerbrach das große Horn." Der Vers erwähnt nicht genau, wer ihn zerbrach, weil es die unsichtbare Hand Gottes war. Er streckte sie nur aus und ergriff das große Horn, und es war für immer zerbrochen. Alexander wurde von vier anderen ersetzt (V. 8). Das Griechische Weltreich überdauerte zwar seinen Tod - der Ziegenbock starb nicht, als er starb -, aber unmittelbar nach seinem Tod zerfiel das Weltreich in fünf Reiche, wobei nur kurze Zeit später in vier unterschiedlich große „Viertelreiche" geteilt wurde. Mazedonien unterstand Cassander, Thrazien und Kleinasien Lysimachus, Syrien Seleukus und Ägypten Ptolemäus. Anstelle des großen Hornes waren es nun vier ansehnliche Hörner, aber nicht eines von ihnen war so groß wie das ursprüngliche Horn. Einmal mehr geschah nichts anderes als das, was die Schriften vorausgesagt hatten. Was andere erst nach dem Ereignis sahen, sah Daniel in der prophetischen Vision im Voraus.

Daniels Aufmerksamkeit konzentriert sich nun auf die vier Hörner, und er bemerkt, dass „aus einem von ihnen ... ein kleines Horn" wuchs (V. 9). So klein der Anfang dieses Horns auch war, es wuchs zu großer Macht, und seine Macht dehnte sich nach Süden und Osten aus, und dann „nach dem herrlichen Land hin" - nach dem verheißenen Land Kanaan.

Es besteht kein Zweifel, dass sich Vers 9 auf die steile Karriere eines Mannes bezieht, der uns in der Geschichte als Antiochus Epiphanes bekannt ist. Wie vorausgesagt, kam er aus einem der unterschiedlichen Teilreiche des Griechischen Weltreiches. Antiochus kam aus dem Seleukidenreich und plünderte bald danach Ägypten mit einer riesigen Armee. Danach wandte er seine Aufmerksamkeit dem Osten zu und nahm Elymais und Armenien ein. Danach fiel er in Kanaan ein. Dieser Mann ist das kleine Horn dieses Kapitels.

Aus den Seleukiden ging dieser große Verfolger des Volkes Gottes hervor. Der jüdische Historiker Flavius Josephus[10] sollte später über ihn schreiben: „Und es würde aus ihrer Mitte ein gewisser König aufstehen, der gegen das jüdische Volk und seine Gesetze Krieg führen, sie ihrer Regierungsform, die sich auf diese Gesetze gründete, berauben, den Tempel verderben und verhindern würde, dass drei Jahre lang Opfer dargebracht werden konnten. Und diese Missgeschicke erfuhr unser Volk tatsächlich unter Antiochus Epiphanes, genauso wie Daniel sie viele Jahre zuvor sah und schrieb, dass sie geschehen würden."

Dieses kleine Horn „wuchs an bis an das Heer des Himmels und warf einige von dem Heer und von den Sternen zur Erde und zertrat sie" (V. 10).

Was bedeutet dieser Vers? Wir verstehen es besser, wenn wir daran denken, dass in 2. Mose 7,4 und 12,41 die Stämme Israels „die Heere des Herrn" genannt werden. Es handelt sich hier nicht um einen Bezug auf die Engel, sondern auf die Verbrechen des Antiochus gegen das Volk des Herrn, das er grausam zertrat. Dieses Volk zu verfolgen, ist eine Sünde gegen den Himmel. Dies kann man sehr gut anhand der Worte veranschaulichen, die Jesus aus dem Himmel an Saulus von Tarsus richtete, der bis dahin der Feind des Volkes Gottes gewesen war: „Saul, Saul, was verfolgst du mich?" (Apg 9,4).

---

[10] Flavius Josephus, geb. 37/38 n. Chr., bedeutendster jüdischer Schriftsteller zur neutestamentlichen Zeit, verfasste wichtige historische Schriften über das jüdische Volk seit der Erschaffung der Welt.

Doch das war nicht das Ende des lästerlichen Handelns des Antiochus. Der Rest seiner Laufbahn wird in den Versen 11 und 12 treffend vorausgesagt. Er widersetzte sich tatsächlich Gott, „den Fürsten des Heeres". Er schaffte den gesamten Tempeldienst ab, und obgleich er nicht wirklich das Tempelgebäude zerstörte, entweihte er es in einem solchen Maße, dass es unmöglich wurde, den Tempel zu nutzen. Dieses alles wurde in Vers 11 unseres Kapitels aufgezeichnet, bevor es stattfand.

Was symbolisiert Vers 12? Wir können diesen Vers besser verstehen, wenn wir ihn folgendermaßen lesen: „Das Heer wurde dahingegeben samt dem beständigen Opfer, um des Frevels willen. Und es warf die Wahrheit zu Boden und handelte und hatte Gelingen" (unrevElbf[11]). So ergibt der Vers auch für den heutigen Leser einen vernünftigen Sinn. Ebenso wie die täglichen Opfer in Antiochus' Hände gegeben wurden und er sie entweihte, wurde auch eine große Menge der Stämme Israels in seine Hand gegeben, und er tat mit ihnen tatsächlich genau das, was er wollte. Es war eine Epoche in der Geschichte Israels, als die Wahrheit zu Boden geworfen wurde, und dieser böse Mann praktizierte hemmungslos das Böse und hatte darin Erfolg. Es war eine Zeit undenkbaren Leidens für das Volk Gottes. Alles war Finsternis, und es schien überhaupt kein Licht zu geben.

Dies war die Vision, die Daniel sah, und als er sie sah, hörte er einen „Heiligen", also einen Engel, reden (V. 13).

Es scheint, als ob der Engel einem anderen Engel genau die Ereignisse erzählte, die Daniel in seiner Vision sah. Der zweite Engel antwortete, indem er fragte: „Wie lange wird diese entsetzliche Lage der Dinge andauern? Wie lange wird dieser scheußliche Mensch Gewalt über das Volk Gottes haben? Wie lange wird Antiochus Epiphanes mit seinem Frevel, mit seiner Lästerung und Verfolgung fortfahren können?"

---

11 *Elberfelder Bibel*, unrevidierter Text (Abk.: unrevElbf), Brockhaus Verlag, Wuppertal 1871.

Die Antwort, die ihm gegeben wurde, ist in Vers 14 aufgezeichnet: „Bis zweitausenddreihundert Abende und Morgen vergangen sind; dann wird das Heiligtum wieder geweiht werden."

Wenn wir davon ausgehen, dass ein Jahr dreihundertsechzig Tage hat - und die meisten Ausleger meinen, dass es weise ist, dies zu tun, wenn man sich mit biblischen Zahlen beschäftigt - dann wird deutlich, dass in etwa eine Zeitspanne von sechs Jahren und vier Monaten gemeint ist. Dieses Bild stimmt mit dem überein, was sich ereignet hat. Von 171 bis 165 v. Chr. verfolgte Antiochus Epiphanes die Juden und fuhr mit seinen Gräueln fort. Während der letzten dreieinhalb Jahre seiner Amtszeit wurde der Tempel für heidnische Opfer verwendet. Der Makkabäeraufstand erlaubte, dass der Tempel wieder eingeweiht und für die Anbetung Jahwes geöffnet wurde - kurz danach starb Antiochus. Die Verheißung am Ende des 14. Verses erfüllte sich. Es geschah alles genauso, wie Daniel es zuvor gesehen und gehört hatte.

Was alles dies bedeutete

Die göttliche Auslegung der Vision wird ab Vers 15 bis zum Ende des Kapitels gegeben, und wir haben schon darauf Bezug genommen, als wir die bisherigen Verse durchgegangen sind. Und doch gibt es einige Einzelheiten, von denen wir noch keine Notiz genommen haben - auf sie wollen wir uns jetzt konzentrieren. Gleichzeitig werden wir einige der Aussagen unterstreichen müssen, die wir bereits gemacht haben.

Als er die Vision empfangen hatte, „suchte" Daniel „Verständnis darüber" (V. 15). Als er dies tat, stand jemand vor ihm, der kein Mensch war, der jedoch das Aussehen eines Mannes hatte. So wird üblicherweise ein Engel in der Bibel beschrieben, und es wurde schnell offensichtlich, dass der Besucher ein solcher war.

Das Nächste war, dass Daniel hörte, wie eine Menschenstimme diesem Engel Anweisungen gab (V. 16). Johannes Calvin[12] hat Recht damit, uns daran zu erinnern, dass diese Stimme überhaupt niemand anderem gehören konnte als unserem Herrn Jesus Christus. Wer sonst kann den Engeln gebieten? Und wer sonst kann es mit einer Menschenstimme (einem weiteren Unterpfand seiner zukünftigen Menschwerdung) tun? „Gabriel“, sagt er, „lege diesem das Gesicht aus.“

Es gibt zwei Engel, die in der Bibel namentlich genannt werden. Der Name „Gabriel“, der hier erwähnt wird, bedeutet „Mann Gottes“. Der andere Engel ist der Erzengel Michael, und wir werden in 10,13 von ihm lesen.

Im Gehorsam dem Gebot Christi gegenüber nähert sich Gabriel Daniel (V. 17). Der Prophet ist mit Schrecken erfüllt, weil er ein Sünder ist, der plötzlich in der Gegenwart der Sündlosigkeit steht. Er fällt auf sein Angesicht, wie jeder von uns es in einer ähnlichen Situation tun würde. Er ist nicht in der Gegenwart Gottes, aber schon die Gegenwart seines heiligen Boten genügt, um ihn mit einem Empfinden seiner eigenen Unwürdigkeit zu überwältigen. Doch Daniels Furcht und Schrecken halten den Engel nicht davon ab weiterzureden. Er nennt ihn „Menschenkind“, um die Schwachheit des Propheten zu betonen und ihn für die göttliche Auslegung der Vision vorzubereiten, die ihm gegeben werden wird.

„Merk auf, du Menschenkind! Denn dies Gesicht geht auf die Zeit des Endes“ (V. 17). Dies kann unmöglich ein Bezug auf das Ende der Welt sein, denn die Identifikation des kleinen Horns als Antiochus Epiphanes ist zu offensichtlich, um missverstanden zu werden. In der Vision geht es um die Tage des griechischen Verfolgers, nicht um das Ende der Welt.

---

[12] Johannes Calvin, 1509-1564, Schweizer Reformator und Vater der reformatorischen Theologie. Neben seinen Auslegungen zu fast allen biblischen Büchern, ist wohl sein wichtigstes und bedeutendstes Werk die *Institutio Christianae Religionis* (Unterricht in der christlichen Religion).

Worauf verweist Gabriel dann? Nur eine Antwort ist möglich. Er muss über das Ende jener speziellen Drangsale sprechen, die vor der Zeit des Messianischen Königreiches über die Juden kommen sollten.

Von einem Engel angesprochen zu werden, ist für Daniel zu viel. Diese Erfahrung ist so überwältigend und so erschreckend zugleich, dass er sein Bewusstsein verliert (V. 18). Er muss von Gabriel berührt und wieder aufgerichtet werden, bevor die Auslegung fortgesetzt werden kann.

Gabriels nächste Worte bestätigen die Auslegungen, die wir am Ende von Vers 17 gegeben haben: „Siehe, ich will dir kundtun, wie es gehen wird zur letzten Zeit des Zorns; denn auf die Zeit des Endes geht das Gesicht" (V. 19).

Mit anderen Worten: Die Vision wird ganz zum Ende des gegenwärtigen Zornes Gottes über die Juden stattfinden - und sie wird eintreten, weil Gott bestimmt hat, dass sie eintreten wird. Das ist es, was der Engel sagte. Diejenigen, die die Erfüllung der Vision auf das Ende der Welt verschieben, haben ihre eigenen Theorien den Worten eines Engels vorgezogen.

Es ist schwer einzusehen, wie jemand nicht begreifen kann, was die Vision bedeutet. Von dem Widder heißt es ausdrücklich, dass er Medopersien ist (V. 20). Der Ziegenbock wird eindeutig als das Griechische Weltreich identifiziert, und das Horn als sein erster König, der Alexander der Große sein muss (V. 21). Von den vier aufeinander folgenden Hörnern wird ganz dogmatisch gesagt, dass sie die Zersplitterung des Griechischen Weltreiches in vier Teilreiche darstellen, obgleich diese nicht die Macht des ersten Königs hätten (V. 22). Gegen Ende ihrer Herrschaft wird das kleine Horn aufkommen (V. 23). In Betracht zu ziehen, dass die Vision vom Ende der Welt spricht, ist nicht nur ein Anflug von Fantasie, sondern auch die Missachtung einer von Gott gegebenen Auslegung, die aus dem Mund eines Engels kam. Viele moderne prophetische Auslegungen dieses Kapitels stehen in direktem Widerspruch zum Himmel.

Lassen Sie uns über die Beschreibung des kommenden Antiochus Epiphanes nachdenken, die uns in den Versen 23-25 gegeben ist. Er wird als „ein frecher und verschlagener König" (V. 23) beschrieben. Und das war er. Er trat auf den Seiten der Geschichte als ein harter, entschlossener, unnachgiebiger und unerbittlicher Mann auf. Von ihm heißt es auch, dass er „verschlagen" war - ein Hinweis auf die Tatsache, dass Antiochus ein Mann war, der keine Scheu hatte zu betrügen, obgleich er selbst schwer zu betrügen war.

„Der wird mächtig sein, doch nicht so mächtig wie sie" (V. 24). Antiochus sollte große Fertigkeiten haben, doch diese waren nicht einfach nur auf seine eigene Geschicklichkeit zurückzuführen. Er hätte ohne die Vorsehung Gottes nichts tun können.

„Er wird ungeheures Unheil anrichten, und es wird ihm gelingen, was er tut. Er wird die Starken vernichten" - und das heilige Volk, gegen das er sein Sinnen richten wird (V. 24.25). Dies war eine Vorhersage, dass er in einem beachtenswerten Maße Zerstörung anrichten und in seiner Bosheit von Kraft zu Kraft gehen würde. Er warf alle seine Rivalen nieder und richtete sein Gift dann gegen die alttestamentlichen Juden und gegen die, die der göttliche Überrest waren, die den kommenden Christus liebten.

„Und es wird ihm durch Betrug gelingen" (V. 25). Es war eine Zeit, in welcher der Betrug im Lande gedieh. „Und er wird überheblich werden" (V. 25) - und er war es! Je länger er herrschte, desto aufgeblähter wurde er vom Gefühl seiner eigenen Selbstüberhebung. „Und unerwartet wird er viele verderben" (V. 25). Diese Aussage beschreibt exakt die Taktik, die Antiochus normalerweise gebrauchte. Mit vielen Völkern pflegte er ein freundschaftliches Verhältnis, bis sie anfingen, ihre Verteidigung zu vernachlässigen, und nicht mehr die Notwendigkeit verspürten, auf der Hut zu sein - dann aber schlug er zu. Und dann wird er „sich auflehnen gegen den Fürsten der Fürsten" (V. 25). Einmal mehr wird vorausgesagt, dass dieses kommende kleine Horn sich in aller Offenheit gegen Gott richten wird. Dies sollte das offensichtlichste Kennzeichen der Schreckensherrschaft des Antiochus sein.

Wir müssen jedoch das Ende von Vers 25 zur Kenntnis nehmen: „Aber er wird zerbrochen werden ohne Zutun von Menschenhand." Es war ein Stein, der „ohne Zutun von Menschenhänden" herunterkam und das Standbild in Nebukadnezars Traum zerstörte (2,34). Es war lediglich ein Handrücken, der Belsazars Schicksal ankündigte (5,5). Die Hand Gottes ist eine unsichtbare Hand. Dieselbe Hand ist auch für den Sturz des Antiochus verantwortlich. Wie groß der Tyrann auch gewesen sein mag, nichts mehr ist nötig als der bloße Wink der unsichtbaren Hand Gottes, um ihn von der Bühne der Geschichte zu entfernen!

„Du hast die Wahrheit gehört, Daniel", sagte der Engel (V. 26). „Nun verschließe das Gesicht, denn in naher Zukunft wird die Aufzeichnung dessen, was du gesehen hast, benötigt werden" (e.Ü.).

Und so war es. In jenen dunkelsten Tagen, als das Volk Gottes in der Zeit des Antiochus Epiphanes gejagt und getötet wurde, benötigte und besaß es den Trost dieses Kapitels im Buch Daniel. Während jener ganzen Leidensperiode wurde es durch die Erkenntnis getröstet, dass dieser böse Mensch nicht ohne göttliche Zulassung auf die Bühne der Geschichte treten konnte und dass alles, was er tat, wie schrecklich es auch gewesen sein mag, nichts anderes war als das, was Gott Jahrhunderte zuvor vorausgesagt hatte. Die Juden wussten, dass zu Gottes Zeit und in Erfüllung des 25. Verses er schließlich aus dem Wege geräumt werden würde. Dieses alles zu wissen, war für sie ein unbeschreiblicher Trost in schrecklichen Zeiten.

Das war die Tragweite dieser Vision für die zukünftigen Tage. Aber welche Wirkung hatte sie auf den Mann, der sie zu allererst empfing? Der 27. Vers sagt es uns. Daniel fand dies alles so überwältigend, dass er für eine Weile zu krank war, um dem König zu dienen. Er konnte nicht zur Arbeit zurückgehen. Selbst als er es tat, war der Eindruck, den die Vision auf seinen Geist gemacht hatte, unauslöschlich. Sie machte ihn weiterhin bestürzt und lag jenseits des Verständnisses aller, die davon hörten. Daniel konnte die Offenbarung einer bevorstehenden Loslösung des Bösen nicht mit Gleichgültigkeit begrüßen.

Was es für uns bedeutet

Wir sollten dieses Kapitel nicht abschließen, ohne einige Lektionen für uns selbst zu lernen.

So können wir aus der Tatsache lernen, dass der zukünftige Antiochus Epiphanes an dieser Stelle als ein „kleines Horn“ (V. 9) beschrieben wird. Im vorherigen Kapitel lasen wir von einem anderen „kleinen Horn“ - einer Person, die am Ende der Zeit kommen wird und die das Volk des Herrn so sehr leiden lassen wird, wie es nie zuvor gelitten hat. Zweifellos werden wir meinen, es sei kaum zu glauben, dass das Kommen einer solchen Person eine Tatsache sei und dass er so schnell beseitigt werden würde, wie wir es gehört haben.

Aber das Kapitel, das wir nun studieren, spricht auch von Antiochus als einem kleinen Horn. Er kam genauso, wie es zuvor von ihm geschrieben worden war, und wurde genauso beseitigt, wie es vorausgesagt worden war. Wir können davon ausgehen, dass die, die zuerst die Weissagungen bezüglich seiner Person hörten, sie ebenso wenig für glaubhaft hielten. Dies verhinderte nicht, dass sie eintrafen. Die Ereignisse, die noch in der Zukunft liegen und die wir erwarten, sind gleichermaßen sicher - und wir sollten in ihrem Licht leben. Die Gewissheit des Kommens des Antichristen sollte uns mit Ernst erfüllen. Die Gewissheit seiner Beseitigung sollte uns frohlocken lassen!

Aber warum werden sowohl Antiochus am Ende des zweiten Jahrhunderts v. Chr. als auch „der Mensch der Sünde“ am Ende der Welt als kleine Hörner bezeichnet? Sie sind charakteristische und ganz unterschiedene Personen. Einer ist bereits gekommen, und einer muss noch kommen. Warum werden sie dann mit identischen Begriffen beschrieben?

Dies geschieht, weil sie in einem ganz realen Sinne ein und dieselbe Sache sind. Das Neue Testament wirft Licht auf diesen Punkt, indem es uns von dem Kommen eines personhaften Antichristen berichtet, wie wir gesehen haben. Und doch sagt es uns auch, dass der Geist des Antichristen bereits in der Welt ist und dass schon viele Antichristen gekommen sind (1.Joh 2,18.19; 4,3; 2.Joh 1,7). Die früheren Antichristen erhalten denselben Titel wie der letzte, weil sie seine Vorläufer sind. Er wird in seiner Macht größer und unendlich viel böser sein. Aber er wird sich nicht im Wesen von denen unterscheiden, die ihm vorausgegangen sind. Er wird alles sein, was sie waren, jedoch in einem viel größeren Maß. Sein Kommen wird nicht etwas in die Welt einführen, was sie nie zuvor erlebt hat. Es wird etwas sein, was sie schon tausendmal erlebt hat, aber mit viel größerer Intensität.

Es wird vor dem letzten kleinen Horn schon viele kleine Hörner gegeben haben - und Antiochus Epiphanes war eines davon. Es hat unzählige andere gegeben, die sich Gott widersetzt haben und sich mit aller Gewalt gegen sein Volk gerichtet haben, fest entschlossen, es auszurotten. Denken wir an Nero, eine beinahe unzählbare Menge von Päpsten, an Hitler, an Chruschtschow, an Mao Tse-Tung und an Enver Hodscha, den letzten kommunistischen Präsidenten Albaniens. Sie alle sind Beispiele kleiner Hörner.

Aber für Gott sind sie, wie wir uns erinnern müssen, alle kleine Hörner. Für uns ist ihre Macht eindrucksvoll, aber nicht einer von ihnen ist in seinen Augen groß. Ihre Arroganz mag vor Zuversicht strotzen; sie mögen sehr eisern und unbeugbar wirken. Für Gott bedeutet dies nichts. Er verachtet die Macht von Sterblichen. Er entfernt sie, wie es ihm gefällt, und wird auch den letzten Antichrist mit derselben allmächtigen Leichtigkeit beseitigen. Er fegt jeden in der Aufeinanderfolge der Antichristen weg, wenn es ihm gefällt; der einzige Unterschied beim letzten Antichristen wird sein, dass er der letzte in ihrer Kette ist.

Wie lacht Gott doch über menschliche Macht! Für ihn ist das große Medopersische Weltreich nichts mehr als ein lahmender Widder. Die Macht Griechenlands ist ein wolliges Schaf, und Alexander der Große ein zerbrechliches Horn, das mit den Fingern ergriffen werden kann!

Aber wie steht es mit Antiochus Epiphanes? Sein Königreich war nie wirklich sehr groß, war jedoch für Gott von größerer Bedeutung, weil sein Herrscher in das Angesicht des Himmels spie. Deshalb wird ihm, verglichen mit den Weltreichen, die erwähnt werden, so viel Raum in diesem Buch gewidmet. Gott misst das Maß der Bedeutung von weltgeschichtlichen Ereignissen nicht so, wie wir es tun. Die relative Bedeutung eines Ereignisses oder eines Regimes wird an der Auswirkung gemessen, die es auf sein Volk hat. Schließlich ist sein Volk sein Augapfel. Antiochus wandte sich in einer Weise gegen sie, wie es die größeren Weltreiche nicht taten. Die Geschichtsbücher der Welt schenken seinen Aktivitäten nur wenig Aufmerksamkeit, obwohl sie ganze Bände über Persien und Rom füllen. Gott jedoch nicht. Er notiert die Einzelheiten all dessen, was er tut, und gelobt seinem Volk, dass er „ohne Menschenhand zerschmettert werden“ wird. Die Welt macht sich nicht viele Gedanken über ihr Los, der unendliche Gott hingegen wohl. Er kümmert sich um die Seinen.

Wie groß Gott doch ist! Wie kommt es, dass er die zukünftige Geschichte seinem Propheten Jahrhunderte, bevor sie geschieht, offenbaren kann? Weil er der Gott der Geschichte ist und weil alle Ereignisse überall und wann immer seinem souveränen Willen dienen. Was für ein Trost ist es, zu wissen, dass keine böse Macht sich ohne seinen ausdrücklichen Ratschluss erheben kann! Wie tröstlich ist es, sich bewusst zu sein, dass er, der die Geschichte lenkt, garantiert hat, dass sein Sohn schließlich über alle Herrschaft und Gewalt triumphieren wird und dass jede Entfaltung des Bösen schließlich niedergeworfen werden wird! Was für eine Torheit ist es, gegen solch einen Gott zu kämpfen! Welch eine Weisheit ist es, mit ihm zu wandeln! Was für eine Überzeugungskraft liegt in dem Argument: „Ist Gott für uns, wer kann wider uns sein?“ (Röm 8,31)!

Der Engel Gabriel

Es gibt noch einen anderen Punkt, den wir beachten sollten, bevor wir dieses Kapitel verlassen. Wir lesen, dass der Engel Gabriel eine Botschaft von Gott auf die Erde brachte, und wir sollten uns daran erinnern, dass dies nicht das einzige Mal ist, dass er dies tat.

Als die Geburt Johannes des Täufers angekündigt wurde, kam Gabriel zu Johannes' Vater: „Der Engel antwortete und sprach zu ihm: Ich bin Gabriel, der vor Gott steht, und bin gesandt, mit dir zu reden und dir dies zu verkündigen“ (Lk 1,19). Und so traf Zacharias Gabriel.

Im sechsten Schwangerschaftsmonat Elisabeths „wurde der Engel Gabriel von Gott in eine Stadt von Galiläa, mit Namen Nazareth, gesandt, zu einer Jungfrau, die einem Mann namens Josef, aus dem Haus Davids, verlobt war, und der Name der Jungfrau war Maria“ (Lk 1,26.27).

Der heilige Engel kündigte die Geburt zweier Säuglinge an! Als der erste geboren war, brach sein Vater in Lobpreis aus und sprach über den kommenden Christus, der in Kürze von Maria geboren werden sollte, indem er sagte: „Gepriesen sei der Herr, der Gott Israels, dass er besucht und Erlösung geschafft hat seinem Volke, und uns ein Horn des Heils aufgerichtet hat in dem Hause Davids, seines Knechtes“ (Lk 1,68.69).

In Daniel 8 haben wir von mehreren Hörnern gelesen - einem Horn, das über ein anderes hinauswuchs, einem zerbrochenen Horn, vier Hörnern, die folgten, und einem kleinen Horn, das aus einem der vier hervorkam. Doch der Mann, dem

Gabriel hier eine Botschaft übermittelt, spricht von einem *anderen* Horn!

In den Schriften ist, wie wir gesehen haben, das Horn ein Symbol fürstlicher Macht. Unser Kapitel hat uns von vielen Manifestationen menschlicher Macht berichtet, die kamen und gingen. Doch beim Kommen Christi versichert das Lied des Zacharias, dass nun endlich *Gott* uns ein Horn gegeben hat. Ein Horn nach Gottes eigener Art kommt in die Welt.

Er sagt uns, dass jede andere Regierung und Herrschaft irgendwann scheitern muss. Aber Gott hat ein Horn. Gott hat Einen, der herrschen und regieren wird. Es ist eine weitere Unterstreichung eines der Hauptthemen des Buches Daniel. Es gibt kein bleibendes, ewig währendes Reich außer dem des Herrn Jesus Christus!

Kein Widder oder Ziegenbock, sondern ein Lamm

Wie kündigte Zacharias' Sohn, als er aufwuchs und seinen Dienst als der Vorläufer des verheißenen Messias begann, diesen an? „Siehe, das Lamm Gottes ...“ (Joh 1,29).

Als dem Apostel Johannes das Vorrecht geschenkt wurde, eine symbolische Vision des Himmels zu sehen, was sah er, wer dort die Herrschaft ausübte? War es ein Widder oder ein Ziegenbock? Er sah einen Löwen - einen Löwen, der als „ein Lamm ... wie geschlachtet“ beschrieben wird (Offb 5,5.6).

Wenn alle anderen Hörner gekommen und gegangen sind, hat *Gott immer noch* ein Horn! Wenn Widder und Ziegenböcke von der Bühne der Weltgeschichte verschwunden sein werden, hat Gott ein Lamm! Und der ganze Himmel sagt: „Das Lamm, das geschlachtet ist, ist würdig, zu nehmen Kraft und Reichtum und Weisheit und Stärke und Ehre und Preis und Lob. Und jedes Geschöpf, das im Himmel ist und auf Erden und unter der Erde und auf dem Meer und alles, was darin ist, hörte ich sagen: Dem, der auf dem Thron sitzt, und dem Lamm sei Lob und Ehre und Preis und Gewalt von Ewigkeit zu Ewigkeit!“ (Offb 5,12.13).

Unsere Gedanken können nicht anders, als von Daniel 8 zu diesen anderen Schriftstellen zu wandern. Die eine deutet auf die anderen hin, besonders weil die in unserem Kapitel erwähnten Mächte so offensichtlich *vergängliche* Mächte sind. Wir fragen, wo eine dauerhafte Herrschaft und Regierung gefunden werden kann, und erinnern uns auf einmal, was Gott bezüglich des Lammes erklärt hat, der das Horn unseres Heils ist.

Deshalb können wir, ohne uns schämen zu müssen, Christi Seite auf unseren Arbeitsplätzen oder an unseren Studienorten einnehmen, selbst wenn wir bei unserem Tun allein für Gott einstehen. Wenn alle unsere Verwandten oder Nachbarn ihn ignorieren oder ablehnen sollten, können wir uns immer noch freimütig mit ihm identifizieren. Jede andere Macht ist vergänglich. Kein Königreich außer dem seinigen wird sich behaupten. Alles, was seinem Volk schadet, wird zunichte werden, aber dieses Volk wird niemals vergessen werden. Es ist mit solch großen Verheißungen ausgerüstet, dass wir mit dem Liederdichter sagen können:

> Bleibe fest wie Daniel,
> Stehst du auch allein;
> Wag es treu vor aller Welt,
> Gottes Kind zu sein!

11.

Ein großartiges Gebet

Schriftlesung: Daniel 9

Dieses Kapitel berichtet über eine großartige Entdeckung, ein großartiges Gebet und eine großartige Offenbarung. Es ist vielleicht für den ein oder anderen ein umstrittenes Kapitel, aber sicher ist es einer der spannendsten Abschnitte im ganzen Buch Daniel.

Eine großartige Entdeckung

Über die großartige Entdeckung wird in den beiden einleitenden Versen berichtet. Um sie wirklich zu verstehen, müssen wir uns an die Ereignisse erinnern, die uns im 1. Kapitel berichtet werden. Diese Ereignisse fanden im Jahr 605 v. Chr. statt. In jenem Jahr hatte Nebukadnezar Jerusalem eingenommen und Daniel mit einer großen Menge anderer Israeliten ins Exil weggeführt. Die Mehrheit des Volkes war ihnen dann nach und nach gefolgt. All das war 68 Jahre her. Daniel war jetzt schon beinahe 70 Jahre in Babylon.

In diesem Kapitel nun ist Daniel ein alter Mann. Er war vierzehn, als er gefangen weggeführt worden war, also ist er nun 82 Jahre alt. Man schreibt das Jahr 537 v. Chr., das erste Jahr des Darius, des Meders. Der greise Prophet kann auf über 68 Jahre zurückblicken, in denen er mutig für den Herrn eingetreten war. In all jenen Jahren stand er, mit nur einer Handvoll anderer, als Einzelner für Gott ein und hat bei keiner sich ihm bietenden Gelegenheit Kompromisse geschlossen - er blieb seinem Herrn kompromisslos treu.

Und nun ist das Babylonische Weltreich gefallen, genau so, wie seine von Gott gegebenen Visionen es vorausgesagt hatten. Medopersien regiert die Welt, und Darius der Meder regiert Medopersien. Was Daniel betrifft, so ist er, wie wir es in Kapitel 6 sahen, in eine Führungsposition beispielloser Wichtigkeit befördert worden. Im neuen Regime ist er nur dem König selbst unterstellt.

Viele Jahre sind vergangen, seit er Jerusalem zuletzt gesehen hat, doch der Glaube des alten Mannes ist so frisch, wie er es immer war. Die Prüfungen haben seinen Glauben nicht gebrochen. Die Beförderung hat ihm nicht geschadet oder Daniel dazu verführt, andere Dinge mehr als seinen Gott zu lieben. Zu Anfang des Kapitel sehen wir ihn beim Lesen seiner Bibel. Es wird sich dabei nicht um einen einzigen Band gehandelt haben wie bei unseren gedruckten Bibeln heutzutage, sondern um eine Sammlung von Schriftrollen oder „Büchern", wie viele Bibelausgaben übersetzen.

Daniel war ein großer Prophet und hatte viele bemerkenswerte Visionen und Offenbarungen gehabt, aber er legte nie das Bedürfnis ab, seine Bibel zu lesen. Wir sollten uns ihn zum Vorbild machen.

Bei dieser speziellen Gelegenheit liest er aus den Schriftrollen Jeremias. Als er noch ein Junge gewesen war, hatte er Jeremia wahrscheinlich persönlich in Jerusalem predigen gehört. Er wird sicher von ihm gewusst haben. Jeremias Prophezeiungen waren niedergeschrieben worden und waren, weil sie Wort Gottes waren, in den folgenden Jahren auf wunderbare Weise erhalten geblieben. Diese Weissagungen las Daniel nun. Als er dies tat, konnte er kaum seinen Augen trauen ...!

Als er Jeremias Prophezeiungen las, sah Daniel plötzlich etwas, was er zuvor noch nie gesehen hatte. Was war es? Um es herauszufinden, müssen wir Jeremia 25,8-11 und 29,10-14 aufschlagen.

Beim Lesen von Jeremia 25 werden die Augen des Propheten bei den folgenden Worten verweilt haben:

> „Darum spricht der HERR Zebaoth: Weil ihr denn meine Worte nicht hören wollt, siehe, so will ich ausschicken und kommen lassen alle Völker des Nordens, spricht der HERR, auch meinen Knecht Nebukadnezar, den König von Babel, und will sie bringen über dies Land und über seine Bewohner und über alle diese Völker ringsum und will an ihnen den Bann vollstrecken und sie zum Bild des Entsetzens und zum Spott und zur ewigen Wüste machen.“
>
> Jeremia 25,8.9

Der alte Mann wird darüber nachgedacht haben, wie wahr doch Jeremias Voraussagen gewesen waren. Von dem Augenblick an, da Nebukadnezar über Israel kam, war das Land in der Tat schwer verwüstet worden.

Er wird weitergelesen haben: „Und [ich] will wegnehmen allen fröhlichen Gesang, die Stimme des Bräutigams und der Braut, das Geräusch der Mühle und das Licht der Lampe“ (Jeremia 25,10).

Auch dies wird ihn zum Nachdenken gebracht haben. Viele junge Leute, die kurz vor der Heirat standen, waren plötzlich durch die Gefangenschaft getrennt worden. Überall im Land hörte man Trauergesang; es wurden viele Tränen geweint.

Doch dann las er Folgendes: „So dass dies ganze Land wüst und zerstört liegen soll. Und diese Völker sollen dem König von Babel dienen siebzig Jahre“ (Jer 25,11). Babylon war dahin, doch der Mann, der nun das Medopersische Weltreich regierte, beherrschte das Territorium des einstigen Babylonischen Weltreiches. Der Regierungswechsel hatte keine Auswirkungen auf die Situation der Juden; sie waren immer noch in der Verbannung, weit weg von ihrer Heimat. Daniel selbst war 68 Jahre zuvor, als einer der Ersten, nach Babylon verschleppt worden. Aber nun las er, dass die Gefangenschaft nur noch zwei Jahre länger währen sollte!

So las er weiter, und nur wenig später muss er über folgende Worte gestolpert sein:

> „Denn so spricht der HERR: Wenn für Babel siebzig Jahre voll sind, so will ich euch heimsuchen und will mein gnädiges Wort an euch erfüllen, dass ich euch wieder an diesen Ort bringe. Denn ich weiß wohl, was ich für Gedanken über euch habe, spricht der HERR: Gedanken des Friedens und nicht des Leides, dass ich euch gebe das Ende, des ihr wartet. Und ihr werdet mich anrufen und hingehen und mich bitten, und ich will euch erhören. Ihr werdet mich suchen und finden; denn wenn ihr mich von ganzem Herzen suchen werdet, so will ich mich von euch finden lassen, spricht der HERR, und will eure Gefangenschaft wenden und euch sammeln aus allen Völkern und von allen Orten, wohin ich euch verstoßen habe, spricht der HERR, und will euch wieder an diesen Ort bringen, von wo ich euch habe wegführen lassen."
>
> Jeremia 29,10-14

Da war es wieder! In den Schriften, die vor ihm lagen, las Daniel einmal mehr eine göttliche Verheißung, dass die Babylonische Gefangenschaft nach siebzig Jahren enden würde. Wenn Gottes Volk zu ihm umkehrte, würde es wieder in sein Land zurückgebracht.

Wir können uns vorstellen, wie das Herz des alten Mannes zu springen und zu tanzen begann. Jerusalem war für ihn nur noch eine Kindheitserinnerung, aber er hatte es niemals vergessen und hatte nie den Wunsch verloren, dorthin zurückzukehren. 68 Jahre lang hatte er bei offenem Fenster nach Jerusalem gewandt gebetet. Alles in ihm hatte sich danach gesehnt, dorthin zurückzukehren. Und nun las er eine göttliche Verheißung, dass Gottes Volk nach siebzig Jahren wieder in jene Heimat zurückkehren könne!

Wie aufgeregt muss er gewesen sein, als er die Jahre abzählte. Die Zeit war beinahe reif. Und doch gab es kein sichtbares Zeichen dafür, dass die Verheißung überhaupt erfüllt werden konnte. Das neue Weltreich hatte noch gar keine Andeutung gemacht, dass es bereit wäre, die gefangenen Juden freizulassen. Auch gab es kein Anzeichen dafür, dass die verbannten Menschen zu ihrem Herrn, den sie beleidigt hatten, von ganzem Herzen zurückkehren würden. Zwar hatten sie ihren Götzendienst aufgegeben, der die Hauptursache für die Verbannung gewesen war. Aber das war alles. Sie schienen kein bisschen geistlicher zu sein als vorher.

Daniel konnte nicht mehr sehen als ein paar Juden, die von Herzen Gott suchten - und so beschloss er, es selbst zu tun. Er verhielt sich wie ein Mann mit einem Scheck aus dem Himmel. Der Scheck versprach die Rückkehr aus dem Exil unter der Bedingung, dass sein Volk den Herrn erneut suchen würde. Soweit Daniel sehen konnte, war niemand daran interessiert, ihn einzulösen. Er entschied sich daher, es allein zu tun und sein Herz darauf zu richten, Gott für die Rückkehr der vertriebenen Juden zu suchen.

Daniel sagte sich nicht: „Gott hat verheißen, dass es geschehen wird, deshalb wird es geschehen, was ich auch immer tun mag." Seine Logik war ganz anders. Sie ging folgendermaßen: „Gott hat gesagt, dass wir nach siebzig Jahren zurückgehen können. Das ist die göttliche Verheißung. Daher will ich zu ihm beten, er möge seinen Zorn von Jerusalem abwenden und die verheißene Rückkehr einleiten."

Zu oft in der Geschichte haben Menschen Gottes Verheißungen zu einer Entschuldigung für ihr Nichtstun gemacht. Ihre

Haltung war fatalistisch, und sie saßen faul herum, während sie auf die Erfüllung der Verheißung warteten. Daniel wusste nichts von einer solchen Haltung. Für ihn war die göttliche Verheißung ein *Grund,* sich auf die schwere Arbeit des Gebetes einzulassen, nicht eine Entschuldigung für Untätigkeit. Er beschloss, seinen Gott anzuflehen, noch einmal gnädig gegen Jerusalem zu sein. Ein paar Monate später war Darius von der Bildfläche verschwunden, und Kyrus erhob sich, um anzukündigen, dass die Juden in ihre Heimat zurückgehen könnten!

Gott hatte es verheißen; Daniel betete dafür - und es geschah!

Ein großartiges Gebet

Das Gebet, das Daniel betete, ist eines der großartigsten in der Bibel. Es ist uns in den Versen 3-19 erhalten. Dies ist ein längerer Abschnitt, und wir werden nicht jedes Wort und jeden Ausdruck studieren können. Wir werden vielmehr die Hauptbestandteile des Gebets extrahieren und sie uns ins Gedächtnis einprägen.

Bevor wir uns die sechs Bestandteile anschauen, sollten wir uns daran erinnern, wie wichtig das Gebet in den Ratschlüssen Gottes ist. Es stimmt, dass die Ursache für die Rückkehr der Juden Gottes Verheißung war. Aber die andere Ursache für die Rückkehr war jedoch auch das Gebet des Überrestes.

Welche anderen Lektionen wir auch aus diesem Kapitel lernen mögen, so müssen wir doch sicherstellen, dass wir diese Lektion begreifen. Der Grund für Gottes Handeln in der Geschichte ist nicht einfach nur seine Verheißung, sondern auch das Gebet seines Volkes. Nichts anderes ist unter dem „Gebet nach seinem Willen“ zu verstehen. Dies ist ein Thema, über das das Neue Testament häufig spricht, und es ist ein erschreckend einfacher Gedanke. Das Gebet nach dem Willen Gottes bedeutet, aus der Schrift herauszufinden, was Gott verheißen hat, und dafür zu beten.

Hat Gott verheißen, dass das Evangelium bis an die Enden der Erde getragen werden wird? Er hat es versprochen. Lasst uns also dafür beten - und es wird geschehen!

Hat Gott verheißen, dass wenn sein Wort gepredigt wird, es nicht leer zu ihm zurückkehren wird? Er hat es versprochen. Lasst uns also beten, dass sein Wort eine Wirkung auf diejenigen haben möge, die es hören - und es wird sich auswirken!

Hat Gott verheißen, dass sein Sohn wiederkommen wird in Macht und großer Herrlichkeit und mit allen seinen heiligen Engeln? Ja! Dies ist eine klare und wiederholte Verheißung seines Wortes. Wir schließen uns daher Johannes an und beten mit ihm: „Amen, ja, komm, Herr Jesus!" (Offb 22,20) und wissen, dass wir nicht enttäuscht werden. Daniel hatte genau die gleiche Einstellung. Gott hatte etwas verheißen, und das veranlasste ihn, dafür zu beten. Und es geschah.

In der Aufzählung der Bestandteile seines Gebetes ist das Erste, was wir zur Kenntnis nehmen, dass er Gott *ernst nahm*.

Seine Gewohnheit war es gewesen, dreimal des Tages zu Gott zu beten. Doch für ihn bedeutete dies nicht, dass damit zusätzliche Zeiten des Gebetes für besondere Anliegen ausgeschlossen waren. In Vers 3 lesen wir, dass er sein Angesicht zu Gott, dem Herrn richtete, „um zu beten und zu flehen unter Fasten und in Sack und Asche". Er betete mit einer Intensität, die über das hinausging, was ein normaler Bestandteil seiner regelmäßigen Andacht gewesen war.

Daneben bemerken wir, dass er *ehrfurchtsvoll* zu Gott kam. Sein Gebet war keines von der Art der heute so populären, abstoßenden Gebete, in denen der Herr mit „Süßer Jesus" angeredet wird. Er war mit Gott innig vertraut, konnte jedoch nichtsdestoweniger nie vergessen, dass es Gott war, mit dem er eng vertraut war. Als er sich ihm nahte, hatte er ein großes Empfinden für die *Andersartigkeit* Gottes - für seine Gottheit. Deshalb beginnt sein Gebet: „Ach, Herr, du großer und heiliger Gott ..." (V. 4[13]).

---

[13] *RevElbf*: „Ach, Herr, du großer und furchtbarer Gott ..."

Der dritte Bestandteil ist, dass er *bußfertig* betete. Wenn wir uns den Beginn seines Gebetes anschauen, so lesen wir, dass es ein „Bekenntnis" ist (V. 4), und am Ende des Gebetes wird uns dasselbe gesagt. Es ist das Gebet eines demütigen Mannes, der den großen und heiligen Gott suchte und von dem Bewusstsein der Sünde, die er bekennt, tief durchdrungen ist. In diesem Bekenntnis kann er sich nicht von dem Volk, dem er angehört, distanzieren - und daher bekennt er die Sünden der ganzen Nation.

Dies bedeutet nicht, dass sein Bekenntnis nur eine unpersönliche, eingeübte Sache war. Ein Studium des Gebetes zeigt, wie speziell es war. „Ja, HERR, wir ... müssen uns schämen, dass wir uns an dir versündigt haben ..." (V. 8); „... wir sind abtrünnig geworden und gehorchten nicht der Stimme des HERRN, unseres Gottes, und wandelten nicht in seinem Gesetz, das er uns vorlegte durch seine Knechte, die Propheten; sondern ganz Israel übertrat dein Gesetz, und sie wichen ab und gehorchten deiner Stimme nicht" (V. 9-11); „... wir gehorchten seiner Stimme nicht (V. 14); „... wir haben gesündigt, wir sind gottlos gewesen" (V. 15).

Bei dem uns vorliegenden Gebet handelt es sich um ein Bußgebet. Die Fürsten, die Herrscher und alles Volk ist derselben Übertretung schuldig. Gott hatte zu ihnen geredet, und sie hatten nicht gehört. Gott hatte befohlen, und sie hatten nicht gehorcht. Gott hatte Großes für sie getan, und sie sind nicht dankbar gewesen.

Nach der Auflistung ihrer Sünden fährt Daniel fort, indem er anerkennt, dass die Drangsale und die Vertreibung des Volkes eine Frucht seiner Sünde ist. Er bekennt auch freimütig, dass Gott gerecht handelt, indem er sie bestraft. Dies wird aus Vers 7 deutlich, aber auch aus Vers 14: „Denn der HERR, unser Gott, ist gerecht in allen seinen Werken, die er tut."

In den Versen 11-14 gesteht Daniel, dass alles, was geschehen ist, nichts anderes ist als das, was Moses für den Fall angekündigt hatte, dass das Volk sich von Gott abwenden würde. Die gegenwärtige Strafe ist die Erfüllung einer göttlichen Verheißung! Half diese Erkenntnis seinem Glauben, als er für die Erfüllung einer anderen göttlichen Verheißung einzutreten begann - der Verheißung des Endes der Verbannung?

Aber Daniel kam nicht nur ernst, ehrfurchtsvoll und geduldig zum HERRN. In diesem großartigen Gebet sehen wir auch, dass er *im Vertrauen auf seine Gnade* zu Gott kam.

Vers 4 ist von einvernehmendem Liebreiz: „Ach, Herr, du großer und heiliger Gott, der du Bund und Gnade bewahrst denen, die dich lieben ...!" Er wusste von Gottes Majestät. Er wusste auch von seiner unendlichen Zärtlichkeit.

Denselben einvernehmenden Klang hören wir auch in den Versen 9 und 18: „Bei dir aber, Herr, unser Gott, ist Barmherzigkeit und Vergebung. Denn wir sind abtrünnig geworden ... Denn wir liegen vor dir mit unserm Gebet und vertrauen nicht auf unsre Gerechtigkeit, sondern auf deine große Barmherzigkeit." Ein Teil der Größe des Gebetes Daniels liegt in der Tatsache, dass er erkannte, dass Gott nicht vergessen hatte, barmherzig zu sein. Auf dieser Grundlage hatte er genügend Freimütigkeit, um sich ihm zu nahen und seine Anliegen vertrauensvoll vor ihn zu bringen.

Dies führt uns zu unserem nächsten Punkt. Daniel kam *mit speziellen Anliegen* zu Gott. Er sah Jerusalem, den Tempel und das Volk zerstört und bat Gott, seinen Zorn und Grimm von ihnen allen abzuwenden und sie wiederum in Gnaden anzusehen. Alle seine Anliegen und Bitten brachte er treffend zum Ausdruck: „Wende ab deinen Zorn und Grimm von deiner Stadt Jerusalem und deinem heiligen Berg" (V. 16); „Lass dein Antlitz leuchten über dein zerstörtes Heiligtum um deinetwillen, Herr" (V. 17); „Tu deine Augen auf und sieh an unsere Trümmer und die Stadt, die nach deinem Namen genannt ist" (V. 18); „Ach Herr, merke auf! Tu es und säume nicht - um deinetwillen, mein Gott!" (V. 19).

Der letzte Bestandteil, den wir zur Kenntnis nehmen sollten, ist, dass Daniel *mit starken Argumenten und mit Beharrlichkeit* zu Gott kam. Wie Mose vor ihm, nannte er Gott überzeugende Gründe, weshalb er ihn hören sollte und wiederholte seine Bitten und Argumente mit Inbrunst und Dringlichkeit. Das ist eines der Geheimnisse derer, die mit Gott ringen.

So erinnert er Gott im 15. Vers daran, dass er eine große Tat in der Geschichte vollbracht hatte, als er das Volk aus der ägyptischen Knechtschaft geführt hatte. Diese Tat hatte Gott großen Ruhm eingebracht. Es schien so, als ob Daniel durchblicken ließ: „Du hast bereits große Dinge für dein Volk getan, warum tust du es also nicht wieder? Sie aus der Gefangenschaft zu führen, ist für dich nichts Neues."

In Vers 16 erinnert er Gott daran, dass die Stadt Jerusalem, die wüst ist, *„deine* Stadt Jerusalem und *dein* heiliger Berg" ist. Sollte er dann nicht etwas für seine Stadt tun? Das Volk, das mit Schande bedeckt ist, ist *„dein* Volk". Kann Gott dabeistehen und nichts tun, wenn es um sein eigenes Volk geht, das Volk, das er aus Ägypten herausgeführt hat, das nun so geringschätzig behandelt wird?

Das Argument verstärkt sich in Vers 17. Der Tempel in Jerusalem war der einzige Platz in der ganzen Welt, der der Anbetung und dem Dienst des wahren Gottes geweiht war. Gerade jenes Gebäude, „dein Heiligtum", war nun verwüstet. Wird er nicht „um deinetwillen" etwas dafür tun?

Die Stadt, in dem jener Tempel stand, so erinnert er Gott, war auch „nach deinem Namen genannt" (V. 18). Daniels Bitte ist nicht, dass Gott *um des Volkes willen* für Israel handeln wolle. Sie verdienen es nicht. Sie haben wegen ihrer Auflehnung und Widerspenstigkeit alle Ansprüche auf seine Gnade verwirkt. Und doch bleibt immer noch die Tatsache bestehen, dass sie als Gottes Volk bekannt und nach seinem Namen genannt sind. Ihre fortdauernde Unterdrückung und die Verwüstung ihres Landes wirft ein schlechtes Licht auf Gott. Es wird so scheinen, als ob er sich nicht um sie kümmern würde oder dass er nicht mächtig genug sei, um ihnen zu helfen. Die Welt um sie her wird sich ihre Einschätzung Gottes auf der Grundlage des Wohlergehens des Volkes bilden, das als sein Volk bekannt ist. Gott *muss* also um seines eigenen Namens willen handeln. Sein eigener Ruf und seine Ehre stehen auf dem Spiel. Wenn er nicht einschreitet, um Israel zu erretten, wird sein Name in den Schmutz gezogen werden. Auf diese Weise argumentiert Daniel und schreit seine Seele heraus zu Gott. Das Gebet erreicht sein Crescendo in Vers 19: „Ach Herr, höre! Ach Herr, sei gnädig! Ach Herr, merk auf! Tu es und säume nicht - um deinetwillen, mein Gott! Denn deine Stadt und dein Volk ist nach deinem Namen genannt.“

Wann haben *Sie* zuletzt so gebetet? Das ist die Art Gebet, die Gott erhört.

Wenn wir Gott wirken sehen möchten, müssen wir herausfinden, was er verheißen hat, und so dafür beten wie Daniel. Wir brauchen nicht zu warten, bis sich andere uns anschließen, bevor wir beginnen. Wenn der Überrest so betet, dann ändert sich der Lauf der Geschichte.

Eine großartige Offenbarung

Was geschah infolge dieses Gebetes? Die Verse 20-27 sagen es uns. Die großartige Entdeckung hatte zu einem großartigen Gebet geführt. Diesem folgte dann eine großartige Offenbarung.

Wir wissen nicht, wie lange Daniel betete, aber er war immer noch im Gebet, als der Abend hereinbrach. Als er immer noch vom Ausmaß der Sünde und ihrer Konsequenzen überwältigt war und für die Zukunft der Sache Gottes eintrat, kam die großartige Offenbarung.

Seine Lippen bewegten sich immer noch im Gebet, als Gabriel wiederkam und ihn berührte. Er wird sofort einer ungeheuren Tatsache versichert. Ihm wird gesagt, dass vom allerersten Augenblick an, wo er betete, der Himmel ihm zugehört hatte - und Gabriels schnelles Kommen ist die Konsequenz (V. 23)!

War David einmal mehr angesichts des himmlischen Besuchers von Furcht überwältigt? Wenn dies der Fall war, so wird er unverzüglich getröstet. Er erfährt, dass er ein Vielgeliebter des Himmels ist und dort schon einen Namen hat! Ihm wird auch gesagt, dass er einen Blick in die Zukunft tun darf - der Sache, über die er besorgt war und für die er gebetet hat (V. 23). Der Engel ist gekommen, um ihm Einsicht und Verständnis zu geben, so dass er die Offenbarung begreifen kann, die ihm gegeben werden wird. Ihm wird gesagt: „So merke nun auf das Wort, damit du das Gesicht verstehst."

„Daniel", fuhr Gabriel fort (wenn ich die Verse 24 und 25a ein wenig paraphrasieren darf), „du hast über die Frage der siebzig Jahre und Israel und Jerusalem nachgedacht. Nun, das ist nicht die einzige Siebzig in Gottes Programm für Jerusalem. Von nun an gerechnet wird Jerusalem in siebzig Wochen (oder, wie es im Hebräischen heißt, in siebzig ‚Siebenern' oder ‚Heptaden') vier Dinge erleben:

Zuallererst wird Jerusalem das Ende der Übertretungen erleben und eine Sühnung ihrer Ungerechtigkeit. All das ist eine Angelegenheit. Die Übertretungen, die Gott deutlich vor Augen stehen, werden aus seinem Blick verschwinden. Die Sünden, die nach seiner Strafe rufen, werden unsichtbar werden. Die Sühnung wird vollbracht werden, die gegenwärtige Ungerechtigkeit, die Menschen von ihm trennt, wird hinweg getan werden. Ja, von nun an nach siebzig ‚Siebenern' wird etwas mit der Sünde getan werden."

Welchen Trost müssen diese Worte dem greisen Propheten gebracht haben! Die Ungeheuerlichkeit der Sünde war eine Hauptlast, die er in seinem Gebet getragen hatte. Nun hört er, dass die Sünde aus dem Weg geschaffen wird!

„Der zweite Punkt ist, dass von nun an in siebzig ‚Siebenern' eine ewige Gerechtigkeit eingeführt werden wird."

Im Evangelium geht es, wie wir wissen, nicht nur um die Vergebung der Sünden. Die Tilgung unseres Schuldenregisters lässt uns nackt vor Gottes Angesicht stehen. Das Evangelium aber verheißt uns mehr als das. Es verheißt uns, wie Sünder einem beleidigten Gott empfohlen werden können. Es lässt sie in seinen Augen gerecht werden.

„Drittens werden von nun an nach siebzig ‚Siebenern‘ Gesicht und Weissagung versiegelt werden.“

Stellen Sie sich die alten Schriftrollen vor. Wenn man an das Ende einer Rolle kommt, rollt man sie auf und versiegelt sie. Es bedeutet, dass man damit fertig ist. Nun, es hat ein ganzes Heer von Weissagungen und Visionen gegeben, die in die Zukunft blickten, und alle werden sich von nun an in siebzig „Siebenern“ erfüllen.

„Schließlich wird von nun an in siebzig ‚Siebenern‘ das Allerheiligste gesalbt werden.“

Selbstverständlich haben die Wörter „gesalbt“ und „Messias“ dieselbe Wurzel. Der Messias, der kommt, wird der allerheiligste Gott sein! All dies wird Jerusalem sehen. Siebzig „Siebener“ sind bestimmt, und dies halten sie nach der Ankündigung Gabriels für die Zukunft bereit.

Als Daniel all dies hörte, muss er gewaltig erregt gewesen sein. Den größeren Teil seines Lebens hatte er über Jerusalem getrauert und sich nach ihrer Wiederherstellung gesehnt. Nun hörte er, dass es nach nur noch siebzig „Siebenern“ eine Zukunft haben sollte, die alle seine Erwartungen weit übertreffen würde. Der verheißene Christus würde kommen, die Sünde würde abgetan werden und es würde ein Weg eröffnet werden, auf dem der Sünder ewig gerecht vor Gott werden kann. Die Zeit, wo über den Gesalbten geweissagt werden sollte, würde dann vorbei sein. Er kommt - nach Jerusalem!

Er wusste dies, weil der Engel es ihm sagte. Doch das war nicht alles, was Gabriel zu sagen hatte. In den Versen 25-27 teilte er Daniel mit, wie die siebzig „Siebener“ eingeteilt sind. Es sollte drei Perioden geben, von denen zwei in Vers 25 und die dritte in den Versen 26 und 27 erwähnt werden.

Die erste Periode wird sieben „Siebener“, sprich sieben Wochen, lang sein. Die zweite wird 62 „Siebener“ lang sein.

Dann wird es einen weiteren „Siebener" am Ende geben. Die Einteilung der Periode ist einfach und leicht zu behalten.

Anfangspunkt der Zeitspanne ist die Zeit, „als das Wort erging, Jerusalem werde wieder aufgebaut werden", und von diesem Zeitpunkt bis zum Messias werden jeweils die ersten sieben und 62 „Siebener" eintreffen (V. 25). Die erste Periode von sieben „Siebenern" wird enden, wenn „es wieder aufgebaut sein [wird] mit Plätzen und Gräben, wiewohl in kummervoller Zeit". Dies muss sich ganz sicher auf die Zeit Esras und Nehemias beziehen.

Hierauf wird der zweite Teil der 62 „Siebener" folgen, für dessen Verlauf keine Geschehnisse vorausgesagt sind. Nach dem Ablauf jenes zweiten Teils der „Siebener" wird der Messias „ausgerottet werden und nicht mehr sein" (V. 26[14]).

Im Lichte vieler phantasiereicher Auslegungen dieser Stelle, die heutzutage im Umlauf sind, ist es wichtig, genau zu betonen, was Gabriel offenbarte. Der Messias sollte weggetan werden, nicht während der neunundsechzigsten „Woche", sondern nach ihr. Er wird „ausgerottet werden und nicht mehr sein" während der siebzigsten „Woche".

Viele Leser werden nicht verstehen, warum ich dies betone. Es möge genügen, zu erwähnen, dass viele Christen glauben, dass die siebzigste „Woche", die in diesem Kapitel erwähnt wird, auf das Ende der Welt verschoben worden ist. Dies ist eindeutig unmöglich. Gabriel erklärt ganz klar, dass der Messias während jener Woche ausgerottet werden wird. Wenn die siebzigste Woche aufgeschoben worden wäre, so könnte dies nur bedeuten, dass kein Erretter bislang für uns gestorben wäre. Wir wären noch in unseren Sünden.

Die moderne Auslegung stimmt nicht mit den Tatsachen überein. Der Messias wurde, wie vorausgesagt, am Ende der 69 Wochen „ausgerottet", aber - und an dieser Stelle folge ich der „Authorized Version" - „nicht um seinetwillen" (V. 26), „denn

---

14 *UnrevElbf*: „... wird der Messias weggetan werden und nichts haben"; *Luther 1984*: „ein Gesalbter".

er ist aus dem Lande der Lebendigen weggerissen, da er für die Missetat meines Volks geplagt wurde“ (Jes 53,8) - er nahm unsere Strafe auf sich.

Das Hebräische könnte aber auch wie folgt übersetzt werden: „Und nach 62 Wochen wird der Messias weggetan werden und nichts haben.“ Falls das die richtige Übersetzung ist, so bezieht sich der Text wahrscheinlich auf die Verstoßung Jerusalems durch Christus, als er zu den Juden sagte: „Siehe, euer Haus soll euch wüst gelassen werden“ (Mt 23,28).

Die Folge davon, dass der Messias ausgerottet werden wird, wird in Vers 26 vorausgesagt: „Und das Volk eines Fürsten wird kommen und die Stadt und das Heiligtum zerstören, aber dann kommt das Ende durch eine Flut, und bis zum Ende wird es Krieg geben und Verwüstung, die längst beschlossen ist.“ Dies ist eine offensichtliche Prophetie, dass Jerusalem und ihr Tempel zerstört werden, wenn fremde Armeen wie eine Flut eindringen und Zerstörungen und Verwüstungen anrichten werden.

Daniel sieht dies im sechsten Jahrhundert v. Chr., aber es geschah nicht vor 70 n. Chr., als Titus und seine römischen Legionen diese Prophetie buchstäblich erfüllten. Die Zerstörung Jerusalems folgte nicht unmittelbar auf Golgatha, aber sie war ein Ereignis, das von der Tatsache bestimmt war, dass die Juden Christus verwarfen. Sie geschah nicht in der siebzigsten „Woche“, aber sie wurde in der siebzigsten „Woche“ bestimmt. Unser Herr machte sowohl in seiner Ölbergrede als auch bei seinem Gang zum Kreuz deutlich, dass seine Verwerfung durch die Juden die Zerstörung ihrer Stadt und des Tempels bedeuten würde (Mt 23,34-24,38; Lk 23,27-31).

An diesem Punkt hilft es, wenn wir an Adam zurückdenken. Ihm wurde gesagt, dass er an genau dem Tag sterben würde, an dem er von der verbotenen Frucht essen würde. Aber er fiel nicht buchstäblich tot um. An jenem Tage starb er geistlich, und infolge dieses Todes war sein leiblicher Tod sicher. In der gleichen Weise war die Zerstörung Jerusalems eine unausweichliche Folge davon, dass die Juden ihren Messias verwarfen, aber sie geschah eine relativ kurze Zeit, bevor das sichere Ereignis eintraf. Sie fand nicht in der siebzigsten „Woche" statt, aber sie war ganz sicher ein Bestandteil der Ereignisse jener „Woche".

Was wird hier noch hinsichtlich jener letzten „Woche" prophezeit? Es heißt, dass Gott „stark machen wird ... einen Bund für die vielen, eine Woche lang" (V. 27; revElbf[15]). Und er tat es, indem er ankündigte: „Das ist mein Blut des Bundes, das vergossen wird für viele zur Vergebung der Sünden" (Mt 26,28).

„Und in der Mitte der Woche wird er Schlachtopfer und Speisopfer abschaffen." Er tat auch dies, weil er ein für alle Mal geopfert wurde (siehe Hebr 7,27). Der Vorhang des Tempels zerriss mitten entzwei, und der Weg ins Heiligtum wurde durch sein nie zu wiederholendes Opfer beständig geöffnet. Es bestand keine weitere Notwendigkeit für die alttestamentlichen Rituale und Opfer. Tatsächlich machte es die Zerstörung Jerusalems schließlich sogar unmöglich, dass sie fortgesetzt wurden.

Um noch mehr Licht auf diesen Punkten und den Rest von Vers 27 zu werfen, können wir nichts Besseres tun, als E. B. Pusey[16] zu zitieren. Dr. Pusey war ein unübertroffener Fachmann auf dem Gebiet der alttestamentlichen Propheten und hatte eine außergewöhnliche Einsicht. Folgendes schrieb er im vorletzten Jahrhundert hinsichtlich der Verse 26 und 27 unseres Kapitels: „All dies erfüllt sich im Evangelium. Er, der so lang Erwartete, kam. Er *wurde* als der Messias anerkannt; er *ließ* die vom Gesetz geforderten Opfer aufhören; er *wurde* abgeschnitten; er *schloss* einen festen Bund mit den Vielen; eine fremde Armee *verwüstete* die Stadt und den Tempel; der Tempel liegt seither seit 1800 Jahren verwüstet da; die typischen Opfer

---

15 *Luther 1984*: „Er wird aber vielen den Bund schwer machen eine Woche lang."

16 Edward Pusey (1800-1882).

haben aufgehört, nicht durch Zweifel an ihrer Wirksamkeit seitens derer, denen sie einst gegeben worden waren.“

Das alte Buch erwies sich als wahr

Daniel hatte also das Vorrecht, zu sehen, dass das gegenwärtige Exil ein Ende finden würde. Es wurde ihm auch geschenkt, zu sehen, dass Christus kommen würde - und er konnte sehen, was er tun würde und wo und *wann*.

Wir müssen auf die Feststellung achten, dass die Stelle nicht sagt, dass die „Wochen“ Zeitperioden von sieben Jahren wären. Der hebräische Grundtext spricht einfach von siebzig „Siebenern“ oder „Heptaden“. Große Teile des Buches Daniel sind symbolisch, und wir sollten sehr vorsichtig sein, bevor wir auch nur eine der Zahlen aus dem Buch buchstäblich auslegen. Dies trifft besonders auf die Zahlen Sieben und Zehn zu, die in der biblischen Symbolik so sehr hervortreten. Wir sollten es uns mehr als gründlich überlegen, bevor wir folgern, dass siebzig „Siebener“ 490 Jahren entsprächen.

Als Jeremia die Zahl Siebzig gebrauchte, sprach er ganz eindeutig von „Jahren“. Gabriel sprach eher verhüllend von „Heptaden“ oder „Siebenern“.

Nach dem, was wir gesehen haben, ist es hochinteressant, dass ungefähr 80 Jahre nach den Ereignissen dieses Kapitels Artaxerxes I. das Gebot erließ, Jerusalem wieder aufzubauen. Damals erging das Wort, Jerusalem wiederaufzubauen (V. 25). Innerhalb von 49 Jahren (sieben mal sieben) nach jenem Gebot wurde die Stadt unter der Aufsicht Esras, Nehemias und anderer gebaut.

490 Jahre danach (62 mal sieben) kommen wir in die späten zwanziger Jahre des ersten Jahrhunderts n. Chr. Zu jener Zeit wurde, nach dreieinhalb Jahren des Dienstes (einer halben „Woche“ oder „Heptade“) unser Herr Jesus Christus „ausgerottet“. Innerhalb von dreieinhalb weiteren Jahren verkündigten

die Apostel, dass die Zukunft nicht bei den Juden, über die das Gericht gekommen war, sondern bei den Heiden liege.

Diese Daten können nicht exakt ausgerechnet werden, und alle Versuche, dies doch zu tun, sind gescheitert. Nirgends vermögen Gelehrte, auch nicht solche, die mit Rechenmaschinen und Computern ausgestattet sind, diese Angaben vollständig in eine Schema zu pressen.

Lassen Sie uns jedoch annehmen, dass jemand, der wüsste, wann der Prophet gelebt hatte, zufällig auf Daniel 9 stieße und die siebzig „Siebener" als 490 Jahre auffassen würde. Wenn er bei der so genannten Zeitenwende angekommen wäre, würde er sich sicherlich sagen: „Die Zeit ist nahe herangerückt. Wenn ich Recht habe, dann müsste die Person, von der Daniel schreibt, wahrscheinlich um diese Zeit geboren werden ..."

Ich habe eine Theorie - aber es ist nur eine Theorie. Meine Theorie ist, dass, weil Daniel in den frühen Tagen des Medopersischen Reiches so bekannt war, seine Schriften in die Bibliotheken Persiens aufgenommen wurden.

Es ist nur eine Theorie, aber meine Theorie ist, dass es auch in der antiken Welt Menschen gab, die Bibliotheken aufsuchten, um dort ihren Forschungen nachzugehen, um das zu erlangen, was damals einem Doktortitel entsprach! Sie nahmen die alten Dokumente aus den Regalen und hofften, etwas Originelles oder Ungewöhnliches zu finden, worüber sie schreiben konnten. Meine Theorie ist, dass sie ungefähr 4 v. Chr. Daniels Dokumente aus dem Regal nahmen und sich beim Lesen dachten: „Die Zeit ist vorgerückt. Der Messias, von dem in diesem Kapitel die Rede ist, könnte, falls er überhaupt kommen sollte, vielleicht gerade in diesem Augenblick geboren werden."

Zu jener Zeit erkundeten dieselben Forscher den Himmel und sahen einen Stern, der sie völlig verwirrte, der ihnen jedoch ein Zeichen dafür war, dass ein großer König geboren worden war. Sie eilten zu den Schriften Daniels zurück und sahen, dass der große König ungefähr zu jener Zeit geboren werden sollte und dass er in Jerusalem zu finden wäre.

Diese weisen Männer aus dem Osten sprangen dann auf ihre Kamele, nahmen Gold, Weihrauch und Myrrhe mit, ritten eiligst nach Jerusalem und fragten: „Wo ist der neugeborene König der Juden?“ (Mt 2,2).

Das alles ist nur eine Theorie. Aber was ich wirklich *weiß,* ist, dass es in der Stadt genau zu jener Zeit demütige Seelen gab, die erwartungsvoll auf diesen Tag warteten. Irgendwie *wussten* sie, dass die Zeit der Ankunft des Messias sehr nahe war. Aus ihren alttestamentlichen Schriften wussten sie sehr gut, dass er in *Bethlehem* geboren werden würde, und doch harrten sie auf Erlösung in *Jerusalem* (Lk 2,38)!

Wie konnten sie davon wissen? Ist es möglich, dass sie aus dem Buch Daniel geschlossen hatten, dass die Zeit nahe war und dass er in der heiligen Stadt anerkannt würde, in die er kommen sollte? Wie es auch immer gewesen sein mag, es wurde einem von ihnen, einem alten Mann, vom Heiligen Geist offenbart, „er solle den Tod nicht sehen, er habe denn zuvor den Christus des Herrn gesehen“ (Lk 2,26):

> „Und er kam auf Anregen des Geistes in den Tempel. Und als die Eltern das Kind Jesus in den Tempel brachten, um mit ihm zu tun, wie es Brauch ist nach dem Gesetz, da nahm er ihn auf seine Arme und lobte Gott und sprach: Herr, nun lässt du deinen Diener in Frieden fahren, wie du gesagt hast; denn meine Augen haben deinen Heiland gesehen, den du bereitet hast vor allen Völkern, ein Licht, zu erleuchten die Heiden und zum Preis deines Volkes Israel.“
>
> Lukas 2,27-32

Und auch eine alte Dame kam im selben Augenblick herein und „pries Gott und redete von ihm zu allen, die auf die Erlösung Jerusalems warteten“ (Lk 2,38).

Das alte Buch erwies sich als wahr. Der Christus kam, genauso, wie es von ihm geschrieben worden war, und die alten Leute starben glücklich.

Das alte Buch erweist sich immer als wahr. Es stellt Christus richtig dar, und wir können uns auf das, was es sagt, verlassen - nicht nur, was die Zeit, sondern auch, was die Ewigkeit betrifft.

12.

Ein alter Mann hat eine Vision

Schriftlesung: Daniel 10

Dieses wunderbare Kapitel steckt voller gewaltiger Lektionen für uns, besonders in Bezug auf unser Gebetsleben.

Alle vorherigen Kapitel des Buches Daniel waren in sich abgeschlossen. Das Kapitel 10 ist dagegen keine in sich geschlossene Einheit. Seine Funktion ist es, in eine Vision einzuführen, deren Einzelheiten in den Kapiteln 11 und 12 zu finden sind. Es berichtet von den Umständen, in denen die letzte Vision gegeben wurde, aber wir müssen auf die Lektüre der beiden abschließenden Kapitel warten, um genau zu sehen, was jene Vision beinhaltete.

Wann und wo Daniel die Vision erhielt

Die ersten vier Verse des Kapitels teilen uns mit, wann und wo Daniel die Vision empfing. Es ist nun das dritte Jahr des Königs Kyrus von Persien (V. 1). Über zwei Jahre sind vergangen, seit dieser persische Herrscher geboten hatte, dass die Juden nach Jerusalem zurückkehren konnten, um sowohl die Stadt als auch ihren Tempel wieder aufzubauen. Serubbabel und eine kleine Gruppe anderer Juden hatte bereits den Anfang gemacht und waren sicher in Palästina angekommen. Daniel hatte sich ihnen jedoch nicht angeschlossen. Es gab immer noch Arbeit für ihn, die er in Persien verrichten musste. Außerdem war er nun schon 86 oder 87 Jahre alt, und es war ein bisschen zu spät, um nun noch über weite Entfernungen zu reisen und sich an der schweren Aufbauarbeit zu beteiligen.

Der alte Mann hatte dafür gebetet, dass die Vertriebenen zurückkehren konnten; er war jedoch selbst nicht gegangen. Dies bedeutet nicht, dass Gott jetzt mit ihm nichts mehr im Sinn gehabt hätte. Er wird seinem greisen Propheten eine weitere Offenbarung geben. Der gebrechliche Knecht Gottes wird Dinge sehen, die er in keiner seiner vorherigen Visionen gesehen hat. Er wird den Sohn Gottes wiedersehen und auch einen weiteren Einblick in die Zukunft erhalten. Und was ihm enthüllt werden wird, wird Wahrheit und gewiss sein und „von großen Dingen" handeln (V. 1).

Daniel ist nun alt, aber nicht zu alt für spezielle religiöse Übungen (V. 2.3). Drei ganze Wochen lang hat er getrauert und war zu zutiefst niedergeschlagen gewesen. Er hat alle köstliche Speise und Delikatessen abgewiesen; er hat aufgehört, Fleisch zu essen; er hat seinen Wein beiseite gestellt. Er benutzte kein Salböl mehr, das im Orient weithin zur Erfrischung angewandt wird. Er hat sich ernstlich und tief gedemütigt. Er ging durch eine Zeit des Leidens und des Fastens.

Aus welchem Grund?, fragen wir. Warum hatte sich dieser alte Mann drei Wochen lang mit Fasten und Gebet gequält - voller Trauer?

Es wird uns nicht ausdrücklich gesagt, aber wir können es dem entnehmen, was wir von der alttestamentlichen Geschichte wissen. Daniel hatte sich danach gesehnt und dafür gebetet, dass es den Juden erlaubt würde, aus der Babylonischen Gefangenschaft zurückzukehren, und sein Gebet war in dem Erlass des Kyrus erhört worden. Ein paar Juden waren bereits zurückgekehrt. Und doch war es so, als ob überhaupt keine Rückkehr stattgefunden hätte. Nur eine kleine Minderheit hatte von der von Gott gegebenen Gelegenheit zur Rückkehr Gebrauch gemacht. Die große Mehrheit hatte kein wirkliches Verlangen, zurückzugehen.

Dies muss für Daniel herzzerreißend gewesen sein. Siebzig Jahre und länger war Jerusalem ihm nie aus dem Sinn gegangen. Er hatte dreimal am Tag am offenen Fenster gebetet - immer in Richtung der Stadt, die er liebte und niemals vergessen hatte. Es war eine Liebe, die seine Landsleute offensichtlich nicht teilten. Sie waren dort glücklicher, wo sie waren, und zeigten nur wenig Interesse an einer Rückkehr aus dem Exil. Wer wusste, wie lange die offizielle Genehmigung gelten würde? Vielleicht würde die Tür der Rückkehr bald wieder fest verschlossen werden.

Aber das war nicht der einzige Grund: Die wenigen, die zurückgekehrt waren, standen beispiellosen Schwierigkeiten bei ihrem Auftrag zum Wiederaufbau der Stadt und des Tempels gegenüber. Die Fundamente des Tempels waren erfolgreich gelegt worden, aber die Arbeit war nun aufgrund des Widerstandes der Samariter abgebrochen worden. Sie hatten sich an Persien gewandt und darauf bestanden, dass auch ihre Meinung zum Wiederaufbau Jerusalems berücksichtigt werden sollte. Die zurückgekehrten Verbannten waren unsagbar entmutigt.

Daniel hatte für die Rückkehr gebetet, doch sie hatte sich als eine ganz arme Sache erwiesen. Es sah so aus, als ob die wenigen, die zurückgekehrt waren, dies umsonst getan hätten. Es schien so, als ob alles vergeblich gewesen wäre. Die Situation sah kaum wie eine Erfüllung dessen aus, was Gott durch Jeremia verheißen hatte.

Deshalb war Daniel niedergeschlagen, und deshalb betete er. An diesem Punkt gab ihm Gott in seiner liebevollen Barmherzigkeit die letzte Vision des Buches, die wir nun studieren werden.

Daniel spricht in Vers 4 über den genauen Zeitpunkt, wann die Vision stattfand. Es war drei Tage nach dem Abschluss des

Passahfestes und des Festes der Ungesäuerten Brote. Die kürzlich zurückgekehrten Verbannten feierten dies zum ersten Mal seit drei Generationen wieder im verheißenen Land. Während sie dies taten, war der alternde Daniel am Ufer des Tigris. Zu jener Zeit und an jenem Ort empfing er seine letzte Vision.

Was er sah und hörte - und wie er reagierte

Die Verse 5-9 berichten uns, was Daniel sah und hörte. Sie teilen uns auch mit, wie er reagierte.

Am Fluss Tigris erhob er seine Augen und sah einen in Leinen gekleideten Mann. Diese Beschreibung bezieht sich in der ganzen Bibel durchgängig auf einen himmlischen Besucher. Um die Hüften des Besuchers war ein Gürtel aus allerfeinstem Gold gegürtet. Dieses Bild spricht von blendendem Glanz und blendender Majestät.

Die Beschreibung des Besuchers wird in Vers 6 fortgesetzt. Wir sollten das, was wir dort lesen, mit dem vergleichen, was Johannes in Offenbarung 1,13-17 schreibt:

> „Und mitten unter den Leuchtern [sah ich] einen, der war einem Menschensohn gleich, angetan mit einem langen Gewand und gegürtet um die Brust mit einem goldenen Gürtel. Sein Haupt aber und sein Haar war weiß wie weiße Wolle, wie der Schnee, und seine Augen wie eine Feuerflamme und seine Füße wie Golderz, das im Ofen glüht, und seine Stimme wie großes Wasserrauschen; und er hatte sieben Sterne in seiner rechten Hand, und aus seinem Munde ging ein scharfes, zweischneidiges Schwert, und sein Angesicht leuchtete, wie die Sonne scheint in ihrer Macht. Und als ich ihn sah, fiel ich zu seinen Füßen wie tot; und er legte seine rechte Hand auf mich und sprach zu

> mir: Fürchte dich nicht! Ich bin der Erste und der Letzte.“

Als Johannes dies schrieb, lebte er als Verbannter auf der Insel Patmos und beschrieb die prophetische Vision des Herrn Jesus Christus, die er dort hatte. Es bestehen bemerkenswerte Übereinstimmungen zwischen dem, was Johannes sah, und dem, was Daniel sah. Es kann keinen Zweifel geben, dass der trauernde Daniel niemanden anders als den Sohn Gottes sah! Viele Male erschien der Herr Jesus Christus in der Zeit des Alten Testaments, lange bevor er tatsächlich menschliche Gestalt im Leibe der Maria annahm, die eines Menschen. Ein derartiges Phänomen bezeichnet man als eine „Theophanie“, Gotteserscheinung, und diejenige in diesem Kapitel ist, wie wir gesehen haben, nicht die erste im Buch Daniel. Einmal mehr sah Daniel den Herrn der Herrlichkeit vor seiner Inkarnation, Fleischwerdung!

Es wird aus Vers 7 deutlich, dass die herrliche Vision allein von Daniel gesehen wurde. Es wurde nur jemandem enthüllt, der geistlich aufnahmefähig war. Nur ein Mann mit einer geistlichen Natur ist fähig, einen Blick in die geistliche Welt hineinzutun.

Daniels Erlebnis hat an dieser Stelle eine gewisse Ähnlichkeit mit dem des Paulus auf der Straße nach Damaskus. Als der Herr Jesus Christus Paulus ansprach, hörte jeder den Klang seiner Stimme, aber nur Paulus hörte die Worte, die gesprochen wurden. Jeder andere empfand die Gegenwart des himmlischen Besuchers, aber sie sahen nichts. Die Nähe des Sohnes Gottes ließ sie erzittern, und, eingeschüchtert von der heiligen Gegenwart, liefen sie weg und versteckten sich. Zu diesem Zeitpunkt gab es ein überwältigendes Empfinden, dass der Himmel auf diese Erde gekommen war. Als die anderen erst einmal geflohen waren, war Daniel allein mit dem Sohn Gottes.

„Ich blieb allein und sah dies große Gesicht. Es blieb aber keine Kraft in mir; jede Farbe wich aus meinem Antlitz, und ich hatte keine Kraft mehr" (V. 8). Ein alter und treuer Gläubiger ist nun mit der zweiten Person der gesegneten Heiligen Dreieinigkeit allein! Die Kraft verlässt seinen sterblichen Leib, und seine natürliche Gesichtsfarbe verwandelt sich in Todesblässe. Die Stimme dessen, dessen „Rede war wie ein großes Brausen" (V. 6), spricht zu ihm.

Solch eine Erfahrung ist zu viel für die sterbliche Hülle eines Menschen, als dass ein Mensch sie ertragen könnte. Daniel wird ohnmächtig und fällt mit seinem Angesicht zur Erde. Der alte Prophet verliert zu Füßen des Herrn Jesus Christus sein Bewusstsein!

Manchmal hören wir Menschen trotzig gegen unseren Herrn reden. Sie sagen, dass wenn das Gericht kommen werde, sie ihm „einige Dinge sagen" würden. Aber so wird es überhaupt nicht sein. Wenn Männer und Frauen den Herrn Jesus Christus in seinem unverhüllten Glanz sehen werden, werden sie ihre Kraft verlieren und zu seinen Füßen fallen. Wer kann die Majestät des Sohnes Gottes beschreiben? Für sterbliche Menschen ist sie ein furchterregender und überwältigender Anblick.

Was der Besucher sagte

Was unser Herr Jesus Christus nun zu Daniel sagt, ist in den Versen 10-14 aufgezeichnet.

Zuallererst musste der alte Prophet jedoch sein Bewusstsein wiedererlangen. Dies geschah nicht sofort, sondern geschah allmählich - der Beginn des Prozesses ist in Vers 10 beschrieben. Eine Hand berührte Daniel und rüttelte ihn auf. Er wird hinreichend wach, so dass er fähig war, sich in eine kniende Stellung aufzurichten, mit seinen Handflächen auf dem Boden. Bevor er aufrecht stehen kann, sind noch weitere Worte des Trostes notwendig.

Diese werden ihm in Vers 11 gegeben. Der gnädige Heiland redet ihn mit seinem Namen an und vergewissert ihm beruhigend, dass er ein vielgeliebter Mann sei - ein „von Gott Geliebter“. Man kann sich kaum etwas Wunderbareres vorstellen, was ein Sünder hören möchte: Der Sohn Gottes liebte ihn!

Ihm wird gesagt, er solle auf die Worte achten, die der himmlische Besucher ihm sagen will, und sich aufrichten, wenn er dies tue. Dies tut er, aber nicht, ohne erneut zu zittern. Er hat sehr große Angst um dessentwillen, was er von den Lippen des Sohnes Gottes hören wird. Er ist weitaus mehr überwältigt, als er es bei der vorherigen Vision war, als er Gabriel begegnete. Dies liegt daran, dass die Herrlichkeit Gottes unendlich größer ist als die des herrlichsten der Engel. Er fiel wie ein toter Mann zu Gabriels Füßen, erholte sich jedoch ganz schnell. In diesem Kapitel erholt er sich eigentlich überhaupt nicht mehr - und wenn er seine Kräfte sammeln konnte, dann war dies, wie wir es hier und später mitbekommen, auf die Mitteilung übernatürlicher Kraft zurückzuführen. Die Herrlichkeit Gottes ist zu viel, als dass die unbeholfene sterbliche Hülle eines Menschen sie ertragen könnte.

In seinem Schrecken hört er, wie der Heiland ihn abermals mit seinem Namen anspricht. Er tröstet ihn zärtlich mit der Gewissheit, dass er sich nicht zu fürchten brauche. Der Besucher ist ein Freund (V. 12).

„Vor drei Wochen begannst du, Daniel, zu beten, und vom ersten Augenblick an, als du dies tatest, bist du erhört worden. Du hattest dein Herz darauf gerichtet, die Zukunft des Volkes Gottes zu verstehen, und du hattest begonnen, dich um ihrer Sünden willen zu demütigen. In dem Augenblick, wo du anfingst, dies zu tun, wurdest du erhört, und ich wurde gesandt. Deshalb wirst du nun die Offenbarung empfangen, die ich dir bringe. Drei ganze Wochen lang hast du gebetet, aber ich bin am Kommen gehindert worden ...“ (V. 12; e.Ü.).

Der Vers 13 ist sicher einer der geheimnisvollsten Verse im Alten Testament. Wer könnte überhaupt dem Herrn Jesus

Christus widerstanden haben? Die Antwort, die gegeben wird, lautet: „Der Engelfürst[17] des Königreichs Persien".

Wir sollten darauf achten, welche Worte genau gebraucht werden. Es war der „Fürst" und nicht der „König" von Persien. Es waren nicht Darius oder Kyrus, die Christus widerstanden. In der Bibel werden sie immer als „Könige" bezeichnet. Das ist der Titel, der solchen irdischen Machthabern gegeben wurde. Der Vers spricht nicht über sie, sondern über den „Fürsten des Königreichs Persien".

Um dies verstehen zu können, müssen wir uns an eine Belehrung erinnern, die der Apostel Paulus in 1. Korinther 10,20 schrieb. Er sagt uns dort, dass, wenn Menschen Götzen anbeten, es trotz allem, was sie selbst denken mögen, nicht die Götzen sind, die sie verehren. Hinter der Götzenverehrung stehen Dämonen, und diese sind die wirklichen Götter der Götzenanbeter.

Ebenso standen hinter den Nationalgöttern Persiens übernatürliche und böse Persönlichkeiten. Diese bösen Geister waren es, die die persischen Obrigkeiten dazu bewegt hatten, die Samariter gegen die kleine Gruppe der treuen Juden zu unterstützen, die aus der Verbannung nach Palästina zurückgekehrt waren. Diese Situation hielt schon einige Zeit lang so an, aber vor 21 Tagen hatte Daniel himmlische Hilfe erfleht. Christus hatte sich der Situation angenommen, und war mit dem Erzengel Michael eingetroffen - der geistliche Kampf war aufgenommen worden.

Das Ergebnis des geistlichen Kampfes wird am Ende von Vers 13 widergespiegelt. Hier geht es nicht mehr um den „Engelfürsten des Königreichs von Persien", sondern um die „Könige von Persien" (revElbf) - d.h. die irdischen Herrscher jenes Königreiches. Die bösen Geister, die sie zuvor dazu veranlasst hatten, Böses zu tun, stehen ihnen nicht mehr bei. Stattdessen sind Christus und Michael da. Die Kräfte Gottes haben triumphiert, und sie sind es, die nun die persischen

[17] *RevElbf*: „Fürst".

Könige bewegen und in ihrer Beschlussfassung beeinflussen - die Lage hinsichtlich der zurückgekehrten Verbannten wird sich ändern!

Es hat sich nicht nur die Lage geändert, sondern Christus ist gekommen, um Daniel zu offenbaren, was die Zukunft mit sich bringen wird. Er wird einen langen Blick in die Zukunft tun und sehen dürfen, was dem Volk Gottes widerfahren wird (V. 14). Die Vision wird sich nicht nur auf die unmittelbar bevorstehenden Jahre erstrecken, sondern auf das Ende der Welt - und die Offenbarung wird ausführlich sein. Die Kapitel 11 und 12 des Buches Daniel sind zwei der bemerkenswertesten Kapitel in der Bibel. Sie zeichnen mit etlichen Einzelheiten die Geschichte *vor den Ereignissen selbst* auf. Sie sollten dazu dienen, alles zu enthüllen, was Christus Daniel sagte, als er an jenem Tag am Fluss Tigris zu sich kam.

Wie Daniel befähigt wurde, die Vision zu empfangen

Wir haben gesehen, wann und wo Daniel die Vision erhielt. Wir haben gesehen, wie Daniel Christus sah und hörte und wie er reagierte. Wir haben die einleitenden Worte unseres Herrn an ihn studiert. Der Rest des Kapitels, ab Vers 15, sagt uns, wie der Prophet befähigt wurde, die Vision zu empfangen, die die nächsten zwei Kapitel in Anspruch nimmt.

Tatsache ist, dass Daniel, trotz der tröstenden Worte, die er hörte, und sogar trotz des göttlichen Gebotes „Fürchte dich nicht“, immer noch nicht seine Fassung wiedererlangt hat. Einmal mehr fällt er, von Ehrfurcht und heiliger Scheu überwältigt, demütig vor die Füße Christi (V. 15). Seine Begegnung mit dem Herrn ist so überwältigend, dass er verstummt. Er ist buchstäblich sprachlos. Er ist von allem zu sehr erstaunt, um auch nur ein Wort über seine Lippen zu bringen.

So kommt es, dass einer in Menschengestalt - natürlich ein Engel - ihn berührt, so wie einer der Seraphim Jesaja berührte, als er Christus sah (Jes 6,5.6). Mittels der übernatürlichen Kraft, die ihm so vermittelt wurde, erlangt der Prophet seine Redefähigkeit wieder. Er ist fähig, ein paar Worte zu stammeln, in denen er erklärt, wie er von Angst überwältigt wurde und wie er alle seine Kraft verloren hat (V. 16). Er fragt, wie er, ein bloßer Knecht, mit seinem Herrn reden kann (V. 17). Er erklärt, dass die Schau der Heiligkeit seines himmlischen Besuchers für ihn zu viel ist und wie die körperlichen Auswirkungen dieser Begegnung ihn an die Pforte des Todes gebracht haben.

Die Antwort darauf ist, dass noch einmal ein Engel erscheint und den Propheten auf übernatürliche Weise stärkt (V. 18). Er erholt sich allmählich, ist jedoch immer noch nicht in der Verfassung, die Offenbarung zu hören, die ihm gegeben werden sollte. Die übrige Kraft, die er benötigt, erlangt er, als noch einmal der Sohn Gottes mit liebevollen und gewinnenden Worten zu ihm spricht. Die sanfte Stimme gebietet ihm zweimal, stark zu sein, und schließlich ist der gebrechliche greise Gläubige fähig zu antworten: „Mein Herr, rede, denn du hast mich gestärkt“ (V. 19). Der sterbliche Mensch ist für die übernatürliche Vision bereit; ihm ist genügend Kraft geschenkt worden, um die erstaunlichen Offenbarungen zu empfangen, die ihm nun gegeben werden.

Der Herr sagt in den Versen 20 und 21, wenn wir ihn paraphrasieren dürfen, etwa Folgendes: „Der geistliche Kampf mit Persien geht noch weiter, und ich werde dorthin zurückkehren. Wenn das vorbei sein wird, wird es einen geistlichen Kampf mit dem König von Griechenland geben. In diesen Kämpfen habe ich keinen Verbündeten außer Michael, eurem Fürsten. Aber weißt du, warum ich hier bin? Weißt du, warum ich zu dir gekommen bin? Ich bin gekommen, um dir zu zeigen, was in Gottes Plan für die Zukunft geschrieben ist“ (V. 20; e.Ü.).

Die Lutherbibel spricht von diesen Plänen als dem „Buch der Wahrheit“. Sie waren noch nicht als Heilige Schrift aufgeschrieben worden, waren jedoch im Plan des Herrn bereits niedergeschrieben. Dieser Ausdruck dient dazu, die absolute Sicherheit der Ereignisse zu betonen, die so ausführlich in der folgenden Vision beschrieben werden, die die nächsten zwei Kapitel in Anspruch nimmt.

Einige Lektionen, die wir daraus lernen können

Bevor wir weitergehen, um diese Vision zu untersuchen, sollten wir nicht die gewichtigen Lektionen übersehen, die uns Daniel 10 zu lehren hat.

Dieses Kapitel zeigt uns, wer die wirklichen Feinde des Werkes Gottes sind. Dieser Punkt ist von erheblicher Bedeutung, und wir dürfen das Kapitel nicht verlassen, ohne ihn gebührend zur Kenntnis zu nehmen.

Serubbabel war nach Jerusalem zurückgekehrt. Das ganze Werk, das er und seine wenigen Gefährten auszuführen gehofft hatten, war aufgehalten worden. Wer ist dafür verantwortlich zu machen?

Dürfen wir die Schuld bei der entmutigten Schar suchen? Dürfen wir zu ihnen sagen: „Es ist alles eure Schuld. Weil ihr entmutigt seid, wird das Werk aufgehalten. Entmutigte Menschen sind die wahren Feinde des Werkes Gottes“?

Oder sollten wir die Samariter beschuldigen? Sie hatten während der ganzen Zeit der Babylonischen Gefangenschaft des jüdischen Volkes in Palästina gelebt. Mit Bestürzung nahmen sie die die Rückkehr der Juden und deren Plan, den Tempel wiederaufzubauen, zu Kenntnis. Es war das Allerletzte, was sie gewollt hätten, und daher setzen sie alles daran, ihre Pläne zu vereiteln. Sollten wir dann sagen, dass die wahren Feinde des Werkes Gottes seine Kritiker und natürlichen Feinde sind?

Oder sind es die Perser, die die Schuld tragen müssen? Es war die persische Obrigkeit, die zuallererst den Juden die Erlaubnis erteilte, zurückzukehren, und die danach den

Baustop verhängte, nachdem die Samariter Beschwerde eingelegt hatten - sicherlich sind sie die wahren Schurken, oder?

In keiner dieser Gruppe finden wir jedoch die wahren Feinde des Werkes Gottes. Die wahren Feinde werden in den Versen 13 und 20 geoffenbart: „Aber der Engelfürst des Königreichs von Persien hat mir einundzwanzig Tage widerstanden ... Und jetzt muss ich wieder hin und mit dem Engelfürsten von Persien kämpfen."

Es ist nicht sehr populär, dies festzustellen, aber es bleibt nichtsdestoweniger wahr, dass es eine biblische Lehre über Engel gibt. Es gibt gute Engel, und es gibt auch böse Engel, die auch als „Dämonen" bekannt sind.

Es ist die eindeutige Lehre des Wortes Gottes, dass böse Männer auf der Erde von bösen Mächten gelenkt werden. Diese bösen geistlichen Persönlichkeiten nun, die in menschliche Geister eindringen und sie beeinflussen, sind die wahren Feinde des Werkes Gottes.

Der Krieg, in den wir verwickelt sind, ist nicht in erster Linie ein Krieg gegen unsere eigene Entmutigung oder gegen sichtbare Feinde. Es ist nicht in erster Linie ein Krieg gegen Kritiker oder gegen Obrigkeiten, die ständig die Dinge vereiteln, die wir tun möchten. Unser Krieg ist ein geistlicher Kampf mit geistlichen Feinden. Dies wird aus dem Kapitel deutlich, das wir gerade studiert haben, und es ist eine Tatsache, die auch vom Apostel Paulus unterstrichen wurde, als er schrieb: „Denn wir haben nicht mit Fleisch und Blut zu kämpfen, sondern mit Mächtigen und Gewaltigen, nämlich mit den Herren der Welt, die in dieser Finsternis herrschen, mit den bösen Geistern unter dem Himmel" (Eph 6,12).

Es gibt ein geistliches Reich. Es gibt einen unsichtbaren Kampf, der in unseren individuellen Erfahrungen sichtbar gemacht wird. Zum Beispiel ist es oft so, wenn wir mit anderen über das Evangelium sprechen, dass sie antworten: „Das verstehe ich nicht." Wenn dies geschieht, dann ist es unsere natürliche Reaktion, entmutigt zu sein und ihr mangelndes

Verständnis oder ihre mangelnden intellektuellen Fähigkeiten verantwortlich zu machen.

Aber das ist nicht das Problem. Wir sollten unsere Erfolglosigkeit auch nicht einfach auf schlechte Kommunikation zurückführen - obgleich wir um uns her viel schlechte Kommunikation sehen. Auch sollten wir nicht folgern, dass unsere Methoden für unsere Erfolglosigkeit verantwortlich sind - obgleich diese ebenfalls ständig überprüft werden müssen. Das wesentliche Problem ist auch nicht die unglückliche Tatsache, dass wir oft das Werk des Herrn aus einer falschen Motivation heraus tun.

Männer und Frauen glauben deshalb nicht an das Evangelium, wenn es ihnen erklärt wird, weil „der Gott dieser Welt den Sinn der Ungläubigen verblendet hat, damit ihnen nicht ausstrahle der Lichtglanz des Evangeliums der Herrlichkeit des Christus, welcher das Bild Gottes ist" (2.Kor 4,4). Der Teufel und seine Kohorten sind die wirklichen Feinde des Werkes Gottes.

Wenn wir dies erst einmal verstehen, erkennen wir auch die Wichtigkeit einer zweiten Lektion, die das Kapitel uns lehrt. *Es zeigt uns, welches die einzigen geeigneten Waffen für den Kampf sind, in dem wir stehen.*

Unmittelbar bevor Paulus unsere wirklichen Feinde identifiziert, gibt er folgendes Gebot: „Deshalb ergreift die Waffenrüstung Gottes, damit ihr an dem bösen Tag Widerstand leisten und alles überwinden und das Feld behalten könnt" (Eph 6,13).

Anschließend zählt der Apostel die Stücke der Waffenrüstung auf, die für den Kampf erforderlich sind, schließt jedoch ab, indem er eine Waffe erwähnt, für die es kein irdisches Bild gibt: „Betet allezeit mit Bitten und Flehen im Geist und wacht dazu mit aller Beharrlichkeit im Gebet für alle Heiligen und für mich, dass mir das Wort gegeben werde, wenn ich meinen Mund auftue, freimütig das Geheimnis des Evangeliums zu verkündigen" (Eph 6,18.19).

Der geistliche Kampf erfordert, dass wir unsere Zuflucht im Gebet suchen. Mit welchem anderen Mittel kann himmlische Hilfe erfleht werden? Daniel 10,12 ermutigt uns mit dem Gedanken, dass, von dem Augenblick an, wo wir zu beten beginnen, Hilfe bereits auf dem Weg ist. Wie Daniel mögen wir für eine lange Zeit verzweifelt im Gebet ringen - vielleicht drei Wochen lang -, bevor wir irgendeine persönliche Zusicherung erhalten, dass unser Gebet erhört worden ist. Aber wir werden von dem Augenblick an erhört, wo wir unseren Mund öffnen.

Es liegt eine ungeheure Macht im Gebet. Durch Gebet wurde die Verbannung beendet und wurde Kyrus zu seinem historischen Erlass bewegt. Als das Werk des Wiederaufbaus aufgehalten wurde, nahm Daniel wiederum seine Zuflucht zum Gebet. Nicht lange danach begann das Werk wieder. Die Feinde waren gescheitert, und Gott sandte neue Führer, die das Volk ermahnen und ermuntern sollten. Schließlich wurde der Tempel wiederaufgebaut, und nichts vermochte dies zu verhindern.

Denken wir darüber nach! Ein alter Mann von 87 Jahren, in einem fernen Land, betete - und der Lauf der Geschichte wurde geändert!

Deshalb sollten wir eifrig für die Sache Christi sowohl am Ort als auch darüber hinaus beten. Die Macht des Gebetes liegt jenseits jeglicher Berechnung. Dies ist ein weiterer Punkt, der vom Apostel Paulus ständig betont wurde. Seine Briefe sind voller Gebetsanliegen. Er wusste, dass, wenn Gottes Volk sich dem Gebet widmen würde, viele Dinge sich sicher ändern würden. Seine Aufrufe, im Gebet zusammen zu kämpfen, finden wir immer wieder. Er erwartet von seinen Lesern nicht, dass sie sich solange zurückhalten, bis sie genau erkennen, wie das Gebet diese ungeheure Macht ausübt. Es genügt zu wissen, dass der Augenblick, wo wir beten, der Augenblick ist, wo wir himmlische Unterstützung in den geistlichen Kampf hineinholen. Christus und die Heerscharen Michaels nehmen den

Kampf mit den Mächten des Bösen auf - und unweigerlich verändert sich die Lage.

An dieser Stelle gibt es noch eine dritte Lektion, die wir aus dem Kapitel lernen sollten: *Es zeigt uns, was die betende Person erwarten darf.*

Zu keiner Zeit in seinem langen Leben übte Daniel größere Macht aus, als er es hier tat. Aber nie war er auch schwächer und demütiger. Nie war er gebrochener und kraftloser.

Es stimmt, dass Gebet göttliche Kraft und himmlische Hilfe erfleht. Aber es erhöht nie den Menschen, der betet - es erniedrigt ihn. Der Weg des Gebetes ist einsam und schwierig. Wenn die Antwort nicht sofort kommt, kann er auch verwirren. Es gibt jedoch auch große Tröstungen auf diesem Weg.

Im Gebet sah Daniel den Sohn Gottes in seiner unverhüllten Majestät und hörte von seinen Lippen, dass er ein vielgeliebter Mann sei. Er wurde von Engeln berührt. Ihm wurde vergewissert, dass sich die gegenwärtige Situation verändern würde. Er sah, dass alles in der Zukunft letztlich zum Guten ausschlagen wird, weil Gott sie lenkt. Wo anders hätte er solche Dinge sehen können, als im Gebet?

Wo anders, als nur im Gebet, kann ein schwacher, zitternder, sterblicher Sünder *den Himmel auf Erden erleben*?

13.

Die Geschichte ist seine Geschichte

Schriftlesung: Daniel 11,1-20

Dieses Kapitel des Buches Daniel schließt sich direkt an das vorhergehende an. Der Herr Jesus Christus spricht immer noch zu Daniel. Der erste Vers gehört eigentlich zum vorherigen Kapitel, und es ist schwer nachzuvollziehen, weshalb diejenigen, die die Kapiteleinteilungen vornahmen, an dieser Stelle so vorgingen.

Im ersten Vers sagt der Herr, dass *er* es war, der Michael in der Phase des himmlischen Kampfes stärkte, als das Persische Reich die Vormachtstellung errang. Babylon wurde von der Macht Christi besiegt. Die Meder und Perser waren seine irdischen Instrumente, aber die eigentliche Niederwerfung jenes irdischen Reiches war eine göttliche Tat, die der Sohn Gottes selbst zustande brachte.

Der Rest des Kapitels wird in den einleitenden Worten von Vers 2 zusammengefasst: „Und nun will ich dir die Wahrheit mitteilen ..." (revElbf). Der Herr wird Daniel kundtun, was in Zukunft gewiss geschehen soll. Kapitel 11 besteht aus Geschichte, die niedergeschrieben wurde, bevor sie stattfand! Von Ewigkeit her stand es so in den göttlichen Büchern (10,21), aber die Geschichte sollte auch in *Daniels* Buch nachzulesen sein - und zwar eine beträchtliche Zeit, bevor sie sich ereignete.

Kapitel 11 ist eines der schwierigsten Kapitel des Buches Daniel, und wenn wir es studieren, müssen wir die geöffnete Bibel vor uns haben und immer wieder auf sie Bezug nehmen. Das Kapitel ist harte Arbeit, besonders für solche, die sich in Geschichte nicht gut auskennen. Deshalb unterteilen wir es für die Auslegung in zwei Abschnitte. Dieses Kapitel ist aber auch voller gewaltiger und ermutigender Lektionen. Wenn wir sie einsehen, werden wir erkennen, dass alle unsere Anstrengung mehr als der Mühe wert gewesen ist.

Wir werden uns zuerst den Inhalt der ersten zwanzig Verse anschauen. Selbst wenn wir diese Verse nur ganz grob meistern, werden wir hinterher in der Lage sein, die Lektionen zu lernen, die unser geistliches Leben so außerordentlich stärken werden.

Der Inhalt

Vers 2. Als unser Herr in dieser Vision zu Daniel spricht, schreibt man das dritte Jahr der Herrschaft des Kyrus von Persien (10,1). Er sagt Daniel, dass der vierte König, der nach dem gegenwärtigen aufstehen wird, „größeren Reichtum haben [wird] als alle anderen. Und wenn er in seinem Reichtum am mächtigsten ist, wird er alles gegen das Königreich Griechenland aufbieten“. Er wird ein ganz besonderer Herrscher sein. Der vierte König von Persien nach Kyrus war der berühmte Xerxes I. Reicher als alle seine Vorgänger, gebrauchte er seinen Reichtum, um eine gewaltige Armee zu erheben und zu erhalten, mit der er gegen Griechenland zog und es angriff. Ich habe immer noch lebhafte Erinnerungen daran, wie ich als heranwachsender Junge von der Lektüre der *Geschichte des Herodot* gepackt war, die über diese Beutezüge berichtet und Darstellungen der berühmten

Seeschlachten an den Thermopylen und von Salamis liefert. Die Geschichte wurde genauso erfüllt, wie es der Herr dem greisen Propheten vorhergesagt hatte.

Vers 3 und 4. Aber Persien blieb nicht die beherrschende Macht. Bald war Griechenland die Herrlichkeit der Welt. Alexander der Große führte Griechenland zur Weltherrschaft, auf die sich der 3. Vers bezieht. Dieser außergewöhnliche junge Mann starb in Babylon in der Blüte seines Lebens, nämlich im jungen Alter von 32 Jahren. Keiner seiner Söhne erbte das Reich, sondern zwölf seiner Generäle teilten die Überreste unter sich auf. Es war eine Zeit der Komplotte und Gegenanschläge, und das Reich kam erst zur Ruhe, als es in vier unterschiedliche Teilreiche geteilt wurde - was zuvor schon in Daniel 8,8 prophezeit worden war. Ein paar andere unbedeutende Königreiche überlebten eine Weile, aber das Resultat war, dass die Herrlichkeit des Reiches Alexanders des Großen verblasste und vier Königreiche entstanden, von denen keines auch nur annähernd etwas von der Macht und dem Ruhm des ursprünglichen Weltreiches kannte.

Auf diese Weise wurden die Voraussagen des 4. Verses genau erfüllt, wie es eine gründliche Untersuchung bestätigen wird. Der Ansatz, den wir in diesem Kapitel verfolgen, sollte nun deutlich sein: Wir erzählen die Geschichte der Zeit zwischen den Testamenten und nehmen beim Durchgang auf die speziellen Verse Bezug, die diese Ereignisse voraussagten.

Vers 5. Das Nächste, was vorausgesagt wurde, betrifft den „König des Südens". Dieser Ausdruck bezieht sich zweifellos auf Ägypten, wie es Vers 8 deutlich macht. Das Jahr 322 v. Chr. erlebte den Aufstieg eines gewissen Ptolemäus I. Soter, der in jenem Jahr die Herrschaft über Ägypten übernahm und das Land bis 305 v. Chr. regierte. Er nahm einen Fürsten namens Seleukus unter seine Fittiche, der sich als militärisch brillant erwies und bald zu einem seiner Befehlshaber wurde. Im Jahre 312 v. Chr. eroberte dieser junge Mann Babylon, schaltete alle Rivalen aus und richtete das Reich auf, das zu einem separaten

Seleukidischen Nordreich wurde und sich auf Syrien gründete. Sehr schnell übertraf es bei weitem das Südreich der Ptolemäer sowohl an Größe als auch an Macht.

Vers 6. Nach einiger Zeit schlossen diese beiden Königreiche des Südens und des Nordens durch eine Heirat ein Bündnis. Dies fand tatsächlich 35 Jahre nach dem Tode des Seleukus statt. Berenice, die Tochter des Ptolemäus Philadelphos, wurde unter großem Pomp die Frau von Antiochus II., Herrscher des Nordreichs. Doch die Ehe hatte nicht die gewünschte Wirkung, die beiden Königreiche zusammenzubringen. Kurz danach starb Berenices Vater. Die Geschichte ist zu lang, um sie in einem solchen Buch wie diesem zu erzählen, aber es möge die Anmerkung genügen, dass auch Berenice sehr bald starb; ebenso erging es ihrem Ehemann Antiochus II. und ihrem Kind. Sie wurden alle ermordet. Bald danach war es so, als ob es nie eine Königin Berenice oder irgendwelche Unterstützung für eine Wiederannäherung zwischen dem Norden und dem Süden gegeben hätte.

Vers 7. „Zu der Zeit wird einer aus ihrem Stamm emporkommen“ - dabei handelt es sich um ihren Bruder. Er war der dritte Ptolemäus, der dort regierte, und wurde als Ptolemäus III. Euergetes („der Wohltäter“) bekannt. Er führte eine erfolgreiche Schlacht mit dem Norden, und es gelang ihm, diejenigen hinzurichten, die seine Schwester ermordet hatten.

Vers 8. Der Erfolg seines Königreiches im Süden war gewaltig. Seine Armeen plünderten den Norden und brachten die Schutzgötter mit sich nach Ägypten zurück. Eine Weile waren die Ptolemäer den Seleukiden weit überlegen. Zum Ende von Vers 8 heißt es, daß er „einige Jahre von dem König des Nordens ablassen“ wird - und er tat es auch. Alle diese historischen Einzelheiten wurden Daniel Jahrhunderte, bevor sie sich zutrugen, geoffenbart. Im weiteren Verlauf des Kapitels werden wir sicher immer mehr über die prophetische Genauigkeit des Wortes Gottes erstaunt sein!

Vers 9. Dieser Vers sollte ähnlich übersetzt werden, wie es die revidierte Elberfelder Übersetzung tut: „Er [der König des Nordens] wird in das Reich des Königs des Südens kommen, aber in sein Land zurückkehren." Dies geschah dann auch. Aus dem Norden kam ein Mann mit dem betörenden Namen Seleukus II. Kallinnikos („mit schönen Siegen"). Im Jahre 240 v. Chr. marschierte er gegen Ptolemäus III. in den Süden und besiegte ihn völlig. Dann kehrte er in sein eigenes Land zurück.

Vers 10. Danach rüsteten sich die beiden Söhne des Königs des Nordens, Seleukus III. Soter Ceraunus und Antiochus III. Magnus, zum Kampf. Die Sprache des 10. Verses ist äußerst vorsichtig und sagt ausdrücklich voraus, was danach geschah. Das Bündnis der beiden Fürsten wurde gebrochen, als Seleukus auf dem Schlachtfeld umkam, und Antiochus Magnus musste allein weiterkämpfen. Er führte eine Menge Feldzüge in viele verschiedene Richtungen an, bis er Gaza am äußersten Rande des Ptolemäischen Königreiches eroberte. Dies brachte den Norden und den Süden einmal mehr in offenen Konflikt.

Vers 11. Antiochus' Heer war riesig. Im Vergleich dazu hatte das Südreich fast nichts - 70.000 Soldaten in der Infanterie, 5.000 in der Kavallerie und 73 Elefanten! Gleichwohl griffen die Kräfte des Südens - motiviert durch den wilden Zorn von Ptolemäus IV. Philopator - die hoch überlegenen Kräfte des Nordens an - und siegten! Die Armee des Nordens wurde „in seine Hand gegeben".

Vers 12. Die Überraschung und Verwunderung, die dieser unerwartete Sieg mit sich brachte, erfüllte den König des Südens mit Stolz, und er begann, dem Norden sogar noch größere Niederlagen zuzufügen. Doch er zog daraus keine bleibenden Vorteile und kehrte wieder in den Süden zurück, um dort ein leichtes Leben zu führen.

Vers 13. Die Überlegenheit des Südens sollte nicht anhalten. Nicht lange danach starb Ptolemäus Philopator. Ihm folgte ein vierjähriges Kind auf dem Thron. Noch einmal war der Norden die vorherrschende Macht in diesem Gebiet.

Vers 14. Es sah nun so aus, als ob für den Süden alles aus war. Philipp V. von Mazedonien verbündete sich mit dem Norden und stärkte so die Feinde des Südens in beträchtlichem Maße. Rebellen tauchten innerhalb der Grenzen Ägyptens auf, obwohl sie nicht lang blieben. Alle diese historischen Details geschahen, „eine Weissagung zu erfüllen". Mit anderen Worten: So wie jedes historische Ereignis das erfüllte, was Daniel so ausdrücklich von unserem Herrn vorausgesagt worden war, wurde die Vision immer mehr als wahrheitsgemäß bestätigt. Alles, was vorausgesagt worden war, erfüllte sich vor den Augen der Leser! Nichts Falsches war darin enthalten. Es war offensichtlich, dass dem Buch völlig vertraut werden konnte. Dies sollte eine enorme Ermutigung darstellen, als das Volk des Herrn durch schwere Zeiten gehen musste - aber anhand dieser Seiten konnte es lernen, was für ein Ende alles nehmen würde!

Vers 15. Der Norden hatte dann einen entscheidenden Sieg in Sidon. Die Stadt wurde belagert, und ein Wall wurde aufgeschüttet, um der angreifenden Armee den Zugang in die Stadt zu ermöglichen.

Vers 16. Es schien, als ob Antiochus Magnus unbesiegbar geworden wäre. Niemand war fähig, ihm zu widerstehen, und daher handelte er tatsächlich genau nach seinem Gutdünken. Palästina fiel schnell in seine Hände - und infolgedessen begann es schwer zu leiden.

Vers 17. Aber trotz aller seiner Anstrengungen konnte er den Süden immer noch nicht besiegen. An diesem Punkt änderte er seine Taktik, und wir kommen in eine Periode der Geschichte, die manche fälschlicherweise mit derjenigen in Shakespeares Drama *Antonius und Cleopatra* verwechselt haben.

Antiochus meinte, dass es am besten gelinge, den Süden mit Raffinesse zu besiegen. Sehr naheliegend ging er nach Ägypten und verlobte seine Tochter Cleopatra mit dem Ptolemäischen König. Er dachte, die Verlobung hätte zur Folge, dass er schlussendlich in der Position sein würde, seine Macht auch über den

Süden auszudehnen, den er so lange vergeblich zu besiegen versucht hatte.

Der Plan scheiterte kläglich. Fünf Jahre nach der Hochzeit erfüllte Cleopatra nicht mehr die Erwartungen ihres Vaters und ergriff mit ihrem Ehemann Partei gegen ihn. Die göttliche Voraussage war einmal mehr korrekt: „Aber es wird ihm nicht gelingen, und es wird nichts daraus werden."

Vers 18. Dies führte Antiochus Magnus dazu, seine Bestrebungen gegen den Süden aufzugeben und sich „den Inseln" zuzuwenden - d.h. den Küstenländern des Mittelmeeres. Er hatte insbesondere im Sinn, Kleinasien seinem Herrschaftsgebiet einzuverleiben. Diesmal hatte er sich zu viel zugemutet. Gegen ihn marschierte der Römer Lucius Scipio Asiaticus. Antiochus wurde besiegt und gedemütigt.

Vers 19. Es war eine große Niederlage und das Ende der territorialen Bestrebungen des Antiochus. Nicht mehr imstande, andere Länder anzugreifen, konzentrierte er seine Aufmerksamkeit auf die heimischen Angelegenheiten, wo er bald von der Bühne verschwand.

Vers 20. Er wurde durch Seleukus Philopator ersetzt. Eine seiner frühen Handlungen war es, einen Abgesandten namens Heliodorus nach Jerusalem zu schicken, der sich der Schätze des dortigen Tempels bemächtigen sollte. Heliodorus brach auf, um den Befehl auszuführen, berichtete jedoch, dass eine Erscheinung ihn davor gewarnt hätte, eine solche böse Handlung vorzunehmen. Dieser Befehl wurde sicherlich nie ausgeführt. Seleukus Philopator verschwand sehr bald danach auf geheimnisvolle Weise - nur ein paar Wochen nach dem Antritt seiner Herrschaft. Allgemein glaubt man, dass Heliodorus ihn vergiftete. Es war eine beeindruckende Erfüllung der Weissagung: „Aber in wenigen Tagen wird er zerschmettert werden, und zwar weder durch Zorn noch durch Krieg" (revElbf).

Diese ganze Geschichte ist schwierig und kompliziert und nicht besonders interessant. Es ist für einen Menschen beinahe unmöglich, sich lange Zeit an die genaue Geschichte der Beziehungen zwischen den Ptolemäern und den Seleukiden zu erinnern. Aber wir sind an einen Punkt angelangt, wo ein gewisser Antiochus Epiphanes auf die Bühne der Geschichte treten wird. Wir haben bereits in Daniel 8 von ihm gelesen. Er ist äußerst bedeutend, und wir werden im nächsten Abschnitt dieses Buches von Vers 21-45 dieses Kapitels eine ganze Menge über ihn lernen.

Wir sollten nicht zu besorgt sein, wenn wir kein detailliertes Verständnis der Geschichte des Mittleren Ostens zwischen dem Alten und dem Neuen Testament haben. Unsere Skizze davon in diesem Kapitel war nur wenig mehr als oberflächlich. Unser Ziel war es einfach, festzuhalten, dass jedes vorausgesagte Detail genau dem entspricht, was wirklich geschah. Was in Gottes Buch geschrieben war, und dann in Daniels Buch, ist genau das, was in unseren Geschichtsbüchern zu lesen ist. Diese erstaunliche Tatsache sollte uns veranlassen, eine Menge sehr nützlicher geistlicher Lektionen zu lernen. Sie sind kristallklar, und wir kommen jetzt zu ihnen.

Einige Lektionen

Zuallererst *sollte ein Kapitel wie dieses unser Vertrauen in die Bibel erneuern und verstärken*. Wie ich anderswo erklärt habe, ist es bei der Abfassung dieses Buches mein Ziel gewesen, Menschen dazu zu ermutigen, das Buch Daniel für sich selbst zu lesen. Es war nicht meine Absicht, Beweise anzuführen, die meine feste Überzeugung untermauern, dass das Buch Daniel im sechsten Jahrhundert v. Chr. geschrieben wurde. Das Buch ist eine Einheit, und es gibt keinen Beweis dafür, dass irgendein Teil davon zu einem anderen Zeitpunkt geschrieben worden wäre. Es gibt reichlich innere und äußere Belege einer Abfassung im sechsten Jahrhundert v. Chr. Diese Beweise kann man in den Büchern der Professoren Robert Dick Wilson und

E. J. Young finden, auf die ich am Endes dieses Buches hinweisen werde. Gläubige, die die nötigen geistigen Voraussetzungen dazu mitbringen, würden unsagbar von einem ausführlichen Studium jener Bände profitieren. Es muss erwähnt werden, dass ihre Argumente oft ignoriert worden sind, aber sie sind nie widerlegt worden. Das liegt natürlich daran, dass sie unanfechtbar sind.

Was wir offen vor uns liegen haben, ist ein phantastisches literarisches Werk, in dem Geschichte geschrieben wurde, bevor sie gelebt wurde! Es kann keine andere Erklärung für ein derartiges Phänomen geben als die, dass es einen übernatürlichen Ursprung hat. Kein Wunder, dass unser Herr Jesus Christus vom Alten Testament in seiner Gesamtheit, und deshalb auch von Daniel, sagen konnte: „Dein Wort ist Wahrheit" (Joh 17,17).

Die Bibel ist nicht bloß ein Buch, das Wahrheiten enthält, sie ist nicht nur ein wahres Buch - sie ist ein Buch, das Wahrheit ist. Die überwiegende Mehrheit der Männer und Frauen um uns her weiß einfach nicht, was sie glauben oder wohin sie sich wenden soll. Diese Menschen schreien nach einem Wort, das Bestand hat. Sie möchten etwas, von dem sie sicher wissen, dass es die Wahrheit ist. Wir sind imstande, ihnen überzeugt zu sagen, dass sie der Bibel vertrauen sollen. Gottes Wort ist Wahrheit. Es ist unfehlbar. Es ist irrtumslos.

Denken Sie an jemanden, von dem Sie wissen, dass er Ihnen immer die Wahrheit sagt. Sie sind sicher, dass dies so ist, weil seine Worte bei jeder Gelegenheit, wo sie verifiziert werden konnten, sich als wahrheitsgemäß erwiesen haben. Glauben Sie solch einem Menschen nicht auch dann, wenn er Ihnen von Dingen erzählt, die Sie nicht prüfen können?

Ebenso verhält es sich mit der Heiligen Schrift. In jedem Bereich, wo sie überprüft werden kann, zeigt sie, dass sie uns die Wahrheit sagt. Die Verse dieses Kapitels, die wir studiert haben, sind solch ein Bereich. Wir sind fähig, das zu sehen, was vorausgesagt wurde, und können eindeutig erkennen, dass die Ereignisse der späteren Geschichte genau mit den Voraussagen, die gemacht wurden, übereinstimmten. In jedem Punkt erwiesen sie sich als wahr.

Wenn dies so ist, warum sollte ich dann der Bibel nicht glauben, wenn sie über andere Bereiche zu mir spricht? Sie spricht mit der gleichen Sicherheit zu mir über Gott. Sie sagt mir, was ich über ihn glauben muss, und macht mir deutlich, was er von mir fordert. Sie berichtet mir auch über den Menschen - woher er kam, warum er hier ist und was die wahre Ursache seines Problems ist. Ebenso spricht sie über so wichtige Themen wie die Fragen, wie ich ewiges Leben erlangen kann, wie ich mein persönliches Leben führen soll, wie mein Familienleben aussehen soll, welche Pflichten ich als Staatsbürger habe, und über viele andere Themen. Es ist unwahrscheinlich beruhigend zu wissen, dass das Buch, das über alle diese Themen spricht, absolut vertrauenswürdig ist. Alles, was ich für dieses Leben wissen muss, ist in einem Buch der „wahren Wahrheit" - um den Ausdruck von Dr. Francis Schaeffer[18] zu gebrauchen - enthalten.

Wie töricht wäre es, solch ein Buch zu ignorieren oder zu vernachlässigen! Es wäre eine noch größere Torheit, ihm nicht zu glauben oder es zu bezweifeln! Es gibt in dieser Welt ein wahres Buch - es ist wahr, weil es von Gott kommt.

Es ist für uns an der Zeit, damit aufzuhören, uns für die Bibel zu entschuldigen. Es ist an der Zeit, damit aufzuhören, Angst davor zu haben, uns als Evangelikale zu bekennen, wenn wir mit denen zusammen sind, die Irrtumslosigkeit der Heiligen Schrift bezweifeln und die offen verachten, die das Wort lieben

---

18 Francis August Schaeffer (1912-1984) gilt als einer der profiliertesten Apologeten der evangelikalen Bewegung. Nach seinem Theologiestudium am reformierten Westminster Theological Seminary ging er 1948 als Missionar in die Schweiz und half beim Aufbau des International Council of Christian Churches (ICCC). 1955 gründete er in Huémoz die Gemeinschaft L'Abri, ein internationales christliches Studienzentrum zur Kulturanalyse der modernen Zeit. Später entstanden Zweiginstitute in England, Frankreich, den Niederlanden und den USA.

und ihm vertrauen. Wir glauben, dass die Bibel das ist, was sie selbst ausgibt zu sein - das Wort Gottes. Diese Überzeugung wird erneuert und gestärkt, wenn wir solch ein erstaunliches Kapitel wie Daniel 11 lesen. In unseren Herzen wird durch den Heiligen Geist die Gewissheit geboren, dass wir ein *Buch der Wahrheit* vor uns liegen haben!

Unsere zweite Lektion aus dem 11. Kapitel kann in einem altbekannten Ausspruch zusammengefasst werden: *„Geschichte ist seine Geschichte."*

Wie hätte der Herr Daniel eine ausführliche Übersicht über die Zukunft geben können, wenn jene Zukunft nicht unter seiner Kontrolle gestanden hätte?

Stellen Sie sich vor, was die, die dieses Kapitel in ihren Händen hielten, gedacht haben mussten, als sie sahen, wie die unterschiedlichen Ptolemäer und Seleukiden genauso kamen und gingen, wie es vorausgesagt worden war. Sie werden gesagt haben: „Alles geschieht genauso, wie Gott es sagte." Es wird ihre sichere Überzeugung gewesen sein, dass er alles unter Kontrolle hatte und dass seine Absichten ausgeführt wurden. Was vorausgesagt worden war, war geschehen. Sie werden daraus gefolgert haben, dass die vorausgesagten Dinge, die noch nicht eingetroffen waren, *ebenso sicher geschehen* würden.

Was auch immer sich in der Geschichte ereignen mag, geschieht, weil es in Gottes Buch geschrieben steht. In diesem Fall wurde Daniel eine spezielle Epoche der Geschichte geoffenbart - und in *seinem* Buch aufgeschrieben. Selbst wenn es nicht aufgeschrieben worden wäre, hätte dies nichts an der Tatsache geändert, dass es im Buch Gottes geschrieben stand. Die Geschichte ist nicht ohne Sinn und Ziel, wie manche moderne Historiker es behauptet haben. Alles, was geschieht, realisiert die Ratschlüsse Gottes. Und doch ist er keineswegs der Urheber der Sünde. Er heißt sie nicht einen Augenblick lang gut. Wir verstehen zwar nicht, wie dies sein kann, aber dennoch ist es eine Tatsache. Wir werden alle diese Dinge besser verstehen, wenn wir an einem anderen, besseren Ufer stehen und dann imstande sein werden, auf die Weltgeschichte zurückzublicken.

Es liegt ein großer Trost in dieser Wahrheit. Wenn wir auf die heutige Welt blicken, sehen wir böse Mächte überall am Werk - sie bedrohen, verfolgen und unterdrücken. Aber selbst diese bringen die ewigen Ratschlüsse Gottes zustande. Diese Mächte tun nichts anderes als die großen Weltreiche, die im Buch Daniel erwähnt werden. Wir haben gelernt, dass sie in den Händen Gottes waren. Das trifft auf die heutigen Mächte nicht weniger zu. Die Geschichte ist nicht außer Kontrolle geraten - und wo sie hinführen wird, das unterliegt keinem Zweifel. Alle Dinge bewegen sich zum endgültigen Triumph unseres Herrn Jesus Christus und der endgültigen und ewigen Bestrafung der Gottlosen hin.

Es gibt noch eine dritte und letzte Lektion, die wir aus diesem Abschnitt lernen dürfen. *Gott ist immer noch Gott - auch wenn er nirgends zu sehen ist.*

Wir haben gesehen, wie der Herr Jesus Christus dem Propheten Daniel die Zukunft ankündigt. Doch wenn wir die historische Übersicht untersuchen, die er ihm gab, finden wir, dass Gott nicht ein einziges Mal darin erwähnt wird. Wir haben dort einen wahren Katalog von Kriegen, Bündnissen, Ehen, Schlachten und ein verwirrendes Kommen und Gehen. Der Mensch gestaltet das ganze Bild. Der stärkste Mann der Stunde scheint stets derjenige zu sein, der das Sagen hat. Aber nirgends wird Gott erwähnt. Allem Anschein nach scheint es so, als ob die Geschichte nichts mit ihm zu tun hätte.

Und doch ist es der Herr selbst, der dies alles ankündigt! Dies dient nur dazu, die Lektion zu unterstreichen, die wir gerade gelernt haben. Geschichte ist seine Geschichte. Dies bleibt wahr, ob es nun äußerliche Zeichen dafür gibt, dass Gott am Werk ist, oder nicht.

Denken wir an die historische Periode, die in diesem Abschnitt erwähnt wird. Armeen durchquerten und durchkämmten Palästina. Die Aufmerksamkeit der Welt richtete sich entweder auf die Seleukiden oder auf die Ptolemäer, und die Juden waren einfach kein Faktor in der Weltpolitik.

Weltreiche kamen und gingen, aber die Juden zählten nichts. Sie waren das einzige Volk in der Welt, das die Wahrheit über den lebendigen Gott besaß, und doch wurden sie völlig übersehen. Für die Welt waren sie von keiner messbaren Bedeutung. Sie hatten jede Menge Probleme, waren verwirrt und wurden verfolgt. Oft waren ihre Herzen mit Furcht erfüllt. Was die Geschichtsbücher betraf, so war ihr Gott nirgends zu sehen.

Aber selbst *dann* gingen die Ereignisse genau so vonstatten, wie der Heiland es vorausgesagt hatte, und seine Ratschlüsse, sowohl für sie insbesondere als auch für die Welt in ihrer Gesamtheit, wurden erfüllt. Nichts außer dem, was zuvor in seinem Buch geschrieben worden war, geschah irgendwo. Das blieb auch dann wahr, wenn er völlig abwesend von seiner Welt zu sein schien. Die ganze Geschichte ist seine Geschichte. Wenn er nicht gesehen werden kann, dann ist er doch da und lenkt die Weltgeschehnisse.

Darf ich Sie, wo wir jetzt dieses Kapitel abschließen, fragen, ob Sie das glauben? Wirklich glauben?

Wir leben in Tagen des Abfalls, wo Männer im Namen Christi aufstehen und nichts anderes als Humanismus verkündigen mit einem Hauch Religiosität. Sie nehmen für sich den Namen „Christ" in Anspruch, werden jedoch nicht von wirklich geistlichen Überzeugungen beherrscht und auch nicht von einer Ehrfurcht vor und einer Unterordnung unter das Wort Gottes gekennzeichnet. Jeden Tag bewegt sich die sichtbare Kirche immer weiter von ihren apostolischen Fundamenten weg.

Als eine direkte Folge dieser Untreue ereignet sich auch weiterhin ein moralischer Erdrutsch auf jeder Ebene unserer Gesellschaft. Außerdem leben wir in Furcht vor weiteren Klimaveränderungen. Zudem erleben wir täglich neue

Veränderungen in der nationalen und internationalen Politik - und wir lesen von der Globalisierungsfalle, die zuzuschnappen droht. Wir stehen der immer größer werdenden Wahrscheinlichkeit gegenüber, auf unserer eigenen Straße überfallen zu werden und in unserem eigenen Haus ausgeraubt zu werden. Wir halten vergeblich danach Ausschau, dass diese Welle des Bösen irgendwie eingedämmt werden wird. Kaum vernimmt man eine prominente Stimme, die für Wahrheit und Werte eintritt. Wir scheinen uns immer mehr mit der unglücklichen Tatsache abgefunden zu haben, dass die Hölle jeden Augenblick losgelassen werden könnte.

Können Sie selbst in *dieser* Situation an das glauben, was dieses Kapitel so offensichtlich deutlich macht - dass Gott immer noch Gott ist, selbst wenn er nirgends zu sehen ist?

14.

Antiochus Epiphanes

Schriftlesung: Daniel 11,21-45

Daniel 11,21-45 ist ein ziemlich schwieriges Terrain. Zuerst werden wir darangehen, den Boden genau zu betrachten, und dann werden wir versuchen, einige Juwelen aus ihm herauszuholen.

Diese Verse sind eine Fortsetzung der Vision, die unser Herr dem greisen Propheten im späten sechsten Jahrhundert v. Chr. gab. Übernatürlich von Engeln gestärkt, war der alte Mann fähig, eine Vision über die Zukunft zu empfangen. Ihm ist mitgeteilt worden, dass das Medopersische Reich Griechenland weichen muss, das, nachdem es in vier Teile zerbrochen sein wird, später insbesondere von der Geschichte zweier Königreiche bestimmt werden wird. Bis Vers 20 gab das Kapitel eine ausführliche Zusammenfassung der Beziehung zwischen dem südlichen Königreich der Ptolemäer mit Ägypten als dessen Pfeiler und dem nördlichen Königreich der Seleukiden mit Syrien als dessen Pfeiler.

Unser Studium der Vision hat bereits unser Vertrauen in die Bibel gefestigt und gestärkt, und der Abschnitt, der nun vor uns liegt, wird das Gleiche vermögen. Unsere Studienmethode wird derjenigen in unserem letzten Kapitel ähneln. Ohne uns von zu vielen historischen Details ablenken zu lassen, werden wir die Geschichte der in dieser Vision behandelten Epoche so klar wie nur irgend möglich darstellen. Hierbei werden wir auf die einzelnen Verse des Kapitels Bezug nehmen, die das jeweilige Ereignis erwähnen. Einmal mehr werden wir sehen, wie jeder Punkt genau vorausgesagt worden war. Wir werden wiederum das Vorrecht haben, Geschichtsschreibung zu lesen, die niedergeschrieben wurde, *bevor die Ereignisse stattfanden*!

Antiochus Epiphanes

Vers 21. Im vorherigen Kapitel lernten wir, wie Seleukus Philopator auf Antiochus Magnus folgte. Seleukus verschwand auf geheimnisvolle Weise kurz nach dem Antritt seiner Herrschaft. Die nächste Person auf der Bühne des Nordens wurde ebenfalls Antiochus genannt. Er nannte sich selbst „Epiphanes“ („der Erhabene, der Erlauchte, der Glänzende“), doch er war solch ein außergewöhnlicher Charakter, dass seine Zeitgenossen ihn als „Epimanes“ („der Verrückte“) bezeichneten!

Eine kurze Liste von Eigenschaftswörtern vermag Antiochus' Persönlichkeit kurz zu charakterisieren: listig, mächtig, grausam, töricht, gewinnsüchtig und unmoralisch. Vor allem war er ein Mann mit einem massiven Hang zu Gewaltausbrüchen. Dies war nun der neue König, „dem die Ehre des Thrones nicht zugedacht war“. Weil er nicht in der normalen Thronfolge stand, erhielt Antiochus keine königlichen Würden. Sein Weg zum Thron war der Weg der Intrige und der schmeichelnden Rede, wie dieser Vers es genauestens voraussagte.

Vers 22. Nicht lange zuvor befand sich dieser neue Herrscher des Nordens im Krieg mit den Ptolemäern Ägyptens, denen er vernichtende Niederlagen beibrachte. Zur gleichen Zeit brach er mit einem seiner nächsten Verbündeten, der hier als „der Fürst des Bundes“ bezeichnet wird.

Vers 23. Sein nächster Kontakt mit Ägypten diente dazu, ein Bündnis mit diesem Reich zu schließen! Irgendwie gewann er die Herzen der Ägypter, und diese Tatsache markiert den wirklichen Aufstieg des Antiochus. Von diesem Zeitpunkt an wurde er zu einem aufgehenden Stern mit zunehmender Macht und stärker werdendem Einfluss, obgleich er nur „wenig Volk" (revElbf) hatte.

Vers 24. Sehr bald war Antiochus Epiphanes Herrscher über ein reiches Königreich; er konnte alle Arten von Reichtümern an jeden verteilen, den er damit beschenken wollte. Es war auch ein verschwenderisches und unmoralisches Königtum. Sein ihm wohlgewogenes Schicksal änderte jedoch nichts an seinen Bestrebungen: Sein Herz war immer noch auf die Einnahme der „allerfestesten Städte" Ägyptens gerichtet.

Vers 25 und 26. Ein neuer Feldzug wurde gegen Ägypten geführt. Aufgrund des Verrats einiger aus den eigenen Reihen waren die Ägypter nicht im Stande, ihm zu widerstehen. Der Krieg hatte ein grausiges Gemetzel zur Folge. Vielleicht hatte sich irgendjemand, als die Seleukiden über die Leichen der Ägypter marschierten, an diese Prophetie erinnert, dass „viele erschlagen werden".

Vers 27. Schließlich trafen sich die beiden gegnerischen Könige an einem Verhandlungstisch. Unser Herr hatte zu Daniel gesagt: „Und beide Könige werden darauf bedacht sein, wie sie einander schaden können, und sie werden an einem Tisch verlogen miteinander reden." Genau dies geschah auch. Antiochus gab vor, dass er die Macht mit Philometor teilen würde, der seinerseits wieder vortäuschte, ihm zu glauben! Jeder versuchte den anderen hinters Licht zu führen. Doch es war noch nicht die von Gott bestimmte Zeit dafür, dass die Kriege zwischen Ägypten und Syrien zu einem Ende kommen sollten. Dies ist die Bedeutung des Endes von Vers 27.

Vers 28 und 29. Antiochus kehrte in sein Land zurück - reich, gottlos und scheinbar unbesiegbar; doch im Jahre 168 v. Chr. führte er noch einen weiteren Feldzug gegen Ägypten.

„Aber es wird beim zweiten Mal nicht so sein wie beim ersten Mal“, hatte der Herr gesagt. Das ist eine hebräische Ausdrucksweise dafür, dass der neue Feldzug nicht den gleichen Erfolg wie die vorherigen haben würde - und genauso war es auch.

Vers 30. Der Grund dafür waren „Schiffe aus Kittim“. Hierbei handelte es sich um die Flotte des berühmten römischen Soldaten, Konsuls und Seemanns Popilius Laenas. Als er von Antiochus' Vordringen gehört hatte, segelte er sogleich zur ägyptischen Küste. Die Ankunft der römischen Flotte entmutigte Antiochus so gehörig, dass er davon Abstand nahm, Ägypten einzunehmen und voller Wut und Enttäuschung nach Palästina abzog. Dort angekommen, besprach er sich mit den Juden, die ihren Glauben aufgegeben hatten, und richtete sein ganzes Augenmerk auf das verheißene Land.

Vers 31. Er griff Jerusalem an, führte die Frauen und Kinder als Gefangene weg und sicherte sich die Zitadelle, von der aus man den Tempel überblicken konnte. Dort begann nun ein systematischer Versuch, jede Spur der jüdischen Religion auszulöschen und das Gedankengut und die Kultur der Griechen einzuführen. Antiochus' Bemühungen und seine Grausamkeit kannten keine Grenzen. Seine abstoßendste Tat war es, den Brandopferaltar des Tempels zu entfernen und einen heidnischen Altar an seiner Stelle zu errichten.

Vers 32. Durch Schmeicheleien überredete Antiochus die abtrünnigen Juden, zu seinen Verbündeten zu werden und seine Pläne zu unterstützen. Aber keineswegs alle Juden waren aus diesem Guss. Im Volk gab es immer noch viele Männer und Frauen, die Gott kannten und weiterhin mit ihm wandelten. Eine namenlose Menschenmasse wurde zu zahllosen Heldentaten bewegt. Sie wollten sich nicht den heidnischen Ritualen beugen, die Antiochus obligatorisch gemacht hatte. Folter und der Märtyrertod hielten sie weder von der persönlichen Frömmigkeit noch vom geheimen Gottesdienst ab. Ein Widerstand auf breiter Front wurde schnell gegen Antiochus organisiert, und die Zeit der Unterdrückung wurde zu einer Zeit der geistlichen Kraft und denkwürdiger Heldentaten für den verfolgten Überrest.

Vers 33. Männer mit geistlichem Verständnis reisten im Geheimen unter dem Volk umher, belehrten die Juden aus den Schriften, leiteten sie im Gebet und erhielten die Hoffnung auf den Messias lebendig. Das Werk setzte sich unvermindert fort, obgleich solche, die es taten, schonungslos verfolgt und durch das Schwert, den Scheiterhaufen, mit Gefangenschaft oder Beraubung bestraft wurden. Die übermäßig lange und grausame Verfolgung war eine Periode, in der viel echter Glaube und viel wahre Frömmigkeit in den Herzen gefunden wurde.

Vers 34. Schließlich sah es so aus, als ob der gottesfürchtige Überrest nicht mehr durchhalten konnte. Zu dieser Zeit fand der Makkabäeraufstand statt. Aber Judas Makkabäus war nicht fähig, die Gottesfürchtigen von allen ihren Leiden zu erlösen, insbesondere weil, aus Furcht vor Repressalien, viele Heuchler sich ihm und den Treuen anschlossen.

Vers 35. Die Verfolgungszeit ließ manche, die den Namen Gottes bekannten, fallen. Für andere stellte sie eine reinigende und befreiende Erfahrung dar und daher eine Zeit der geistlichen Stärkung. In dem Wissen, dass Gott, zur von ihm bestimmten Zeit, ihr Einhalt gebieten würde, gaben sie *niemals* auf.

So behandelt unser Abschnitt ausführlich den Aufstieg und die Wirksamkeit des Antiochus Epiphanes. Einmal mehr wird das Wunder unterstrichen, dass solche Ereignisse des zweiten Jahrhunderts v. Chr. im sechsten Jahrhundert v. Chr. vorausgesagt wurden. Viele der Details waren Historikern bis in die vergleichsweise jüngere Zeit nicht bekannt, und doch wurden sie schon Jahrhunderte zuvor vollkommen vorausgesagt und aufgezeichnet. Der übernatürliche Ursprung der Heiligen Schrift ermutigt uns weiterhin, ebenso wie die Lektionen, dass Gott fraglos die Kontrolle über die ganze Geschichte behält, selbst wenn er scheinbar nirgendwo zu sehen ist. Wir haben diese Lektionen schon früher gelernt, aber wir neigen so leicht dazu, sie zu vergessen, dass wir uns nicht schämen, sie zu wiederholen.

Ein wichtiger Grundsatz

Bisher haben wir das 11. Kapitel nur bis zu Vers 35 studiert. Ab Vers 36 geschieht mit diesem Kapitel etwas Eigenartiges. Es fährt scheinbar damit fort, Antiochus Epiphanes zu beschreiben. Und doch beginnt es Dinge zu sagen, die *überhaupt nicht auf ihn angewandt werden können*!

Bis zum 35. Vers war das Kapitel historisch perfekt. Jede Einzelheit ist mit atemberaubender Genauigkeit vorausgesagt worden. Von Vers 36 an haben wir keinen sichtbaren Wechsel des Subjekts. Es scheint so, als ob die Verse immer noch über den berüchtigten Antiochus Epiphanes sprechen würden. Und doch können einige Details, die jetzt vorhergesagt werden, einfach nicht zu ihm passen. Wenn wir an den Anfang des 12. Kapitels kommen, das eine Fortsetzung derselben Vision darstellt, finden wir, dass es das Ende der Welt ist, worüber gesprochen wird! Dort ist von der Auferstehung und dem Los des ewigen Lebens und der ewigen Schmach und Schande die Rede.

Was machen wir nun aus diesem allem? Es ist so, als ob der Prophet, als er Antiochus Epiphanes sieht, durch ihn hindurch schaut und ihn als einen Typ oder ein Vorbild von *jemand anderem, der ihm ähnelt* und in der Zukunft kommen wird, sieht.

Dies sollte uns eigentlich nicht sehr überraschen. Wir sollten daran denken, dass Daniel in Kapitel 7 ein „kleines Horn“ sah. Jenes kleine Horn war eine böse Person, die am Ende der Welt kommen wird und die das Volk Gottes so sehr leiden lassen wird, wie es nie zuvor gelitten hat.

In Kapitel 8 sahen wir, dass Antiochus Epiphanes, von dem wir gerade wieder gelesen haben, ebenfalls als ein „kleines Horn“ beschrieben wurde. Zwei unterschiedlichen Personen wurde dieselbe Bezeichnung in zwei aufeinander folgenden Kapiteln desselben Buches gegeben. Die eine Person war ein Mensch, der bereits gelebt hat und gestorben ist. Die andere wird noch kommen. Wir sahen, dass beiden dieselbe Bezeichnung gegeben wurde, weil sie in einem gewissen Sinne dieselben sind.

Wir lernten, dass dem letzten Antichrist viele Antichristen vorausgehen werden. Die Geschichte ist voller markanter Beispiele von Personen, die sich selbst erhoben und versucht haben, das Volk Gottes zu unterdrücken. Sie sind Vorläufer des letzten Antichristen. Wenn einer von ihnen auf die Bühne tritt, ist es alles andere als gut möglich, zu wissen, ob er nur ein weiterer Antichrist ist oder ob er *der* Antichrist ist. Wenn Ihnen solch eine Person boshaft widersteht, dann kann Ihnen vergeben werden, wenn Sie meinen, dass Ihr Unterdrücker der letzte Antichrist sei. Erst wenn nachfolgende Ereignisse beweisen, dass er es nicht ist, können Sie sich Ihres Irrtums bewusst sein. Zu der Zeit ist es keine Schande zu meinen, dass er durchaus jene letzte und schreckliche Person sein könnte, dessen Kommen die letzten Stunden der Geschichte der Menschheit einläutet. Es ist klar, dass es für gottesfürchtige Menschen tatsächlich so aussehen kann, als ob zwei unterschiedliche Leute *ein und dieselbe Person* wären!

Wenn das eine Tatsache der christlichen Erfahrung ist, sollten wir nicht allzu überrascht sein, zu entdecken, dass es auch eine Tatsache der prophetischen Erfahrung ist. Wenn er in die Zukunft blickt, mag der Prophet durchaus zwei unterschiedliche Personen als eins sehen, und seine Prophetie kann ganz natürlich von dem einen zum anderen Menschen übergehen. Viele der Propheten taten dies nicht nur mit zukünftigen Persönlichkeiten, sondern auch mit zukünftigen Ereignissen. Die spätere Geschichte zeigte, dass die beiden Ereignisfolgen unterschiedlich waren. Gleichwohl sprach der Prophet, während er Hinweise über ihren Unterschied gab, über sie als eins. Wenn wir dieses charakteristische Merkmal der Prophetie nicht in unsere Auslegung einbeziehen, werden wir immer nur ein begrenztes Verständnis davon erlangen.

Genau dieses Charakteristikum sehen wir in Daniel 11. Der Herr lässt Daniel durch Antiochus Epiphanes auf die Person schauen, dessen Vorbild er ist - den Menschen der Sünde. Von Vers 36 an spricht Daniel in gewisser Weise immer noch über Antiochus. Doch er spricht ganz sicher noch viel mehr über den Antichrist, denn hier werden Dinge gesagt, die überhaupt nicht auf Antiochus Anwendung finden können. Wenn uns dies ganz deutlich ist, können wir nun unser Studium ab Vers 36 wieder aufnehmen.

Der Mensch der Sünde

Vers 36. Der 36. Vers berichtet uns von einem König, der genau das tut, was er will. Uns wird das Bild eines Mannes vor Augen gemalt, der an die Macht kommt, Erfolg hat und immer mehr Macht gewinnt - und nun gegen jeden Gott redet. Es ist wahr, dass Antiochus sich Göttlichkeit anmaßte, doch *das* tat er nie, denn in seinem ganzen Leben behielt er immer eine Form der Gottesverehrung bei. Er redete Ungeheuerliches gegen den Gott der Götter, aber nie gegen jede Gottesverehrung. Die einzige Erfüllung dieses Verses muss in dem stattfinden, „der sich erhebt über alles, was Gott oder Gottesdienst heißt ..." (2.Thess 2,4). Wenn uns einmal klar ist, dass das Kapitel sich nun größtenteils auf jemanden bezieht, der über Antiochus Epiphanes hinausgeht, wird sich diese Einsicht auf unsere Auslegung jedes einzelnen Ausdrucks auswirken. Viele alttestamentliche Weissagungen bedienen sich der buchstäblichen Ausdrucksweise, doch darf diese wörtliche Sprache nicht, wie ihre Auslegung durch die Apostel zeigt, in irgendein Auslegungsschema gepresst werden. Wenn sie von eschatologischen Ereignissen sprachen, bedienten sich die Propheten der einzigen Ausdrucksweise, die ihnen zur Verfügung stand.

Doch ihre Sprache war zu begrenzt, um die prophetischen Ereignisse angemessen zu beschreiben, auf die sie Bezug nahm. Ihrer wörtlichen Ausdrucksweise muss daher eine weitere und erhabenere Bedeutung beigemessen werden, als es die Worte selbst gestatten.

Vers 37. Es wäre peinlich, Vers 37 auf Antiochus zu beziehen. Die Person in diesem Vers hat vor überhaupt keinem Gott Achtung, was auf ihn, so sagen wir noch einmal, einfach nicht zutraf. Hier haben wir das Bild eines Mannes, der alles zertrampelt, worauf seine Väter großen Wert gelegt hatten, eine Person ohne menschliche Liebe und ohne jede Form der Ehrfurcht und Frömmigkeit.

Vers 38 und 39. Der einzige Gott, den diese Person verehrt, ist „der Gott der Festungen", der Gott der Macht. Ihm weiht er alles, und mit seiner Hilfe wird er gegen seine Feinde vorgehen und wird denjenigen Belohnungen austeilen, die auf seiner Seite sind.

Vers 40. Die Zeit wird kommen, wenn zwei Feinde einander gegenüberstehen werden. Auf der einen Seite wird es ein König sein, der von Antiochus Epiphanes vorgeschattet wird und der hier „der König des Nordens" genannt wird. Auf der anderen Seite wird jemand stehen, der von den Ptolemäern vorgeschattet wird und hier als „der König des Südens" bezeichnet wird. Das werden dann Tage des Kampfes sein, wenn der Antichrist in erster Linie mit dem Verlangen nach territorialer Ausweitung beschäftigt sein wird.

Vers 41. Er wird alle besiegen, die ihm widerstehen, und die einzigen Völker, die seinem Zorn entfliehen werden, werden solche sein, die bereits die Feinde des Volkes Gottes sind. Der 41. Vers kann überhaupt keinen Bezug auf Antiochus darstellen oder irgendetwas mit ihm zu tun haben, denn er bezieht sich auf das Volk Moab. Jenes Volk existierte in der Zeit des Antiochus nicht mehr und existiert auch heute nicht. Es ist somit deutlich, dass dieser Vers nicht wörtlich ausgelegt werden darf, obgleich seine Sprache eine wörtliche Form hat.

Edom, Moab und Ammon sind die traditionellen Feinde des Volkes Gottes. Wenn wir sie nicht wörtlich interpretieren können, müssen wir das, was hier gelehrt wird, vergeistlichen - wie wir es bei der alttestamentlichen Prophetie so häufig tun müssen. Wir halten dies für einen bildlichen Hinweis darauf, dass, wenn der Antichrist kommt, die einzigen, die seiner Hand entrinnen, solche sein werden, die bereits in Opposition zum Volk Gottes stehen.

Verse 42-44. Nirgendwo in der ganzen Welt wird man seinem wilden Zorn entfliehen können. Er wird eine alles erobernde Macht sein, die universelle Unterwerfung gebieten wird. Ein Aufstand wird unmöglich sein, denn schon beim leisesten Gerücht darüber wird er ihn niederschlagen.

Vers 45. Schließlich wird er seinen Thron auf geweihtem und heiligem Boden aufrichten, „so dass er sich in den Tempel Gottes setzt und vorgibt, er sei Gott" (2.Thess 2,4), wie Paulus es ausdrückt.

Möglicherweise werden Sie mir nicht zustimmen, aber ich persönlich bin damit zufrieden, dass wir in den Versen 21-45 eine Vision über Antiochus Epiphanes haben, die in eine Vision von einer letzten und entsetzlichen eschatologischen Person mündet, die schnell zur einzigen Person im Kapitel wird. Das Kapitel endet mit der tröstlichen Zusicherung: „Aber es wird mit ihm ein Ende nehmen, und niemand wird ihm helfen."

Eine ernste Einstellung

Ich erwarte nicht, dass alle Leser dieses Buches mit der Auslegung übereinstimmen werden, die ich vorgeschlagen habe. Fühlen Sie sich bitte frei, von der Auslegung abzuweichen - vorausgesetzt, dass Sie eine bessere liefern können! Aber niemand von uns kann sich der Wahrheit entziehen, dass ein persönlicher Antichrist am Ende der Welt kommen wird -

und diese Tatsache sollte unserem Christenleben das Element echter Ernsthaftigkeit einverleiben.

Das Wort Gottes macht ganz deutlich, dass der Jüngste Tag nicht kommen kann, „es sei denn, dass zuerst der Abfall komme und geoffenbart worden sei der Mensch der Sünde, der Sohn des Verderbens" (2.Thess 2,3).

Es gibt einige, die die prophetische Auffassung hegen, die sie glauben lässt, dass es eine Zeit geben wird, da die ganze Welt schließlich „christianisiert" sein werde. Sie träumen von dem Tag, wo jede Regierung, Institution, Fabrik und Schule stark von christlichem Einfluss ergriffen sein wird. Sie sehnen sich nach der goldenen Zeit, die bevorsteht. Solche Träumer werden in der Tat sehr enttäuscht sein. Böse Menschen werden im Bösen fortschreiten (2.Tim 3,13), bis eine böse Person von einer solchen Gesetzlosigkeit kommen wird, wie sie die Welt nie zuvor gesehen hat.

Wenn jene Person kommt, werden wir sehen, dass die vielen anderen „kleinen Hörner" der Geschichte nichts anderes als seine Vorläufer waren. Er wird schlimmer als jeder andere sein, der vor ihm gelebt hat, und seine Verfolgung des Volkes Gottes wird beispiellos sein.

Deshalb plädieren wir für eine ernste Einstellung dem christlichen Leben gegenüber. Deshalb sind wir besorgt über die Oberflächlichkeit und Seichtheit, die so große Teile der heutigen Christenheit kennzeichnet. Es stehen der Gemeinde Jesu schreckliche Tage bevor - schlimmer als alles, was ihnen vorausgegangen ist. Es wird wieder Märtyrer geben. Niemand sollte das Christenleben anfangen, ohne sich diese Tatsachen ins Gedächtnis zu rufen und ohne die Kosten zu berechnen.

Wir werden besser auf jene Tage vorbereitet sein, wenn wir aus diesem Kapitel eine Lektion lernen, die wir in unseren Studien des Buches Daniel bereits mehrere Male gelernt haben. Sie lautet, dass nichts ohne die Billigung unseres himmlischen Vaters geschieht. *Alle Geschichte liegt in Gottes Händen.*

Die Verse 27, 29 und 35 nehmen alle auf die „bestimmte Zeit“ (unrevElbf) Bezug. Der Vers 36 sagt uns, dass das geschehen muss, „was beschlossen ist“. Wenn die ganze Geschichte außer Kontrolle geraten zu sein scheint, hat Gott immer noch die Zügel in seiner Hand. Wenn das nicht so wäre, wäre er nicht Gott!

Weil seine Kontrolle absolut ist, konnten die Vorhersagen dieses Kapitels getroffen werden. Dasselbe gilt für das Versprechen am Ende des 45. Verses. Weil Gott die Geschichte regiert, können wir uns nicht nur sicher sein, dass der Antichrist kommen wird, sondern auch, dass er an sein Ende kommen wird.

Das Kapitel sollte uns auch zu der Erkenntnis ermutigen, dass *keine noch so schlimme Verfolgung unserer Gemeinschaft mit Gott hinderlich sein kann*. In den dunkelsten Zeiten gilt: „Aber die vom Volk, die ihren Gott kennen, werden sich ermannen und danach handeln“ (V. 32).

Grausame Unterdrücker können gegen jede Form öffentlichen Gottesdienstes mit aller Härte vorgehen und alle christlichen Zusammenkünfte verbieten. Sie können unsere gedruckten Bibeln und unsere christlichen Bücher wegnehmen. Sie können christliche Arbeit ächten, uns alle unsere Freiheiten nehmen, uns mit grausamen Strafen bedrohen und dem Volk Gottes überhaupt keine sichtbare Präsenz mehr erlauben. Aber sie können nicht unsere Gemeinschaft mit Gott wegnehmen. Selbst moderne bewusstseinsverändernde Drogen haben sich als unfähig erwiesen, die Gläubigen des Genusses seiner kostbaren Gegenwart zu berauben. Es gibt gewisse Dinge, die böse Mächte, wie hemmungslos sie auch sein mögen, nicht tun können. Selbst in den dunkelsten Zeiten wird es immer noch solche geben, die zu anderen gehen und ihnen die Wahrheit Gottes lehren. Keine Unterdrückung hat letztlich etwas anderes vermocht, als die Verbreitung der Wahrheit des Evangeliums zu fördern. Gottes Pflanzen gedeihen nicht in Gewächshäusern, sondern in Wind, Hagel, Schnee und brennender Hitze.

Selbst diese Lektion ist noch nicht das Ende der Ermutigung, die uns dieses Kapitel zu bieten hat. Es zeigt uns erneut, dass *wir sicher sein können, dass das Böse nicht endgültig triumphieren wird.*

Lassen Sie uns noch einmal an Antiochus Epiphanes denken. Als er an die Macht kam, schien es, als ob dies das Ende alles wahren Glaubens sei. Palästina war das einzige Land auf der Erde, wo wahre Gläubige zu finden waren, und gerade das war der Ort, wo er losgelassen werden sollte. Sein Feldzug zur Auslöschung des Volkes schien mit Erfolg gekrönt zu gelingen. Doch er gelang nicht; er löschte den Glauben nicht aus.

Was geschah mit ihm? Von dem Ehrgeiz erfüllt, Persien zu erobern, überließ er Lysias die Aufgabe, mit den Makkabäern fertig zu werden, und brach auf, um sein Ziel zu erreichen. Sein Vorhaben wurde jedoch vereitelt, weil die Perser vorgewarnt worden waren. Antiochus hatte beabsichtigt, große Mengen von Schätzen aus Persien zu stehlen und sie zur Finanzierung eines Feldzuges gegen Babylon zu verwenden. Stattdessen musste er ohne finanzielle Rückendeckung ausrücken. Auf seinem Weg nach Babylon erhielt er die Nachricht, dass in Palästina sein eigener General von den Makkabäern besiegt worden und dass ein Altar für Jahwe im Tempel in Jerusalem wieder errichtet worden war.

Es hatte sich als unmöglich erwiesen, Antiochus in der Schlacht zu besiegen, ihn zu ermorden oder ihn politisch zu zerstören. Doch als dieser scheinbar unbesiegbare Mann diese Nachricht hörte, fühlte er sich so krank, dass er ins Bett ging, wo er in Schrecken und Entsetzen starb. Gott hauchte ihn an - und er verschied!

Ebenso war es auch bei jedem anderen Antichristen, und beim letzten Antichrist wird es wieder dasselbe sein. Wenn wir an seine Macht und Arroganz denken, sollten wir nicht vergessen, dass er nicht mehr als derjenige ist, „den der Herr verzehren wird durch den Hauch seines Mundes, und den er durch die Erscheinung seiner Wiederkunft beseitigen wird“ (2.Thess 2,8; Schlachter).

> „Lobt unseren Gott, alle seine Knechte und die ihn fürchten, klein und groß ... Halleluja! Denn der Herr, unser Gott, der Allmächtige, hat das Reich eingenommen.“
>
> Offenbarung 19,5.6

15.

Das Ende

Schriftlesung: Daniel 12

Der 14-jährige Junge Daniel, dem wir im 1. Kapitel begegnet sind, ist nun ein alter Mann von 86 oder 87 Jahren. In all den langen Jahren hat er es gewagt, in einer feindlichen Umgebung allein für Gott einzutreten. Er hat uns deutlich gezeigt, dass das geistliche Leben keine Idealbedingungen erfordert, in denen es wachsen und gedeihen kann. Jedenfalls gibt es nirgendwo Idealbedingungen. Das gottselige Leben kann selbst an den dunkelsten und schwierigsten Orten wachsen und sich entwickeln. So kommt es, dass er, der am Morgen seines Lebens mit dem Herrn wandelte, an seinem Lebensabend noch näher mit ihm wandelt.

Am Fluss Tigris ist unser Herr Jesus Christus seinem treuen Propheten erschienen und hat ihm eine Vision der wichtigen Meilensteine, die die Geschichte der weiteren Jahrhunderte bestimmen werden, gegeben. Doch der Herr tat mehr als das. Er hat die Augen des alten Mannes auch in die sehr weit entfernte Zukunft blicken lassen, und am Ende von Kapitel 11 warf Daniel einen Blick auf eine böse Person, die am Ende der Welt erscheinen wird. Diese Person wird ganz und gar gottlos und in der ganzen Welt unbesiegbar mächtig sein. Er wird dem Volk Gottes unvorstellbare und beispiellose Verfolgungen auferlegen, „aber es wird mit ihm ein Ende nehmen, und niemand wird ihm helfen“ (11,45).

Das Ende der Welt

Die ersten vier Verse des vor uns liegenden Kapitels sind ein Bestandteil derselben Vision und offenbaren noch weiter, was während jener allerletzten Tage geschehen wird.

Sie beginnen, indem sie uns zusichern, dass selbst *jene* dunkle Periode der Weltgeschichte, mit allen ihren Schrecken für das Volk Gottes, an allen Seiten von den Engeln Gottes gebunden sein wird! Der Lauf der Geschichte wird in jener Zeit genauso wenig außerhalb der Kontrolle Gottes sein wie in jeder anderen Zeit. Der Himmel wird weiterhin die Zügel dessen, was auf der Erde geschieht, in seiner Hand halten. Gerade zu der Zeit, wo eine solche Bedrängnis sein wird, wie sie kein Volk je gesehen hat, wird der Erzengel Michael aufstehen, um das Volk Gottes zu schützen, dafür einzutreten und es zu erretten (V. 1).

Die Bibel macht sehr deutlich, dass zu jener Zeit die ganze Hölle gegen die Gemeinde Jesu Christi losgelassen werden wird. Aber das ist nicht alles. „Aber zu jener Zeit wird dein Volk errettet werden, alle, die im Buch geschrieben stehen.“

Die Namen des Volkes Gottes sind in einem Buch aufgeschrieben. Auf dieses Buch bezog sich Jesus, als er sagte: „Doch darüber freut euch nicht, dass euch die Geister untertan sind. Freut euch aber, dass eure Namen im Himmel geschrieben sind“ (Lk 10,20). Auf dasselbe Buch bezog sich auch Johannes in der Offenbarung: „Und wenn jemand nicht gefunden wurde geschrieben in dem Buch des Lebens, so wurde er geworfen in den feurigen Pfuhl“ (Offb 20,15).

Es gibt ein Buch, in dem einzelne Namen aufgeschrieben sind, die Namen derjenigen, die Gott ewig geliebt und die er seinem Sohn gegeben hat. Sie sind die Schafe, für die der Hirte starb und die sein Geist zum rettenden Glauben gerufen hat. Diese Menschen, deren Namen im Himmel aufgeschrieben sind, werden die herrliche Errettung genießen, die im ersten Vers dieses letzten Kapitels erwähnt wird.

Wenn das Ende der Welt kommt, wird es nichts anderes geben, was wirklich von Bedeutung ist, als dass unsere Namen in jenem Buche stehen. Unser Ruf und unsere Errungenschaften unter den Menschen werden keinerlei Bedeutung mehr haben. Unsere Besitztümer werden alle im großen Brand vernichtet worden sein. Nur unsere Annahme bei Gott wird entscheidend sein.

Der Tag der Niederwerfung des Antichrists (11,45) wird auch der Tag sein, an dem unser Herr mit gebietendem Ruf, mit der Stimme des Erzengels und mit dem Schall der Posaune Gottes vom Himmel niederfahren wird (1.Thess 4,16). Dann werden die Ereignisse von Vers 2 stattfinden: „Und viele, die unter der Erde schlafen liegen, werden aufwachen, die einen zum ewigen Leben, die anderen zu ewiger Schmach und Schande."

Der Jüngste Tag wird der Auferstehungstag sein. Die Errettung vom Tod wird den verfolgten Christen nicht garantiert, aber die Erlösung *aus dem* Tod stellt eine Sicherheit dar. Wir sollten uns nicht durch den Gebrauch des Wortes „viele" in Vers 2 verwirren lassen. Es ist eine hebräische Ausdrucksweise, die die Aufmerksamkeit auf die Unmenge derer, die auferstehen werden, lenkt, jedoch nichts anderes als „alle" bedeutet. Die Tatsache, dass alle auferstehen werden, bedeutet jedoch nicht, dass alle an derselben Art der Auferstehung teilhaben werden. Der Auferstehungstag wird auch der Tag der Trennung sein. Der König in seiner Herrlichkeit wird die Glieder der Menschheit voneinander trennen, so wie ein Schafhirte seine Schafe von den Böcken trennen wird (Mt 25,32). Kein Grab wird seine Toten nicht hergeben (Joh 5,28.29). Wohin die Toten auch immer gelegt worden sein mögen, sie werden zu dem großen Gerichtstag zusammengerufen werden (Offb 20,13). Auf Christi Wort wird jedes Glied der menschlichen Rasse zu dem einen oder anderen der beiden Schicksale übergehen: „... die einen zum ewigen Leben, die anderen zu ewiger Schmach und Schande.“ Die Bibel hat eine ganze Menge über die ewige Strafe der Gottlosen zu sagen, doch in diesem Kapitel liegt die Betonung auf der Belohnung, in die die treuen Gläubigen eingehen werden (V. 3). Dies liegt daran, dass das Buch Daniel in erster Linie im Hinblick auf solche Gläubige geschrieben worden ist. Aber wer genau sind „die da lehren“[19] von Vers 3? Wer sind die, „die viele zur Gerechtigkeit weisen“?

Um dies verstehen zu können, müssen wir uns geistig nach 11,33 zurückversetzen. Dort lesen wir, dass es in den dunkelsten Tagen der Verfolgung durch Antiochus Epiphanes solche gab, die unter dem Volk umherreisten und es in der Wahrheit Gottes unterwiesen. Sie hielten nicht nur am Glauben fest, sondern taten auch alles in ihrer Macht stehende, um die Wahrheit zu verbreiten - obgleich sie gejagt, gefangen genommen, gefoltert und ermordet wurden.

Während der unsagbaren Verfolgungen der letzten Zeit des Abfalls wird es ähnliche Lehrer geben, die „viele zur Gerechtigkeit weisen“ werden. Was auch immer kommen mag, sie werden am Glauben festhalten und werden auch das Werk für Gott fortsetzen. Wenn die ganze Hölle losgelassen sein wird, werden sie nicht aufgeben. Wird das der Mühe wert sein? Sie und alle anderen, die in früheren Tagen ähnliche Heldentaten vollbrachten, werden nicht ihre ewige Belohnung verlieren. Die Leiden der Jetztzeit werden es nicht wert sein, mit der Herrlichkeit verglichen zu werden, die sie genießen werden. Tage der göttlichen Belohnung und der ewigen Herrlichkeit erwarten sie. Dafür, dass sie das Licht in den dunkelsten Stunden scheinen ließen, werden sie „leuchten wie des Himmels Glanz“ und „wie die Sterne immer und ewig“.

---

[19] *RevElbf*: „Verständigen“.

Nach menschlicher Logik gemessen, war ihr Werk Torheit. Dies ist die Einschätzung, mit der die unbekehrte Welt immer die Verbreitung der Botschaft des Evangeliums belegt. Wie viel mehr wird dies dann der Fall sein, wenn die Tage so wild und dunkel sind? Wenn alle ihre Feinde zu ihrer Schande verdammt und zur ewigen Schmach verurteilt sein werden, wird man sehen, wie überaus verständig diese Prediger der Gerechtigkeit gewesen waren. Es wird nichts Vergängliches an ihrer Belohnung sein - sie wird immer und ewig währen.

„Und du, Daniel, ... versiegle dies Buch", sagt unser Herr in Vers 4. „Dies sind die Dinge, die ich dir in dem Gesicht enthüllt habe. Nun versiegle du sie" (e.Ü.).

Dies bedeutet nicht, dass die Dinge, die Daniel geoffenbart wurden, ein Geheimnis bleiben sollten. Es war alte persische Sitte, dass, wenn ein Buch einmal kopiert und öffentlich verbreitet war, ein Exemplar versiegelt und in die Bibliothek gestellt wurde. Dies geschah, damit zukünftige Generationen es lesen konnten. Es ist wichtig, festzuhalten, dass dies erst getan wurde, als das Buch sich einer großen Leserschaft erfreute.

Daniels letzter prophetischer Akt war es also, dafür zu sorgen, dass das, was ihm geoffenbart worden war, nicht nur seiner eigenen Generation, sondern auch zukünftigen Geschlechtern bekannt gemacht werden sollte. Es ist nicht Gottes Wille, dass Männer und Frauen in irgendeiner Zeit unwissend in Bezug auf den endgültigen Ausgang der Geschichte sein sollen. Er möchte alle wissen lassen, was bevorsteht.

In der letzten Zeit werden viele „es dann durchforschen und große Erkenntnis finden" (V. 4). Was die Zukunft in sich trägt, ist in dem Buch niedergeschrieben, das wir vor uns haben. Trotzdem sind Männer und Frauen ruhelos in ihrem Streben nach Erkenntnis und laufen hierhin und dorthin, um sie zu erlangen. Nie zuvor haben die Menschen Zugang zu so viel Wissen gehabt, wie sie es heute haben. Und doch ist die Unwissenheit über die Zukunft so weit verbreitet, wie sie es immer schon war. Hin- und hergerissen zwischen Hoffnung und Furcht haben sich Männer und Frauen als ganz unfähig erwiesen, wenn es darum ging, zu ahnen, was ihnen bevorsteht. Es kann ausschließlich durch Offenbarung von Gott erkannt werden, und was wir unbedingt wissen müssen, wird uns von unserem Herrn in diesem Buch geoffenbart.

Christus ist es, der die Welt vollenden wird. Er wird den Antichrist niederwerfen, die Toten auferwecken, richten und trennen und uns alle unserem ewigen Los übergeben. Die einzigen Menschen, die in seinen ewigen Lohn eingehen werden, werden diejenigen sein, die sich auf Gottes Seite gestellt haben, selbst wenn diese Seite schwer einzunehmen war.

Und einer von denen, die in jenen Lohn eingehen werden, wird einer sein, der, als er vierzehn Jahre alt war, beschloss, Gott nie zu missfallen, und versuchte, sein ganzes langes Leben nach jenem großartigen Grundsatz zu führen. Er fand es nicht leicht, an seinem Entschluss festzuhalten - und doch war es ihm das wert. Der demütige Verfasser dieses alttestamtentlichen Buches wird einer derjenigen sein, die „leuchten [werden] wie des Himmels Glanz" und „wie die Sterne immer und ewig".

Das Ende des Buches

Die ausführliche Vision, die Daniel am Fluss Tigris gegeben wurde, endet in Vers 4. Von Vers 5 an studieren wir eine weitere Szene, die das Buch beschließt.

Der Herr Jesus Christus ist selbstverständlich während der ganzen Zeit, da er ihm die Zukunft offenbarte, bei Daniel gewesen. Doch nun schließen sich ihm zwei andere himmlische Besucher an, einer an dem diesseitigen und einer an dem jenseitigen Ufer des Stromes (V. 5).

Der Herr selbst steht an keinem Ufer, sondern war über dem Wasser (V. 6). Hatte sein Wandeln auf dem Wasser während der Zeit der Evangelien zum Ziel, die Aufmerksamkeit auf diese

Stelle zu richten und ihn als denjenigen zu identifizieren, der mit Daniel sprach? Als Daniel zuschaut und zuhört, hört er, wie einer der gerade angekommenen Engel seinem Herrn eine Frage stellt: „Wann sollen denn diese großen Wunder geschehen?" Der Engel erkundigt sich danach, wann die Ereignisse, die vom Ende der Welt vorausgesagt wurden, stattfinden werden.

Der „in leinenen Kleidern" gekleidete Mann, unser Herr vor seiner Fleischwerdung, antwortet, indem er seine beiden Hände erhob (V. 7). Das Erheben einer Hand ist im Alten Testament das Zeichen eines heiligen Eides. Unser Herr Jesus Christus reagiert also auf die Frage, indem er seine beiden Hände erhebt und bei sich selbst schwört, „bei dem, der ewiglich lebt".

Und was ist seine Antwort? „Dass es eine Zeit und zwei Zeiten und eine halbe Zeit währen soll" (V. 7).

Dies ist exakt dieselbe Information, die jetzt auf Hebräisch gegeben wird, die in 7,25 schon auf Aramäisch gegeben wurde. Dort hieß es vom zukünftigen Antichrist: „Er wird den Höchsten lästern und die Heiligen des Höchsten vernichten und wird sich unterstehen, Festzeiten und Gesetz zu ändern. Sie werden in seine Hand gegeben werden für eine Zeit und zwei Zeiten und eine halbe Zeit."

Was bedeutet das? Wir werden es genauso auslegen, wie wir es zuvor taten. Es heißt nicht: „ein Jahr, zwei Jahre und ein halbes Jahr" - es ist von „Zeiten" die Rede. Der Antichrist wird die Welt für eine Zeit beherrschen. Wenn es so scheinen wird, als ob er noch so lange wie möglich weitermachen würde, wird er die Welt für zweimal diese Zeit beherrschen. Es wird dann so scheinen, als ob er für immer weitermachen würde.

Genau in diesem Moment wird er abgeschnitten werden - auf dem höchsten Gipfel seiner Macht und auf dem Höhepunkt seines Einflusses. Bis dahin wird er Gottes Volk praktisch zerstört haben, „und wenn die Zerstreuung des heiligen Volkes ein Ende hat, soll dies alles geschehen" (V. 7).

Wenn ich Offenbarung, Kapitel 11 und dessen Schilderung der zwei Zeugen richtig verstehe, werden Tage kommen, in denen die Gemeinde Christi von der bösen Macht völlig zerbrochen werden wird. Wir werden an einen Punkt in der Geschichte kommen, wo es so scheinen wird, also ob die Finsternis wirklich den Tag bezwungen hätte. Es wird so scheinen, als ob der Antichrist für immer weitermachen könnte. Es wird so scheinen, als ob die Kirche ganz ausgelöscht worden sei, denn es wird kein sichtbares Zeichen von ihr mehr geben.

Dies alles haben wir schon vorher gesagt. Und wir sagen dies an dieser Stelle noch einmal: Zu *dieser* Zeit wird der Antichrist niedergeschlagen werden - ein für alle Mal und für immer.

Darum sollten wir nicht verzweifeln, wenn wir beobachten, wie die Bosheit zunimmt. Das Böse wird nicht zerbrochen werden, wenn es auf einem Tiefstand sein wird, sondern wenn es auf seinem *Höhepunkt* sein wird!

Dies alles hörte Daniel, aber er war immer noch verwirrt (V. 8) „und sprach: Mein Herr, was wird das Letzte davon sein?“

Dies ist kein bloßes Echo auf die Frage des Engels in Vers 6, denn Daniel gebraucht in seiner Frage ein anderes Wort für „das Letzte“, nicht das Wort für „Ende“. Als er von den bevorstehenden bösen Tagen hört, erkundigt er sich nach näherer Information über die letzten Phasen jener Zeit. Die beschriebenen bösen Tage sind für das Ende der Welt aufbewahrt. Was wird das Zeichen dafür sein, dass jene dunklen Tage zu ihrem endgültigen Abschluss kommen?

„Frage nichts mehr, Daniel“, kommt die göttliche Antwort. „Lass die Sache auf sich beruhen. Forsche nicht weiter nach, *‚denn es ist verborgen und versiegelt bis auf die letzte Zeit‘“* (V. 9; e.Ü.).

Mit anderen Worten: Das, was geoffenbart worden ist, ist für die Tage aufbewahrt, von denen die Vision spricht. Es ist nicht notwendig, dass Daniel alles völlig versteht, was gesagt worden ist, weil nicht alles davon unmittelbar für ihn und seine

Zeit gilt. Aber wenn die Worte verstanden werden müssen, dann werden sie verstanden werden.

Diese Antwort veranschaulicht uns die praktische Natur der Heiligen Schrift. Die Bibel ist uns nicht gegeben worden, um unsere Neugier zu befriedigen, sondern um uns zum Glauben zu führen, uns in diesem Glauben zu erhalten und uns völliger in das Bild Christi umzugestalten. Sie ist gegeben worden, um uns zu heiligen und unser Leben zu verändern. Sie war nie als Antwort auf unsere Spekulationen gedacht.

Wir müssen erkennen, dass einige Lehren der Bibel bezüglich der allerletzten Tage nicht verstanden werden, bis wir in jenen Tagen stehen. Daher ist es sowohl unweise als auch gefährlich, detaillierte Zeittafeln mit den Ereignissen der Zukunft anzulegen. Einige Teile des Wortes Gottes werden in ihrer Bedeutung nicht klar werden, bis die Tage, von denen sie sprechen, angebrochen sind.

Ich persönlich finde diese Belehrung sehr tröstlich, insbesondere bei der Betrachtung solcher Stellen wie der Verse 11 und 12 in unserem Kapitel. Sie werden in wenigen Augenblicken sehen, dass ich Ihnen nicht sagen kann, was sie bedeuten. Ich habe keine Ahnung! Aber ich glaube, dass wir sie gut genug verstehen werden, wenn wir sie verstehen müssen.

Bevor wir uns diese beiden Verse ansehen, müssen wir jedoch über die Worte unseres Herrn in Vers 10 nachdenken. Was bedeuten sie? Sie sind eine Prophezeiung über zukünftige Verfolgungen. Menschen werden gereinigt, geläutert und geprüft werden. Die Gemeinde Christi wird einen *Reinigungsprozess* durchmachen. Zu jener Zeit wird das, was geoffenbart ist, verstanden werden. Die Gottlosen werden weiter gottlos handeln und werden nicht verstehen, weil sie nicht geistlich unterscheiden. Die Verständigen jedoch werden es verstehen. Was Daniel im Augenblick der Offenbarung nicht verstehen konnte, was wir nach Jahrhunderten des Studiums nicht verstehen können, das werden die Verständigen dann verstehen.

Wenn jene schrecklichen Tage über die Gemeinde Christi einbrechen werden, wie froh werden da die Gläubigen jener Tage sein, dass sie Kapitel 12 kennen! Was wird ihnen Kraft geben, wenn die ganze Hölle losgelassen sein wird? Die Bibel! Die einfachen, aus der Mode gekommenen Seiten des Wortes Gottes! Die Worte, die keiner von uns bisher verstand, werden für sie eine Quelle des Segens, des Trostes und der Kraft sein. Wie froh werden sie sein, dass sie niemals das Wort Gottes wegen „anderer Dinge“ vernachlässigten!

Wie es scheint, ist bis jetzt niemand fähig gewesen, den 11. Vers zu verstehen. Er spricht von 1290 Tagen, und als er über den Antichrist spricht, gebraucht unser Herr Worte, die eher zu Antiochus Epiphanes passen.

Bei dreißig Tagen im Monat entsprechen 1290 Tage dreieinhalb Jahren plus einem Monat. Ich habe keine Ahnung, was es bedeutet. Deshalb schäme ich mich jedoch nicht, denn ich bin zuversichtlich, dass Sie es auch nicht verstehen! Aber Folgendes weiß ich - was auch immer über uns kommen mag, wir sind in den Händen Gottes. Keine Tage kommen ohne göttliche Bestimmung über die Gemeinde Christi. Gott hat jenen Tagen eine Grenze gesetzt, und sie werden das Limit, das er ihnen gesetzt hat, nicht um einen Tag überschreiten. Daher glaube ich, auch wenn ich nicht verstehe, was die 1290 Tage bedeuten, dass ich den Hauptinhalt und die Stoßrichtung des Verses verstehe: Wie schlimm die Verfolgung, die über das Volk Gottes hereinbrechen wird, auch immer sein wird, sie wird eine festgesetzte Zeit währen, und wenn diese klar umrissene Zeit vorbei sein wird, wird sie aufhören.

„Harre aus“, sagt Vers 12, „Harre aus! Gib nicht auf! Bis zu 1335 Tagen! Harre noch weitere 45 Tage aus!“ (e.Ü.).

Ich weiß auch nicht, was diese Worte bedeuten. Doch dies weiß ich, dass, wenn die christliche Kirche in die Periode ihrer letzten und schlimmsten Verfolgung eintreten wird, jene Tage nicht ewig andauern werden. Sie mögen eine lange Zeit andauern, aber ihnen sind von Gott festgelegte Grenzen gesetzt. Schließlich wird die Verfolgung eine Intensität erreichen, die nicht mehr übertroffen werden kann, und dann wird sie enden.

Wir sollen in Zeiten der Verfolgung ausharren, weil die christliche Kirche noch nie in einen Tunnel hineingeraten ist, der kein Ende hatte. Sehr oft ist der Tunnel dunkler und länger gewesen, als es sich je jemand vorzustellen wagte, aber solche, die an ihrem Glauben festhielten - trotz allem, was ihm entgegen war -, gelangten schließlich doch wieder in den Sonnenschein. Im Falle der letzten Verfolgung wird der Sonnenschein der Sonnenschein der Erhöhung des Heilands am Ende der Welt sein.

Paulus spricht in 2. Timotheus 3 über dieses Thema. Es ist ein Kapitel über „die letzten Tage" - ein Ausdruck, der in der Bibel immer zur Bezeichnung der Zeitspanne zwischen dem ersten und dem zweiten Kommen Christi gebraucht wird. Er sagt uns, dass in den letzten Tagen „schlimme Zeiten kommen werden" (V. 1). Das griechische Wort, das hier verwendet wird, bedeutet, dass er sich auf Zeiten in der Geschichte bezieht, wo das Böse in einem schrecklichen Maße entfesselt sein wird. Die Zeitspanne zwischen dem ersten und zweiten Kommen Christi wird von Wellen und Ausbrüchen der Gottlosigkeit gekennzeichnet sein.

Dann sagt er uns, dass die bösen Menschen in jenen schweren Zeiten „nicht weit kommen" werden (V. 9). Jede Periode der sich frei entfaltenden Ungerechtigkeit hat ein festgesetztes Ende. Jeder Tunnel hat ein Ende, und das gilt auch für den letzten Tunnel. Wenn wir eine große Entfesselung der bösen Mächte erleben, dann können wir keineswegs wissen, ob dies nur eine von vielen solcher Wellen oder gar der letzte Abfall ist. Aber wir brauchen es auch nicht zu wissen. Was sie auch immer sein mag, sie wird ein Ende haben. Unsere Pflicht beginnt und endet damit, dass wir uns an die Worte unseres Herrn Jesus Christus erinnern: „Wer aber beharrt bis ans Ende, der wird selig werden" (Mt 24,13).

Der Ermahnung, noch ein wenig länger auszuharren, folgt der letzte Vers dieses großen Buches: „Du aber, Daniel, geh hin“, sagt unser Herr, „bis das Ende kommt“ (V.12).

Wir dürfen hier vor unserem geistigen Auge kein Bild von einem Vater oder einer Mutter heraufbeschwören, die zu ihrem Kind sagen: „Lauf jetzt weiter.“ Die Worte in unserem Vers sind keine Worte der Entlassung. Der Vers bedeutet nicht: „Daniel, du kannst jetzt gehen, denn ich habe meine Offenbarung an dich abgeschlossen“, sondern vielmehr: „Daniel, mache jetzt in deinem geistlichen Leben so weiter, wie du es bislang *pflegst.*“

Selbst der alte Prophet musste an das Ausharren erinnert werden! Doch dann wird ihm gesagt: „... und du ruhe, bis du auferstehst zu deinem Erbteil am Ende der Tage.“

Daniel, der über so viele Jahre so treu gewesen war, soll nun in seinem geistlichen Leben weitermachen, bis er stirbt. Bald wird er im Grab ruhen. Doch das wird nicht sein Ende sein! Nach jener Ruhe wird er in die Belohnung eingehen. Was für ihn bereitliegt, wird endgültig ihm gehören, und er wird in den Genuss davon eingehen.

Ohne Zweifel sah dieser alttestamentliche Gläubige die Dinge nicht so klar wie wir, die wir den Nutzen der Offenbarung des Neuen Bundes haben. Aber wie ermutigend müssen diese Worte für ihn gewesen sein! Der Herr ließ ihn dieses irdische Leben nicht verlassen ohne die sichere Gewissheit einer zukünftigen Belohnung. Was für ein Trost für ihn, der in seinem ganzen Leben zuerst den Herrn geliebt und daher gewagt hat, allein dazustehen! Niemand, der ein gottseliges Leben führt, entkommt Verfolgungen und Schwierigkeiten in diesem Leben. Unser Umfeld ist immer feindlich. Doch ebenso sicher wird niemand, der ein gottseliges Leben führt, die Belohnungen des Himmels verfehlen.

„Einleuchtend!"
Titus – Glauben hat Konsequenzen
John Benton

Gordon J. Keddie
„Ohne mich!" – Jona

Ein Kommentar, der biblische Wahrheit hautnah ins Leben übersetzt. Gott akzeptiert nicht „ohne mich!", wie man am Beispiel des Jona sehen kann.

Pb, 13,5 x 20,5 cm, 184 S.
DM 21,90/sfr 21,90/öS 160,-

Sinclair B. Ferguson
...zur Freude befreit – Philipperbrief

Eine verständliche Auslegung, die Stück für Stück den Philipperbrief erklärt. Mit praktischen Anleitungen für Haus- und Bibelkreise.

Pb, 14x21 cm, 176 S.
DM 18,95/sfr 18,95/öS 138,-

Bestellanschrift:

3L Verlag GmbH
Pfingstweide 38

61169 Friedberg

Telefon 06031-69 22 38
Telefax 06031-69 22 37
e-mail verlag.3L@t-online.de
http://www.3L-Verlag.de